U0030742

二十世紀
最有影響力的哲學著作
批判理論最重要的文本

啟蒙的辯證

哲學的片簡 PHILOSOPHISCHE FRAGMENTE

DIALEKTIK DER AUFKLÄRUNG

法蘭克福學派奠基者

馬克斯‧霍克海默
提奧多‧阿多諾——著

林宏濤———譯

導讀
波瀾壯闊的二十世紀資本主義社會文化總體批判

黃聖哲

　　阿多諾與霍克海默合著的《啟蒙的辯證》是二十世紀西方學術界公認的思想名著，也是通往法蘭克福學派批判理論思想寶庫最重要的關鍵文本。這個文本的內容層面廣泛、論證繁複，傳統西方哲學的批判、人類學的神話理論與宗教社會學當時的歷史發展交織在一起，對於資本主義社會的分析又與法西斯主義的社會心理結構分析及大眾文化的批判考察密不可分。其立論並非由（作者們反對的）單一學科出發，其結果也不能視為侷限於某一學科的經典著作。

　　面對這樣一種已經結晶為水晶體一般的文本複雜體，要進行一個一般性的導論是不可能的。這個文本容許多剖面的切入閱讀：哲學、社會學、心理學、歷史學、政治學、人類學等各

種人文學科皆可由學科側重的面向出發，在這個波瀾壯闊的二十世紀資本主義社會文化總體批判中找到其靈感的泉源。

在此筆者作為一位社會學者，只打算就各章內容的重要主題，將之置於社會理論的視野中進行討論。

在第一章〈啟蒙的概念〉中，阿多諾與霍克海默描述了啟蒙的特性：對科學與技術的盲目信仰與崇拜。這整個歷史發展過程，使得科學與技術成為現代性出現後的新的迷信與神話。此即書名題為「啟蒙的辯證」之意。正如兩位作者在前言中所說的：「神話早已是啟蒙，而啟蒙卻又翻轉為神話。」[1]（G55，S. 11）

啟蒙如何倒轉為神話？

對啟蒙而言，神話是以內在力量與帶神祕性質的想像力去控制外在的事物。啟蒙滌除了神話的想像力，代之以形式邏輯與系統推論。在理性主義與科學的經驗論運作下，人類得以以其心智控制自然。自然被化約為純粹的對象性，而事物則被實證科學打上同一性的烙印。啟蒙的理性使得理性自身也被神話化。

「對自然的世界宰制轉向思考的主體自身，對於主體而

1　Max Horkheimer und Theodor Adorno, Dialektik der Aufklärung, in: Max Horkheimer, Gesammelte Schriften Band 5, Frankfurt am Main: Fischer, 1987, S.11；繁體中文版 P. 11。

言，什麼也沒有了，除了永遠同一的『我思』，它必須能夠伴隨我的所有表象；主體與客體都變成虛無。」[2]

　　啟蒙宰制自然的前提是宰制自身，主體性出現在自我的「我思」的宰制上。思維模仿外在世界，以致控制了思維也就宰制了世界。宰制自然成為宰制本身的物化。作者寫道：「思維把自己物化為自行運轉的自動歷程，模仿思維自己創造的機器，好讓機器最後能夠取代它。」[3]啟蒙使得著重可預期性與實用性的理性成為新的神話，在把外在事物削平為具有同一性的單一同質對象物之後，它使得思維的主體也變得平庸，如事物一般物化。

　　概念體系的邏輯秩序必須與對應的社會實在結合在一起被探討，藉助於涂爾幹的研究，兩位作者認為，概念體系的分殊化其實是與社會分工的現實關係具有同樣的結構，表現為「社會與宰制的難以分辨的統一性。」[4]概念與知識的結合更助長了這種語言的社會性權力。概念與知識並沒有科學所宣稱的中立性，反而透過它們，宰制關係得以鞏固與增強。

　　對兩位作者而言，啟蒙的神話代表的是完全理性的危害。理性本身的工具性質被啟蒙的科學極度發揮，它成為生產

2　　P. 44。
3　　P. 43。
4　　P. 38。

其他一切工具的工具，完全目的導向。科學知識的本質其實是這種技術運作，它帶有將一切物化的傾向，又具有一種朝向破壞與毀滅的動力。現代戰爭的高效率摧毀、集中營中種族滅絕的理性化機制，被兩位作者視為啟蒙神話化的必然後果。

　　相反地，初民社會的神話被視為啟蒙與矇蔽的交織混合。神話是對抗恐懼的集體形式。魔法使人類得以在歷史上首度以模仿（Mimesis）的方式「控制」自然。雖然，這種控制只是「對於控制世界的可能性的堅定信心」[5]。在模仿自然的魔法儀式中，自然彷彿被馴服了。在魔法性的模仿之中，主體與客體的二元區分尚未出現，而理性與想像力也尚未被對立起來。存有者之間多重的親緣性尚未被「單一的抽象性」所取代。

　　然而科學卻以規律的單調重複克制了魔力的流動。「巫術（魔法）的幻象越是消逝無蹤，重複越是強硬地以規律性為由，禁錮人類於不停的循環中，而這個循環被對象化為自然律，使得人類誤以為自己是個自由的主體。」[6]知識的宰制結構同時作用於自然宰制與自我宰制之中。「自我在世界的臣服當中學到了秩序和服從，不多久就把真理完全等同於支配性

5　P. 25。
6　P. 27。

的思考，沒有思考的明確區分，真理便無法存在。」[7]

　　為了追溯這種宰制結構的歷史發生，兩位作者在〈附論一〉轉而開始分析西方文化起始的經典原本——荷馬的《奧德賽》。

　　藉由對奧德修斯神話的分析，阿多諾與霍克海默認為，奧德修斯代表了西方文化中「宰制」的原型結構。奧德修斯所代表的原型個體性，一方面要進行個體的自我宰制，另一方面則要同時宰制自然與社會關係。宰制自然憑藉的是理性與狡詐。神話中的諸神其實是自然的比喻，奧德修斯狡詐地欺騙諸神，象徵的是人對自然的征服。

　　奧德修斯的旅程則象徵人類經歷過的文化史的不同階段。舉例而言，食蓮花者的故事象徵的是採集的階段；而獨眼巨人則是狩獵與放牧的階段。在兩位作者的詮釋中，奧德修斯體現了所有資本主義社會中布爾喬亞階級所要求的人格特質——理性計算與狡詐欺騙。

　　在〈附論二〉中，藉由對薩德小說的檢視，道德的階級性與性別宰制的意涵被明確突顯出來。不同於康德所強調的德行的內在自由，德行的來源實質是由權威與階級宰制構成。啟蒙的道德其實是一種身體與欲望的自我宰制形式，表現為一種理

7　　P. 29。

性控制的冷峻嚴格性。

　　兩位作者揭露了中產階級道德的男性中心主義的特質。由男性出發的欲望的自我宰制展現為歷史上各種形式的性別宰制。薩德的小說揭示了浪漫愛情的幻滅，並將身體的驅力予以理性化。性關係的理性化使得愛情與享樂徹底分離。薩德的烏托邦是一個肉體享樂人人平等的烏托邦。

　　對浪漫愛情的歌頌與神聖化，實際上不斷地強化女性事實上的奴役狀態。基督教傳統的聖母崇拜，兩位作者認為，背後隱藏的是對女性的敬畏與蔑視。女性的形象，只是一個類別的形象，而非個體性的。「就社會而言，個體的女性是種屬的一個例子，是她所屬的性別的代表，完全由男性的邏輯去理解，她代表自然，是觀念永無止盡的歸納的基底，也是現實裡永無止盡的臣服的基底。」[8] 性別宰制在道德關係中被增強，而在婚姻關係中女性從未取得個體的地位。

　　著名的〈文化工業〉一章是值得重新進行理念挖掘的寶藏。依照前述，啟蒙是一種資本主義時代獨特的社會宰制。同樣地，文化工業也可以被視為一種意識型態的宰制形式。文化工業是資本主義文化生產的標準化模式，它生產出文化消費者個體性與幸福的幻覺。按照阿多諾的看法，文化工業實際生產

8　　PP. 150-151。

出的是「虛假的個體性」。「自我的獨特性是受社會制約的專賣品，卻被偽裝為自然的東西。」[9]

　　文化工業並不能輕易地與「大眾文化」劃上等號。按照筆者的理解，文化工業乃是資本主義生產方式作用在文化領域的一種行動的結構。因此，它是啟蒙的文化後果，被修辭為「大眾欺騙」。必須注意的是，這種特殊的行動結構不只作用在文化生產的組織，同時也在個別的行動者身上轉化為一種行動的範式，使得個別行動者的文化實踐活動（如看電影、聽演唱會）打上同一性的烙印。

　　在討論反閃族主義的最終章，阿多諾與霍克海默到達他們撰寫本書的終極關懷：如何解釋納粹的種族主義大屠殺。兩位作者從各種層面去解釋反閃族主義的歷史與社會條件。對筆者而言，該章中對於種族主義的社會心理結構的分析是最有價值的，至今仍有現實參照的意義。

　　種族主義基本上是一種群體心理的「虛假的投射」，猶太人事實上成了代罪羔羊。當時的德國人既模仿猶太人又將經濟上的階級罪惡歸咎於他們。種族主義者其實是將內在的心理不安拋到外在的世界。在心理上，他們展現出一種對自身妄想的固著，喪失鑑別差異的能力。

9　　P. 208。

借助於佛洛伊德的理論，兩位作者認為，這種病態的投射
在於主體將自身被社會視為禁忌的衝動轉移到客體上。在代表
社會規範的超我的壓力下，自我將源自本我的攻擊欲投射到外
在世界。攻擊的對象有時是自我幻想認定的壞人，有時是自我
認為自衛的防禦對象。

種族主義被賦予身體式的解釋，它成為身體的癖性
（Idiosynkrasie）：「那撩撥該癖性的各種動機讓人們想到它們
的起源。它們重現了生物的原始時期的片刻，讓人毛骨悚
然、心驚膽戰的危險訊號。在癖性裡，個別的感官再度脫離主
體的支配；它們自動地服從於生物性的基本刺激。」[10]

反閃族主義被視為某種集體妄想症的案例，不斷重複自身
固著的症狀，並將外在的一切都編織到它的神話之網。「無主
體性」與「無反省性」是它的兩大心理特徵。阿多諾與霍克海
默認為：「妄想症是半教育者的症狀。對於這種人而言，一切
話語都成了幻覺的體系，也就是想要在心裡佔領他們的經驗無
法跨越的那個領域，硬要為那使他們變成無意義的世界賦予一
個意義，同時又誣蔑那些他們不得其門而入的知識與經驗，而
原本是社會不讓他們接觸的，他們卻怪罪它們。」[11]

10　P. 243。
11　P. 263

　　社會在知識上的半教育[12]（Halbbildung）狀態使得種族主義成為可能。對兩位作者而言，這是啟蒙的教育與知識散佈所帶來的結構性困境。意識屈服於一種物化的過程，文化完全變成商品，像資訊一般普及，卻沒有真正滲入學習者心中。知識被剷平為外圍的，孤立的斷片認知，缺乏有機的連貫性。思想碎裂為應付勞動市場需求的功能性知識，只為了提高個人的商品價值。因此，足以克制妄想症的自我省思便瓦解了，種族主義趁勢在這種半教育的客觀精神結構中興起。

　　要解決種族主義是一個教育或教養（Bildung）的問題，只有藉由自我反身性的知識努力，種族主義才有可能得到減緩。啟蒙本身曾經是這種自我反身性的知識努力，卻在法西斯極權中突變為瘋狂。弔詭的是，阿多諾與霍克海默在結尾的部分寫道，要衝破啟蒙的種種限制依然必須依賴啟蒙（理性）自身。

　　翻譯這本艱澀的著作是一項偉大而繁複的工程，本書的翻譯成就是有目共睹的。相信整個台灣學術界對法蘭克福學派的真正接收就從本書的出版開始。

本文作者為世新大學社會心理學系教授

12　請參閱：黃聖哲著，〈阿多諾的半教育理論〉，東吳社會學報，第 15 期，台北：東吳大學，2003 年 12 月。

目次

〈導讀〉波瀾壯闊的二十世紀資本主義社會文化
總體批判　　　　　　　　　　黃聖哲　iii

新版（1969 年）序言　　　　　　　　　　　I

前言　　　　　　　　　　　　　　　　　　5

啟蒙的概念　　　　　　　　　　　　　　15
Begriff der Aufklärung

附論一：奧德修斯，或神話與啟蒙　　　　65
Exkurs I: Odysseus oder Mythos und Aufklärung

附論二：茱麗葉，或啟蒙與道德　　　　　III
Exkurs II: Juliette oder Aufklärung und Moral

文化工業：作為群眾欺騙的啟蒙　　　　　163
Kulturindustrie, Aufklärung als Massenbetrug

反閃族主義的元素：啟蒙的各種限制　　　227
Elemente des Antisemitismus. Grenzen der Aufklärung

箚記和初稿　　　　　　　　　　　　　　281
Aufzeichnungen und Entwürfe

駁博學多聞 282

    附錄 282

兩個世界 285

理念蛻變為宰制 287

鬼神理論 292

    附錄 292

無論如何 295

動物心理學 297

給伏爾泰 298

分類 300

雪崩 301

因為溝通而造成的隔離 303

論歷史哲學的批判 305

人性的紀念碑 310

從一個犯罪理論的立場 311

進步的代價 316

空虛的恐懼 318

對身體的興趣 319

大眾社會 326

    附錄 326

矛盾　　　　　　　　　　　　　328

註定如此　　　　　　　　　　332

　　　附錄　　　　　　　　　333

哲學和分工　　　　　　　　　335

思考　　　　　　　　　　　　338

人與動物　　　　　　　　　　340

宣傳　　　　　　　　　　　　353

論愚昧的起源　　　　　　　　355

新版（1969 年）序言

　　《啟蒙的辯證》原本於1947年由阿姆斯特丹的格里多出版社（Querido）發行。這本書的流通像鴨子划水一般，也曾經絕版過。在二十年後的今天，我們要重新出版，不只是因為多方的要求，也因為我們認為書裡頭有許多觀念頗為切中時弊，並且影響到我們後期的理論研究。外人很難想像我們是如何地字斟句酌。我們長時間一起口授打字，兩個在知識性格上不同的人，因為《啟蒙的辯證》結合在一起所產生的張力，正是這本書的生命元素。

　　我們不會一成不變地堅持書裡頭所說的每句話。一個主張真理應該掌握時代精髓、而不是把真理當作不變的東西而和歷史的脈動對立的理論，是不會這麼做的。本書寫於納粹暴行末日將近之時，而有許多段落已經不符合現況。然而在那個時候，我們就不敢輕忽朝向「被宰制的世界」的過渡。

　　在一個因為彼此衝撞的客觀局勢而使得政治分裂為若干巨大聯盟的時期裡，恐怖會繼續下去。根據《啟蒙的辯證》的說法，第三世界的衝突以及極權主義的復辟（其前身即是法西斯主義）不再只是歷史的意外插曲。就算面對進步主義，批判思想也不會中斷，它要求我們擁護自由的夙昔典範、真實人性的趨勢，即使它們在歷史潮流面前顯得很無力。

　　書裡頭所指出的極權整合，現在雖然暫歇，卻沒有完全停止。獨裁者和戰爭隨時可能讓它死灰復燃。與此有關的預

測，亦即從啟蒙運動到實證主義及其已然成真的神話、乃至於
知性與反智的同一性的驟變，如今皆赫然得到證實。我們的歷
史概念不會妄自以為擺脫了歷史的影響，但是它也不會只是如
實證主義一般地追逐資訊。作為哲學的批判，它並不放棄哲
學。

　　我們從這本書寫作所在的美國回到德國，相信在這裡無論
是理論或實踐都比其他地方更能夠有所作為。我們和波洛克
（Friedrich Pollock） |譯1| 一起重建「社會研究院」（Institut für
Sozialforschung），以期繼續研究《啟蒙的辯證》所形構的觀念
（本書曾在他的五十歲生日題獻給他，現在我們也要在他的七
十五歲生日獻給他）。在我們理論的開展以及相關的共同經驗
裡，葛莉塔・阿多諾（Gretel Adorno）正如在本書初版時一
樣，給我們最寶貴的協助。

　　相較於其他數十年前舊作的重新編輯，我們所作的修訂很
有限。我們不想去潤飾自己寫過的東西，即使是明顯不合適的
段落；如果要讓文本符合現在的情境，還不如寫一本新書。現
在重要的工作是維護且散播自由，而不是加速「被宰制的世
界」的趨勢（即使只是間接地助長），對此我們也在後期的作
品裡探討過。因此我們只修改了當初如誤植之類的地方。這樣
的保留讓這本書成了歷史文獻；我們希望它同時不只是如
此。

馬克斯・霍克海默、提奧多・阿多諾謹識

1969年4月於法蘭克福

譯注

譯 1　波洛克（Friedrich Pollock, 1894-1970），德國社會科學家和哲學家。1924
　　　年和費爾（Felix Weil）合創「社會研究院」。

前言

　　我們在動手寫作時，就希望能在波洛克的五十歲生日前完成全書且送給他（我們把初稿獻給了波洛克）。但是我們越是深入這個工作，就越明白它和我們的能力之間的不相稱。擺在我們眼前的，其實就是去了解為什麼人性沉淪到新的野蠻形式，而不是踏入一個真實的人性狀態。我們低估了闡述它的困難，因為我們仍然過於相信當代的意識。儘管我們多年來即注意到，在當代的科學研究裡，許多偉大的發現總是以理論教育的漸趨沒落為代價，我們仍然相信，只要把我們的工作限於學術理論的批判或開展，還是可以循著這些科學研究前進。我們的主題至少要堅守傳統的學科，社會學、心理學和知識論。

　　我們於此彙集的片簡卻證明了我們必須放棄那個信心。儘管悉心維護和檢驗科學傳統（尤其是當實證主義的清潔劑把它當作無用的累贅而丟到過去裡）是知識的重要環節，當現代中產階級文明崩壞時，不只是科學的研究工作，就連科學的目的本身也都被質疑。頑固的法西斯主義者偽善地宣傳的、以及卑躬屈膝的人性專家所執行的東西，也就是啟蒙的不停的自我毀滅，讓思考再也不敢輕率相信時代精神的種種習慣和方向。當公共領域的現狀免不了要把思考變成商品，把語言變成它的宣傳工具，如果我們要探究這個墮落的根源，就必須放棄現行的思考和語言的要求，在這些要求的歷史影響使我們的努力完全破滅以前。

　　如果我們的阻礙只是來自於科學不自覺的工具化，那麼關於社會問題的思考至少可以從那些和主流科學對立的方向開始研究。但是就連這些方向也被捲入生產的整體流程。它們和它們所抨擊的意識型態一樣都變了。以前趾高氣昂的思考遭遇到的下場，現在都臨到它們頭上。如果說思考自願拋棄其批判元素而甘為現狀的工具，那麼現在它則是不由自主地把它所選擇的實證的方向變成否定性的、毀滅性的方向。在十八世紀無懼於焚書和火刑的哲學，認為貪生怕死是可恥的行為，卻在拿破崙的統治下向它妥協了。最後，孔德（Comte）的保守派僭奪了絕不妥協的百科全書學派（Enzyklopädiste）的繼承權，和所有曾經被百科全書學派抨擊的人們握手言歡。批判變形為肯定（Affirmation），也影響到理論的內容，而它的真理也自人間蒸發了。現在，加裝了引擎的歷史當然跑在這種精神發展前面，而別有居心的官方發言人們，則是在消滅那在出賣自己以前先讓他們無所遁形的理論。

　　思考在自省其非時，發現它不只無法使用科學和日常生活的語言，更無法使用對立性的概念語言。我們再也找不到任何不與流行的思考方向同流合污的語彙可用，而陳腐的語言無法獨立為之者，也皆由社會機制予以確實補足。電影公司因為擔心徒增成本而自我審查，也反映在其他範圍的企業裡。一篇文學作品得經過一大群校對、編輯、改編者、出版社內建或外聘

的寫手的審訂程序（即使不是原作者自己所預見的），比任何審查制度都要澈底得多。儘管有各種善意的改革，教育體系的野心似乎是要讓審查制度的功能完全無用武之地。有人認為，如果沒有實事求是以及概率的計算，認知的精神會流於空談以及迷信，但是該教育體系卻正在為空談和迷信準備一個貧乏單調的基礎。正如毒品總是越禁越猖獗，理論想像力的封鎖也總是為政治的瘋狂鋪路。即使人們還沒有陷入該瘋狂裡，外在的和植入他們心裡的審查機制也還是剝奪了他們的抵抗工具。

　　橫阻在我們的工作前面的難題，因此是我們第一個要去探討的：啟蒙的自我毀滅。社會裡的自由和啟蒙的思維是不可分的，對此我們沒有任何懷疑（而我們的丐論謬誤〔petitio principii〕也正在於此）。但是我們也相信我們清楚看到，該思維的概念，以及具體的歷史形式，以及和該思維糾纏不清的各種社會制度，都已經蘊藏著墮落的胚芽，而於今到處散播。如果啟蒙沒有去反芻對於這種墮落的元素的反省，那麼它的命運就會這麼註定了。一頭栽到實用主義裡的思維把對於進步的破壞面的省思丟給它的敵人，因而失去了它的揚棄（aufhebend）性格，以及它和真理的關連性。我們看到接受科技教育的大眾莫名其妙地就落入獨裁政治的魔咒，他們自我毀滅似地附和民族主義的妄想症，以及一切不可思議的荒

謬，由此可見現代的理論性理解的貧乏。

　　我們在這些片簡裡證明了，使啟蒙倒退到神話的原因，並不是如一般人所想的民族主義的、異教的或其他近代的神話，而是在於因為畏懼真理而茫然若失的啟蒙本身，如是，我們相信對於理論性的理解應該有所貢獻。啟蒙和真理這兩個概念不能只是從思想史去把握，也要就現實面去理解。正如啟蒙在那體現於人物和體制裡的理念層面去表現整個中產階級社會的現實運動，真理也不只是意味著理性的意識，它更是意識在現實裡的形式。現代文明的後裔害怕偏離事實（但是事實在被認知時就已經被科學、商業和政治的流行習慣炒作成口號），正如他害怕偏離社會一樣。那些習慣也會定義語言和思想裡所謂「明確性」的概念，它應該可以滿足現在的藝術、文學和哲學。對於以否定性的方式去探討事實和流行的思考模式的思維，「明確性」的概念認為那是不著邊際的、瑣碎繁複的、無關宏旨的，因而予以禁止，卻把精神禁錮在更深層的盲目裡。我們現在無可救藥的困境在於，即使是最可敬的改革者，在倡言革新陳腐的語言時，卻也承襲了了無新意的範疇工具以及在它們背後的壞哲學，因而助長了他們原本要顛覆的既存秩序的力量。虛偽的明確性只是神話的另一種說法而已。神話總是即遮即顯的。它的特色一直就是老嫗能解，並且不需要概念的工作。

　　現代人類被本性奴役，這和社會歷程脫不了關係。經濟產能的提高一方面為更公平的世界創造了某些條件，另一方面卻讓科技工具和控制它的社會族群遠遠凌駕於其他人民之上。在經濟力量面前，個體的價值完全被抹煞。該力量也把社會對自然的宰制推到不曾想像到的高度。儘管個體在他所操作的工具面前銷聲匿跡，但是他的生活卻也更優渥。在不公平的社會狀況裡，群眾被分配到的物資越多，就顯得越無力且容易操控。下層階級生活水準的提高（物質生活更可觀，而社會處境卻更悲慘）也反映在精神的媚俗上。精神的真正要務是對於物化的否定。當它被固化為文化資產、基於消費的目的而被交易時，它就必定會冰銷瓦解。精確的資訊和爬梳有致的娛樂的氾濫，既讓人們更聰明也更遲鈍。

　　我們要談的不是作為一種價值的文化，如文明的批判者，赫胥黎（Huxley）、雅斯培（Jaspers）、奧德嘉·賈賽德（Ortega y Gasset）和其他人所說的，而是在人類還沒有完全被背叛的時候，啟蒙必須自我省思。重點不是保存過去，而是實現過去的希望。然而現在，過去卻以消滅過去的形式持存下去。如果說，直到十九世紀，體面的教育始終是以未受教育者每下愈況的苦難為代價，那麼在二十世紀裡，醫藥衛生工廠的代價則是所有文化資產都在巨大的坩鍋裡被熔化了。這甚至不是如文化的捍衛者所說的什麼嚴重的代價，如果文化的售價無

助於把經濟成就逆轉為它的對立面。

在某些情況下，物質財富本身也成為不幸的元素。如果說，在缺乏社會主體的情況下，龐大的物質財富在前陣子產生了所謂國內經濟的生產過剩危機的影響，那麼現在，由於權力團體被封為那個社會主體，物質財富也為法西斯主義在國際間的威脅推波助瀾：進步翻轉為退步。醫藥衛生工廠以及相關產業，福斯汽車和健身房，正在麻木不仁地摧毀形上學，這或許無關緊要，但是如果那些東西在整個社會裡變成了形上學，也就是意識型態的簾幕，而遮掩了真正的災難，則茲事體大。此即我們的片簡的前提。

第一篇論文是其後論述的理論基礎，希望更深入理解理性和社會現實之間錯綜複雜的關係，以及和它密不可分的自然與宰制自然之間的關係。這裡對於啟蒙的批判也要為它準備一個肯定性的概念，那概念讓啟蒙掙脫了盲目宰制的桎梏。

第一篇論文的主要部分可以概分為兩個主題：神話就已經是啟蒙了；以及：啟蒙會回復為神話學。這兩個主題將在兩篇附論裡就個別的對象去闡釋。第一篇附論探索《奧德賽》裡神話和啟蒙的辯證關係，作為歐洲中產階級文明最早的代表性證據之一。它主要著眼於犧牲和放棄的概念，並且據此開顯神話的自然以及啟蒙的宰制自然之間的差異和統一。第二篇附論則探討康德、薩德和尼采，他們是啟蒙最執著的開展者。它證明

了讓任何自然的東西臣服於自制的主體，最終的結果就是盲目的客體性和自然的宰制。這個趨勢夷平了中產階級思考的一切對立，尤其是道德嚴格主義和絕對的道德敗壞之間的對立。

〈文化工業〉一章顯示啟蒙如何退縮到意識型態，尤其可見於電影和廣播。就此而論，啟蒙就存在於效果的計算以及生產和傳播的科技。而意識型態自身的整個內容也只不過是把既存秩序和控制科技的權力予以偶像化。在探討這個矛盾時，我們比文化工業自己還要認真對待它。但是因為它自身的商業性格的訴求以及對於其沒落的真理的宣信，早已成了一種逃避說謊責任的託詞，於是我們的分析就著重於客觀包含在產品裡的美學架構和據此成形的真理的主張。從該主張的虛無性，我們可以看到社會的混亂狀態。較之其他章節，論述文化工業的這一章要更加片斷一些。

〈反閃族主義的種種元素〉的論文式闡述，則是討論啟蒙的文明如何倒退到現實世界裡的野蠻狀態。自我毀滅的理論或實踐的傾向，自始即蘊藏在理性裡，而不只是在它赤裸裸地出現的時期裡。在這個意義下，我們也勾勒了反閃族主義的一個古代哲學史。反閃族主義的「非理性主義」是推論自佔主導性的理性以及那對應於其形象的世界的本質。〈反閃族主義的種種元素〉也結合了由費爾（Felix Weil）創設且維持的「社會研究院」的經驗性研究，如果沒有那些研究，不只是我們的論

述，甚至大部分在希特勒時期的德國流亡者的理論作品都無法開展。我們和勒文塔（Leo Löwenthal）一起撰寫前三個論題，我們在法蘭克福的第一年裡，和他一同探討了許多理論問題。

在最後一部裡，我們發表了〈箚記和初稿〉，其中部分是屬於前面論文的思想範圍，不過沒有被收錄進去的，部分則是概述未來作品所要處理的某些問題。它們大部分和一個辯證的人類學有關。

1944 年 5 月，於洛杉磯

如同在大戰期間所完成的版本，本書的正文沒有什麼重要的修訂。我們只有增錄了〈反閃族主義的種種元素〉的最後一個論題。

1947 年 6 月
馬克斯·霍克海默、提奧多·阿多諾謹識

啟蒙的概念

Begriff der Aufklärung

　　就最廣義的前衛思考而言，「啟蒙」自來即旨在袪除人類的恐懼，令其成為主宰。然而，完全啟蒙了的地球，卻滿溢著得意忘形的災難。啟蒙的綱領在於世界的除魅（Entzauberung）。啟蒙要破除神話，以知識顛覆幻想。「實驗哲學之父」[1]培根則集其大成。他對因襲傳統者嗤之以鼻，「他們最初相信別人知道他們所不知道的東西；後來卻認為他們自己知道他們所不知道的東西；然而輕信、拒絕懷疑、輕率的回答、自矜多聞、怯於反駁、利令智昏、敝帚自珍、徒託空言、一知半解，凡此種種，皆阻礙了人類知性與自然事物的幸福婚姻，卻撮合他與空洞的概念以及漫無計畫的實驗互相媾合：如此不光彩的婚姻，其結果和後裔如何，也就不難想像了。印刷術是偉大的發明；大砲也已經問世；羅盤則是以前人皆熟知的：哪些改變不是這三項發明帶來的呢？印刷術改變了科學，大砲改變了戰爭，而羅盤則改變了財務、貿易和航海！而我敢說這些只是瞎貓撞見死耗子。人類的卓越成就在於知識，此乃毋庸置疑，其中蘊藏許多東西，國王以其所有寶藏也買不到，也無法以其命令取得，國王的斥候和探子既查不出什麼情報，而海員和探險家更無法駛往其發源地。現在我們自以為駕馭自然，其實仍然受制於它；儘管我們在發明時師法自

1　Voltaire, Lettres philosophiques XII. Oeuvres complètes. Ed. Garnier. Paris 1879. Band XXII. S. 118。

然，卻在實踐上對它發號施令。」│2│

　　儘管培根對數學很外行，他對未來科學的信念卻很中肯。他所預見的人類知性與事物本性的幸福婚姻，其實是家父長制的：那戰勝了迷信的知性，是要去宰制被除魅的自然。知識即權力，它沒有任何限制，無論是在奴役受造者，或是臣服於世界主宰；正如知識可以滿足在工廠或戰場的中產階級經濟目的，企業家不分出身貴賤，都可以支配知識。國王的技術不會比商人嫻熟：技術和以技術開展的經濟體系一樣的民主；技術是這個知識的本質，其目標並不在於概念和想像，或是洞見的喜悅，而是在於方法、對於他人勞力的剝削，以及資本。培根認為的知識所擁有的許多事物，自身又只是工具而已：收音機是更理想的印刷術，轟炸機是更有效的大砲，遙控裝置是更可靠的羅盤。人類想從自然習得的，是如何開物成務，以完全宰制自然和人類，除此無他。啟蒙奮不顧身地燒盡它自己最後殘餘的自我意識。唯有對自己如此殘酷的思維，才能夠極力去打破神話。對於現在實事求是的精神而言，培根的唯名論（nominalistisch）信條都難免有落入形上學窠臼的嫌疑，而如他所批評的士林哲學（Scholastik）一樣被譏為虛誇空洞。權力和知識是同義語。│3│對於培根和路德而言，無法成就任何事

2　Bacon, In Praise of Knowledge. Miscellaneous Tracts Upon Human Philosophy. The Works of Francis Bacon. Ed. Basil Montagu. London 1825. Band I. S. 254 f。

3　另見：Bacon, Novum Organum a.a.O. Band XIV. S. 31。

的知識無異於不事傳宗接代的淫欲。重點不在於人們稱之為真理的那種滿足感,而是在於作用(operation),或即有效的作法,「科學的真正目的和職責,不在於合理的、有趣的、令人尊敬的、印象深刻的言詞,或是有啟發性的論證,而是在於功用和勞作,在於發現以前不為人知的個別事物,以改善生活資糧。」[4]其中沒有什麼祕密,也不是想去開顯什麼奧祕吧。

　　世界的除魅是要消滅泛靈論(Animismus)。贊諾芬(Xenophanes)嘲諷諸神,因為諸神和他們所造的人類一樣都有意外和過犯,而現代的邏輯學家更指摘我們慣用印象的語詞其實是偽幣,最好以中性的代幣取代掉。世界變成混沌,人為的事物變成救恩。圖騰動物、通靈者的夢、絕對理念,似乎沒什麼差別了。在現代科學的發展裡,人類放棄了意義。他們以公式代替概念,以規律性和或然律取代因果。「因果」只是最後一個能經得起科學批評的哲學概念,因為在古老的觀念當中,只有因果才符合最新的俗世化的創造原理。為實體與屬性、主動與受動、存有與此有賦予合乎時宜的定義,自培根以降,即為哲學的本務,但是科學大可不需要這些範疇。它們被培根斥為古老形上學的「劇場偶像」(Idola Theatri),甚至在古代就已經是史前事物和力量的紀念碑。在那個時代,生命和

4　Bacon, Valerius Terminus, of the Interpretation of Nature. Miscellaneous Tracts a.a.O. Band I. S. 281。

死亡就在神話裡被解釋並且交織在一起。西方哲學用以界定其
永恆的自然秩序的這些範疇，凸顯了以前歐克諾斯
（Oknos）、波賽芬妮（Persephone）、阿麗亞德妮（Ariadne）
和涅留斯（Nereus）的地位。先蘇時期哲學的宇宙論便記錄了
各個過渡的階段，濕氣、無分別者、空氣、火，被稱為自然的
初質，正是神話直觀的理性化沉澱。以河流和泥土化育萬物的
意象，自尼羅河傳到希臘，成為物活論（Hylozoismus）的諸
原理，也就是諸元素，於是神話的惡魔所衍生的多義性，被精
神化為存有學的本質的純粹形式。即使是奧林帕斯的父系諸
神，也被哲學的邏各斯（Logos）同化為柏拉圖的理型。但
是，啟蒙重新認識到柏拉圖和亞里斯多德的形上學遺產裡的古
老力量，而把共相（Universalien）的真理判準斥為迷信。他們
認為，在普遍概念的權威裡頭仍然可窺見對惡魔的恐懼，在巫
術儀式裡，人類想以惡魔的肖像去影響自然。自此，人們終於
不必經由內在力量或神祕性質的幻想去宰制物質了。凡不符合
可預期性和實用性的標準者，啟蒙皆認為可疑。一旦啟蒙掙脫
外在的壓抑，便再無阻攔。他們自己的人權理念也沒有比以前
的共相好到哪裡去。啟蒙遇到的任何的文明反抗，只是助長它
的力量而已。|5| 那是由於啟蒙也是在神話中認識自己。無論

5　另見：Hegel, Phänomenologie des Geistes. Werke. Band II. S. 410 f。

以哪些神話去對抗啟蒙,因為神話在對立中被引為論證,總是得承認啟蒙飽受指摘的破壞性的理性原理。啟蒙是極權主義的。

　　啟蒙總是把擬人神論(Anthropomorphismus)理解為神話的根基,也就是主體性質被投射到自然去。|6|超自然事物、鬼魂和惡魔,據稱是反映那些懼怕自然事物的人類。根據啟蒙的說法,各種神話形象都有同一個命名者,也就是主體。伊底帕斯(Ödipus)回答斯芬克斯(Sphinx)的謎語說:「那是人。」它成為啟蒙一再重複的刻板說法,不管眼前要回答的是一個客觀意義、某個秩序的輪廓、對邪惡力量的恐懼、或是救贖的渴望。唯有能以統一性去把握的,啟蒙才會承認其為存在或事件;其理想是一個可以推論出一切的體系。就此而論,理性主義和經驗論的版本並無二致。各家學說對其定理的詮釋或許有所不同,統一性科學的結構卻總是一樣的。儘管有不同研究領域的多元主義,培根的公設「普遍的統一科學」(Una scientia universalis)|7|憎惡任何不聯貫的東西,正如萊布尼茲(Leibniz)的「普遍數學」(Mathesis universalis)憎惡任何跳

6　贊諾芬、蒙田、休姆、費爾巴哈和所羅門·萊納赫(Salomon Reinach),對此意見一致。另見:Reinach, Orpheus. From the French by F. Simmons. London und New York 1909. S. 6 ff。

7　Bacon, De augmentis scientiarum a.a.O. Band VIII. S. 152。

躍一樣。形態的多樣性被化約為位置和排列，歷史被化約為事實，事物被化約為物質。根據培根的說法，在最高原理和基於觀察的命題之間，存在著以普遍性等級區分的清楚邏輯關係。狄美斯特（De Maistre）嘲笑說，培根心裡想的是「一個梯子偶像」（une idole d'échelle）[8]。形式邏輯是統一化的重要派別。它給予啟蒙一個架構，使世界成為可計算的。在柏拉圖晚期的作品裡，以神話的方式把理型（Ideen）等同於數字，便已經表現出破除神話（Entmythologisierung）的渴望。同樣的等式也支配著中產階級的正義和貨物交易。「相等者加不相等者得到不相等者，這個法則不正是正義和數學的基本原理嗎？一方面是交互性正義和分配性正義，另一方面是幾何比率和算術比率，它們之間難道沒有真實的一致性嗎？」[9]等值性（Äquivalent）支配著中產階級社會。他們把不同名字的東西化約為抽象的量，而使它們可以比較。任何無法被分解為數字乃至於一者，啟蒙皆視為假象；近代的實證論（Positivismus）說詩就是這種東西。自巴曼尼德斯（Parmenides）至於羅素（Russell），統一性始終是其標語。他們堅持要顛覆諸神和性質。

8　Les Soirées de Saint-Pétersbourg. 5ième entretien. Oeuvres complètes. Lyon 1891. Band IV. S. 256。

9　Bacon, Advancement of Learning. a.a.O. Band II. S. 126。

　　但是淪為啟蒙的俎上肉的神話自身卻是啟蒙的產物。對於事件的科學解釋廢除了以前神話裡的思想對於事件的解釋。神話要報導、命名且細說世界的緣起：藉此也表現、記載和解釋它。神話的記載和集結更增強該目的。它們迅即從記載變成教義。每個儀式都包含對於事件的想像以及受巫術影響的特殊儀軌。在諸民族最早的史詩裡，這些儀式元素都已經獨立自主。在悲劇作家所引用的神話裡，就已經表現出培根心嚮往之的紀律和權力。天國及其層級取代了地方性的鬼神和惡魔；等次分明的獻祭以及使喚奴僕的勞役，則取代了巫師的咒術。奧林帕斯諸神不再直接等同於自然元素，而只是意味著它們。在荷馬的史詩裡，宙斯主宰白晝，阿波羅駕馭太陽；赫利奧斯（Helios）和伊奧斯（Eos）則已經轉換為譬喻的角色。諸神與物質分離，而變成物質的化身。自此，存有分裂為邏各斯（隨著哲學的發展，邏各斯也萎縮為單子或僅僅是個參考點）以及外在事物和生命的質料。人類自身的存在與實在界的一個差異吞噬了所有其他差異。差異被忽略了，世界也就臣服於人類。就此而論，猶太教神話和希臘神話有異曲同工之妙：「……使他們管理海裡的魚，空中的鳥，地上的牲畜，和全地，並在地上爬的一切昆蟲。」[10]「啊，宙斯吾父，您主

10　Genesis I, 26。

宰穹蒼，俯視人類的作為，無論是義或不義，以及群獸的傲慢放縱，您心中自有公斷。」[11]「因為善惡到頭終有報，有的在當下，有的晚一些；即使有人一時躲過諸神的降禍，它終究是會臨到，而他無辜的孩子或後裔，則必須抵償他的惡行。」[12]只有完全臣服諸神的，才符合要求。主體覺醒的代價，即是承認權力為所有關係的原理。面對此種理性的統一性，神與人的差別變得無關宏旨，在最早對於荷馬的批評裡，理性便明確指出這點。就其宰制自然而言，創世的神和使役自然的人類心靈沒什麼不同。人類和神的相似性在於對存在的統治權，無論是神的俯視或人類的使役。

神話過渡為啟蒙，自然則過渡為單純的客體性。人類權力的擴張，其代價即為與被宰制的事物的異化（Entfremdung）。啟蒙和事物的關係，正如獨裁者之於百姓。他對百姓的認知，僅止於他能宰制他們，擁有知識的人對事物的認知，也僅止於他能夠製造它們。如是，它們的「在己存有」（An sich）變成「為他的」（Für ihn）。在事物的轉變當中，事物的本質總是被揭露為同質的東西，亦即統治的底層。這個同一性（Identität）構成了自然的統一性。巫術的咒語並不以自然或

11　Archilochos, fr. 87。引自：Deussen, Allgemeine Geschichte der Philosophie. Band II. Erste Abteilung. Leipzig 1911. S. 18。
12　Solon, fr. 13,25 folg. a.a.O. S. 20。

主體的統一性為前提。薩滿的儀式對象是風、雨、外在世界的蛇、病人裡頭的惡魔，而不在於物質或樣本。行使巫術的，不是單一且同一的靈，他隨時會變換肖似許多靈的儀式面具。巫術是血腥的謊言，但是巫術還沒有因為變形為純粹真理且以受其宰制的世界為基礎，而被否認其統治權。巫師模仿惡魔；為了驚嚇或安撫惡魔，他會作出可怕或溫和的表情。即使他的工作是要去模仿，他不會說自己是不可見的力量的肖像，像文明人那樣，把他們的狩獵區退縮到統一的宇宙，把萬物都當作獵物。當人類自認為是那樣的肖像時，才開始擁有自我的同一性，在仿同他者時，自我也不會失落，而是像看不透的面具一般，永遠擁有自身。精神的同一性及其對耦，也就是自然的統一性，壓抑著源泉不絕的各種性質。被剝奪了性質的自然，變成單一類別的混沌物質，全能的自我變成單純的「擁有」，變成抽象的同一性。在巫術裡蘊含著特別的代表性。對著敵人的長矛、頭髮或名字施法，也會及於其身；獻祭的牲畜替代神明被屠宰。獻祭時的替代即預示了推理邏輯的先驅。為了女兒獻祭的母鹿，或是為了頭胎獻祭的羔羊，當然都有自己的屬性，但是都已經代表了某個種屬。它們固然顯示樣本的隨機性，然而此時此地的神聖性，具有代表性的祭物的獨特性，卻使得祭物各自迥異，而無法互相替換。但是科學卻為此劃下句點。在科學裡不再有任何特別的代表性：獻祭的牲畜不可能是

神。代表性突然變成普遍的可替換性。原子不會被分裂為代表性，而是變成物質的樣本。而在實驗室裡受苦的兔子，並不被視為代表，而只是個樣本。在函數性的科學裡，各種差異皆可互換，使得一切都沉澱在一種物質裡，於是科學的對象便僵化了，而以前嚴格的儀式卻顯得很靈活，因為它還會以某物替代另一物。巫術的世界仍然包含著在語言形式裡已經消失無蹤的各種差異。[13] 存有者之間多重的親緣性，被取代為賦予意義的主體與無意義的客體之間的單一關係，或是理性的意義以及偶然的意義載體。在巫術時期，夢境和形象並不只是事物的記號，而是經由相似性或名字與事物相連結。其關係不是意向（Intention）的，而是親緣性的。巫術和科學都有其目的，但是巫術乃取徑於擬態（Mimesis），而不是和客體漸行漸遠。它絕非奠基於「思想的全能」，原始人應該會認為精神病患才會有那種東西吧[14]；在那裡不會有「心理歷程相對於實在界的高估」，思想和實在界也不會那麼涇渭分明。正如佛洛伊德（Freud）對於巫術的落伍評論，他說巫術只是「對於控制世界的可能性的堅定信心」[15]，更加狡黠的科學只是以更現實

13　另見：Robert H. Lowie, An Introduction to Cultural Anthropology. New York 1940. S. 344 f。

14　另見：Freud, Totem und Tabu. Gesammelte Werke. Band IX. S. 106 ff。

15　同前揭：S. 110。

的方式去宰制世界而已。為了以無遠弗屆的工業科技取代地域
性的巫醫習俗，思想必須獨立於客體，正如在現實的自我那裡
所發生的。

　　太陽神崇拜的父系社會神話，以語言為形式去開展的全
體，以其真理主張貶譴更古老的神話信仰和民間宗教，如此的
神話自身就已經是啟蒙了，在哲學的層次上，也可以媲美於啟
蒙。如今它也付出了代價。神話開始了啟蒙的無窮審判，於其
中，每個確定的理論觀點都必然要蒙受毀滅性的批評，說那只
是個信念而已。即使是各種概念，如精神、真理、甚至啟
蒙，也都變成泛靈論的巫術。如宿命般的必然性原理，使許多
神話英雄殞沒，並且從神諭裡推論出邏輯結論，甚至淬鍊成有
說服力的形式邏輯，它不只宰制著西方哲學的每個理性主義體
系，更主導了許多體系的推演，它們始自諸神的層級，在偶像
崇拜的恆久黃昏裡，傳承同一個內容：即對於實證不足的憤
怒。正如在神話裡已經蘊含了啟蒙，啟蒙的每一步都只會更深
陷於神話學當中。啟蒙為了破除神話，而接收所有神話材
料，作為審判者的它，卻落入神話的魔咒。啟蒙想要擺脫命運
和報應的審判，便先懲罰了自己。在神話裡，所有行為都有其
報應。啟蒙亦復如是：事實才剛生起，就灰飛煙滅。當人類不
再幻想能夠經由重複（Wiederholung）去仿同被重複的存有
者，而藉以掙脫其支配，如此很久以後，作用力等於反作用力

的定律才開始擁有重複存有者的權力。然而巫術（魔法）的幻象越是消逝無蹤，重複越是強硬地以規律性為由，禁錮人類於不停的循環中，而這個循環被對象化為自然律，使得人類誤以為自己是個自由的主體。內在性（Immanenz）的原理，亦即把每個事件都解釋為重複，被啟蒙用來駁斥神話的想像力（Einbildungskraft），但是它自身就是神話的原理。乾枯無味的處世智慧認為太陽底下無新鮮事，因為無意義的棋局已經著數用盡，所有偉大的思想都已經被思考過了，所有可能的發現都可以預想得到，人類必須適應環境才能自我保存；這些處世智慧只是在重製它們所譏諷的空想。因果報應的命運懲罰總會使萬物各復其位，凡不平者終將趨同。這就是對於可能經驗的界限的最終判決。萬物同一的代價是沒有任何東西能同時與自身同一。啟蒙瓦解了舊時不平等的不義，也就是直接的奴隸制度，卻在聯繫每個存在者的普遍中介裡永久保存它，而那正是齊克果（Kierkegaard）所讚美的基督新教倫理的理由，在赫拉克里斯（Herakles）的神話裡，那也代表了神話暴力的原型：它切掉了不可共量的東西（Inkommensurable）。不唯性質於思想中被瓦解，人類也被迫向現實妥協。市場不問出身貴賤，但是交易者為此必須付出代價，配合市場可購買的產品去塑造他與生俱來的能力。每個人都被賦予不同於他人的自我（Selbst），卻因此使自我更沒有什麼差別。但是自我從來都無

法完全契合於模型，於是在整個自由主義的時期裡，啟蒙總是同情社會控制。被宰制的集體群眾的統一性，在於否定個體，並且嘲諷那能夠鼓舞人們成為個體的社會。在希特勒青年團（Hitlerjugend）裡確實曾出現其名字的烏合之眾，不是墮落到野蠻時期，而是壓抑性的平等（Egalität）的勝利，權利的平等也因為人人皆平等而變成不義。法西斯主義的假神話，原來是史前時期的真實神話，因為真實的神話會正視因果報應，而假的神話只是盲目地把報應推給替罪羊。人們越是要藉由破壞自然以阻斷自然衝動，就越是深陷其中。而此即歐洲文明的軌跡。抽象作用是啟蒙的工具，它和對象的關係就像對待命運一樣，它消滅命運的概念，也消滅了對象。在使自然中的一切都可以被重複的抽象作用以及為此設置的工業的水平化宰制下，被解放者最後變成「下民」（Trupp），黑格爾（Hegel）認為那正是啟蒙的結果。| 16 |

抽象的前提是主體與客體的距離，而那是奠基於統治者經由被統治者而和事物產生的距離。荷馬的史詩和《黎俱吠陀》（*Rigveda*）的詩歌，都源自地主統治和封建的時代，在那個時代裡，由好戰的民族統治被征服的原住民。| 17 | 在那個中

16　Phänomenologie des Geistes a.a.O. S. 424。

17　另見：W. Kirfel, Geschichte Indiens, in: Propyläenweltgeschichte. Band III. S. 261 f；
　　G. Glotz, Histoire Grècque. Band I. in: Histoire Ancienne. Paris 1938. S. 137 ff。

產階級的世界裡，諸神當中的最高神於焉誕生，國王是武士貴族們的領袖，把被統治者和土地綁在一起，而醫師、卜者、工匠和商人，則可以自由遷徙。隨著游牧時期的結束，社會秩序也以不動產為基礎而被建立。統治和勞動自此被區分開來。地主如奧德修斯（Odysseus）「遙控眾多分工極細的下屬，如牧牛者、牧羊者、養豬者和僕役，他夜裡自城堡遠眺成千火炬照亮的土地，安心地入睡；他知道有他勇敢的僕人守衛，使野獸不敢接近，也防止竊盜入侵，保護苑囿的安全」。[18] 推理邏輯所開展的思想的普遍性，亦即在概念領域裡的統治權，是奠基於現實的統治權。巫術傳統和舊時流傳的觀念被概念的統一性瓦解，在其中也表現了由命令構成的、由自由公民界定的生活觀。自我在世界的臣服當中學到了秩序和服從，不多久就把真理完全等同於支配性的思考，沒有思考的明確區分，真理便無法存在。隨著擬態的巫術，自我把真正把握到對象的知識變成禁忌。它把仇恨指向被征服的原始世界的形象及其幻想的快樂。原始民族的冥府諸神被貶謫到地獄去，在崇拜太陽和光明的因陀羅（Indra）和宙斯的宗教裡，人間也變成地獄。

　　但是天堂和地獄是密切相關的。在許多彼此並不相互排斥

18　G. Glotz a.a.O. S. 140。

的宗教儀式裡，宙斯的名字同時指稱冥府神和天神[19]，而奧林帕斯諸神和冥府諸神也習慣有各種往來，同樣的，善惡力量，神聖與邪惡，並不是那麼截然劃分的。就像是生成和殞滅、生命和死亡、夏天和冬天，它們是相依相待的。在希臘宗教的光明世界裡，仍然存續著黑暗且無分別的宗教原理，在已知的最早人類時期則被尊為「馬那」（Mana）。它原始且無分別，意指一切未知者和陌生者；它超越了經驗領域，是事物裡的已知存有以外的部分。原始部落所經驗到的超自然事物，並不是與物質實體對立的精神實體，而是自然事物相對於其單一個體成員的複雜結構。經驗到陌生事物時的驚呼，便成了它的名字。名字裡頭記錄了未知者相對於已知者的超越性（Transzendenz），以及對神聖者的敬畏。神話和科學一樣，也可以把自然分化為表象和本質，作用與力，那是源自人類的恐懼，而恐懼的表現則變成對它的解釋。心靈並不是如心理主義（Psychologismus）所認為的那樣轉移到自然裡；馬那或即能動的靈，並不是投射，而是自然真實的優勢在原始民族的弱勢心靈裡的回響。有生命者和無生命者的分裂，或是認為某個地方有惡魔和諸神住世，都是源自這個前泛靈論（Präani-

---

19　另見：Kurt Eckermann, Jahrbuch der Religionsgeschichte und Mythologie. Halle 1845. Band I. S. 241；O. Kern, Die Religion der Griechen. Berlin 1926. Band I. S. 181 f。

mismus）。即使是主體和客體的區分，也在那裡看得到原型。如果說樹不再只被視為樹，而是某個他者的見證，馬那的居所，那麼語言即是在表現一個矛盾，即某物既是自己又異於自己，既同一又不同一。[20] 經由神性，語言從同語反覆（Tautologie）變成語言。人們喜歡把概念定義為它所涵蓋的對象的所有屬性，其實概念自始即是辯證思維的產物，在辯證裡，每個東西只有成為其所非者，才能是其所是。此即對象化的原始定義形式，在定義裡，概念和事物分立，如此的定義在荷馬的史詩裡已經粲然大備，而在現代的實證科學則是走火入魔了。但是只要這個辯證是開展自驚呼，是恐懼自身的分化和同語反覆，那麼它就始終是沒有作用的。諸神無法消除人類的恐懼，他們的名字即是人類嚇呆了的叫聲。人類以為，唯有不再有未知事物，他們才能免於恐懼。此即界定了破除神話和啟蒙的軌跡，啟蒙把有生命者等同於無生命者，正如神話把無生命者等同於有生命者。啟蒙是更激進化的神話恐懼。實證主義的純粹內在性，其最終的產物，不外乎和它同樣普遍的禁忌。不會有任何在外面的東西，因為「外面」的觀念就是恐懼的真正來源。原始民族有時候會接納殺害族人的仇家成為家族

20　雨貝和牟斯如是形容「同情」或擬態：「一即是一切，在一裡頭，自然戰勝了自然本身。」H. Hubert et M. Mauss, Théorie générale de la Magie, in: L'Année Sociologique. 1902-3. S. 100。

的一分子，就可以不用報仇[21]，這和喝下外邦人的血液一樣，都是意味著內在性的建立。神話的二元論並沒有超出存有者的範圍。馬那所宰制的世界，甚至印度和希臘神話的世界，都沒有出路且永遠一樣。生死相待，福禍相依。人類和諸神或許會在大限到來前想辦法擺脫盲目的宿命，掌握自己的命運，但是最終存有仍舊打敗他們。即使是自災禍那裡奪回來的正義，也都有災禍的意味；那就像是在壓迫和貧窮的社會裡的人們（無論是原始部落、希臘人或蠻族）環顧他們的世界。因此，神話的正義和啟蒙的正義一樣，罪與贖罪、幸與不幸，都是等式的兩端。正義向法律讓步。薩滿以災厄的肖像被除災厄。平等即是他的工具。平等也規範了文明裡的懲罰和賞報。神話的所有想像也都要回溯到各種自然關係。雙子星和所有其他二元性的象徵一樣，都是指涉無法擺脫的自然循環。蛋的象徵即源於自然循環，而在該象徵裡也有循環的原始符號，同樣的，宙斯手裡體現整個父系世界的正義的天秤，也都要回溯到單純的自然。從混沌到文明的腳步，並沒有改變平等的原則，雖然自然的關係不再直接起作用，而是經由人類意識去實現。為了補償文明腳步的罪，人類崇拜以前他們和其他生物一樣只能臣服的東西。以前的偶像崇拜是服從於平等的法

21　另見：Westermarck, Ursprung der Moralbegriffe, Leipzig 1913. Band I. S. 402。

則，現在平等自身則變成偶像崇拜。被蒙上眼睛的正義女神
（Justitia），不只是意味著法律不受干預，也意味著法律並非
源於自由。

───────

　　在司祭們的教義裡，符號和形象相對應，就此而言，其教
義是象徵性的。正如象形文字所證明的，文字原本也具有形象
的功能。而形象功能則過渡到神話。神話和巫術儀式都意指著
不斷重複的自然。它是象徵事物的核心，被想像為一個永恆的
存有或歷程，因為在象徵的行使時，它總會重複發生。源泉不
竭、無止盡的重生、被意指者的永存性，這些不只是所有象徵
的屬性，也是它們真正的內容。不同於猶太教的創世記，許多
世界創造的描繪，例如世界誕生自太初的母親、母牛或蛋，都
是象徵性的。古人嘲笑太人性化的諸神，卻因此無法觸及其核
心。個體性（Individualität）並無法窮盡諸神的本質。他們仍
然潛在地擁有馬那的性質，他們把自然體現為普遍的力量。諸
神帶著前泛靈論的特質闖入啟蒙。在奧林帕斯的醜聞
（chronique scandaleuse）的羞怯面紗下，關於元素的混合、推
擠和撞擊的學說於焉開展出來，隨即建立為科學，並且把神話
斥為鄉壁虛造的幻想；隨著科學和詩的清楚劃分，科學所提倡

的分工也擴及到語言。對於科學而言，文字只是記號；接著才分配在各種藝術裡，作為聲音、形象或真正意義的文字，但是不曾另外經由各種藝術的「聯覺」（Synästhesie）或總體藝術（Gesamtkunst）去重建文字本身。文字作為記號，就不得不變成計算，而為了認識自然，必須拒絕模仿自然的要求。對於前衛的啟蒙來說，只有真正的藝術才不致於單純模仿既存的事物。在藝術與科學之間的流行對比，經常把它們視為兩個不同的文化領域，好統合管理它們，但其精密的對立，正因其內在的傾向，使其彼此過渡到對方。在新實證論對於科學的詮釋裡，科學變成唯美主義（Ästhetizismus），變成被分解的符號的系統，而缺乏任何超越系統的意圖；它變成數學家長久以來引以為傲的遊戲。然而，完全模仿自然的藝術，乃至於其技術，都向實證科學投誠。此種藝術已經再次變成世界，變成意識型態的複製，變成很順服的再現。記號和形象的分裂是不可免的。然而如果人們自以為是地一再把它實體化，那麼各自獨立的兩個原理，都可能導致真理的毀滅。

　　因分裂而開啟的那個深淵，哲學在直觀與概念的關係裡早已窺見，也不斷想辦法要填補它，卻徒勞無功；是的，哲學在定義上便是以此為本務。當然，哲學也大都偏向它藉以得名的那一方。柏拉圖倡言廢除詩藝，而實證主義也以同樣的姿態抨擊他的理型說（Ideenlehre）。柏拉圖說，荷馬沒有以他備受讚

譽的藝術公開或私下地從事改革，不曾打贏一場戰爭，也沒有任何發明；我們也不知道有哪些崇拜或敬愛荷馬的追隨者；藝術必須證明其實用性。|22|柏拉圖和猶太人一樣都斥責模仿。理性和宗教都禁止巫術的原理。即使是作為厭離實存者的藝術，巫術原理仍然是可恥的東西；行使巫術原理者，也變成流浪者，變成殘存的游牧民族，在定居的社會裡找不到棲身之處。他們不再藉由適應去影響自然，而是以勞動去宰制自然。藝術作品和巫術都是要設定一個自給自足的領域，遠離俗世存有者的脈絡。在該領域裡主宰著的是特殊的法則。在儀式裡，巫師首先會界定出與環境隔離的聖地，好讓神聖力量降臨，同樣的，每個藝術作品也都會劃定自己的範圍，而和實在界隔離。儘管藝術不同於巫術的感應（Sympathie），放棄實際的效果，卻因此使得藝術和巫術傳統更加關係緊密。它把純粹形象和物體的存在對立起來，在形象自身裡揚棄物體存在的元素。對於原始民族而言全新且可怕的事件，也存在於藝術作品的意義和美感的表象裡：全體在個殊裡的顯現。在藝術作品裡，複製會不斷進行，而事物也藉此顯現為精神的東西，或是馬那的開顯。此即構成其氛圍（Aura，或譯「靈光」）。藝術作為全體性的表現，要求絕對者的尊嚴。為此，哲學時而也會

22　另見：Platon, Das zehnte Buch des Staats。

認為藝術優先於概念知識。謝林（Schelling）說，知識拋棄人
類的時候，藝術就會接手。他認為藝術是「科學的模範，藝術
在哪裡，科學就應該去那裡。」[23] 在他的學說意義下，形象
和記號的分裂「被藝術的每個個殊表現給完全揚棄了」。[24]
現在中產階級的社會已經很難接受對藝術如此的信任。他們限
制知識，通常不是要讓位給藝術，而是給信仰。近代好戰的宗
教狂熱、托爾克馬達（Torquemada）、路德和穆罕默德，都是
藉著信仰去調解精神和存在。但是信仰是自身性質缺如的概念
（privativer Begriff），如果信仰不持續凸顯它與知識的對立或
一致性，那麼作為信仰，它就會被消滅。信仰依賴於對知識的
限制，因而也限制了自身。在基督新教，信仰試圖像古代一
樣，直接在文字裡發現真理的原則（它既超越信仰，而無此原
則，信仰也無法存在），把象徵的力量還給文字，使得信仰臣
服於文字而非神聖者。因為信仰註定要和知識綁在一起，無論
是敵是友，於是它必須堅持對抗中的分裂以降服知識，盲目的
信仰是謊言的標記，是客觀的供詞：那些只有信仰的人們，正
因如此而不再信仰。良心不安是信仰的第二天性。正是由於對
於必然附著於信仰的缺陷的隱約意識，以及以和解為職志的內

23　Erster Entwurf eines Systems der Naturphilosophie. Fünfter Hauptabschnitt. Werke.
　　Erste Abteilung. Band II. S. 623。
24　同前揭：S. 626。

在矛盾，使得信仰者的誠實總是既敏感又危險。殺人放火的暴行、反改革和改革，並不是踰越了信仰的原理，而正是信仰的實踐。信仰總是要彰顯自身與它意欲操縱的世界歷史的若合符節，是的，在近代世界，信仰變成歷史最喜歡的工具，變成歷史特有的詭計。啟蒙不只是如黑格爾所說的無法抵擋，他比誰都清楚，啟蒙就是思想自身的運動。無論是最庸俗或最超卓的見識，都讓知識和真理保持距離，而使得辯護者都成了騙子。信仰的弔詭最終變質為詐欺，變成二十世紀的神話，而信仰的非理性（Irrationalität）也成了澈底被啟蒙者用以把社會轉向野蠻的理性活動。

　　早在語言踏入歷史時，祭司和巫師就是語言的主宰。侮辱符號者，會以神聖力量之名，受到世俗力量的懲罰，而世俗力量的代表者即社會的各種職司組織。引導代表者的，則總是黑暗中的事物。我們在各地的民族學研究裡都會發現，馬那誕生自恐懼，而如此的恐懼總是已經被認可，至少是被族長們認可。不同一的、流動的馬那，被人類給固定化且很粗暴地物質化。不久以後，巫師們隨著部落四處遷移，並且因地制宜，為不同的聖地設置不同的聖儀。他們以靈界及其特殊性去發展其祕傳的知識和權力。神聖本質傳到與它往來的巫師身上。在早期游牧民族那裡，部落的成員並不直接干預自然歷程。男人捕獵，女人勞作，他們不需要嚴格的指揮。在如此簡單的秩序

裡，我們不知道強制力先於習俗多少。在該秩序裡，世界已經
被區分為權力的領域和俗世的領域。在該秩序裡，作為馬那流
出的自然歷程，已經升格為必須服從的規範。但是即使游牧的
蠻族俯首稱臣，他們也會使用那限制秩序範圍的巫術，並且把
自己偽裝成獵物以潛近牠們，於是到了後期，和靈界的往來以
及臣服，便被歸類為人類的不同階級：一方面是權力，另一方
面則是服從。那不斷重複且始終如一的自然歷程被灌輸到臣服
者身上，無論是藉由異族或自己的族人，它化作為舂杵敲擊的
勞動節奏，回響於每一具蠻族的鼓和每一次重複不變的儀式
裡。所有象徵皆在表現物神崇拜。象徵所意指的自然的重
複，也一再出現於後來象徵所表現的社會控制的內在性。被對
象化為固定形象的恐懼，變成掌權者鞏固統治的符號。即使普
遍概念捨棄所有的形象，亦復如是。就算是科學的演繹形
式，也反應了階級和控制。正如最早的諸範疇表現了有組織的
部落及其對個體的宰制力量，概念的整個邏輯秩序、從屬、連
結、包含和歸結，也奠基於社會現實的對應關係，亦即分
工。│25│當然，這個思維形式的社會特質，並不是如涂爾幹
（Durkheim）所說的社會團結（Solidarität）的表現，而只是
證明社會與宰制的難以分辨的統一性。宰制是在社會裡建立

25　另見：E. Durkheim, De quelques formes primitives de classification. L'Année Socio-
　　logique. Band IV. 1903. S. 66 ff。

的，而宰制也賦予社會整體更高的凝聚性和力量。宰制在社會
開展為分工，而被宰制者則藉著分工以自我保存。但是如此一
來，整體自身，也就是整體的內在理性的作用，必然成為個殊
利益的實現工具。對於個別者而言，宰制是普遍的東西，是現
實中的理性。社會成員的權力，以唯一的方式，經由被指派的
分工而不斷累積，直至整體的實現，而整體的合理性
（Rationalität）也再度被多樣化。由少數人對大家做的事，看
起來總是以多數壓抑個體：社會的壓制總是帶有集體的壓制的
意味。沉澱在思維裡的，是集體性與宰制的統一性，而不是直
接的社會普遍性或即團結。柏拉圖和亞里斯多德用以描繪世界
的哲學概念，經由普遍有效性的要求，把藉由概念證立的關係
提高到真正的實在界位階。正如維柯（Vico）所說的 | 26 | ，它
們源自雅典的市集，以同樣的清晰度反映著物理定律、自由公
民的平等，以及女性、孩童和奴隸的劣勢。語言自身為話語以
及宰制的關係賦予了市民社會溝通所需要的普遍性。形上學的
強調，或即藉由觀念和規範的證成，只不過是把概念的嚴格性
和排他性予以實體化，只要語言為了執行命令而把統治族群給
組織起來，概念就必須具備該性質。觀念是被用來助長語言的
社會性權力，因此，觀念會隨著權力的擴張而過剩，而科學的

26　G. Vico, Die Neue Wissenschaft über die gemeinschaftliche Natur der Völker. Übers.
　　von Auerbach. München 1924. S. 397。

語言則會終止它們。有意識的證立（Rechtfertigung）缺少潛藏於物神崇拜的恐懼的暗示作用。集體性和宰制的統一性現在是表現在普遍性裡，而在語言裡，謬誤內容總是具有普遍性，無論是在形上學或科學都可以窺見。至少，形上學的辯護由於概念與現實的不一致而洩漏了既存勢力的不義。而科學語言的中立性，更使得無權力者完全失去表達的能力，只有既存勢力才能掌握科學語言的中立符號。如此的中立性比形上學更加抽象難解。最後，啟蒙不僅吞噬了象徵，也吞噬了其後繼者，即普遍概念，而除了對於集體的抽象恐懼（該恐懼則源自集體），什麼也沒留給形上學。概念之於啟蒙，正如退休者之於企業托辣斯：兩者都沒有什麼安全感。如果說邏輯實證論還肯給或然率一個機會，民族學的實證論則是早已經把或然率和本質劃上等號：「我們對於機率和本質的模糊觀念，只是那些更豐富的理念的蒼白餘緒，」[27] 也就是巫術的實體。

　　遇到名詞、無擴延的或點狀的概念，以及專有名詞（Eigenname），唯名論的啟蒙則是捉襟見肘。儘管我們再也無法如某些人所主張的[28] 確定專有名詞最初是否即為種屬名詞（Gattungsname），兩者的命運倒底還是不盡相同。休姆

27　Hubert et Mauss a.a.O. S. 118。

28　另　見：Tönnies, Philosophische Terminologie, in: Psychologisch-Soziologische Ansicht. Leipzig 1908. S. 31。

（Hume）和馬赫（Mach）所否認的具實體性的「我」，並不等於「名字」。在猶太教裡，即使父系社會的觀念高漲到毀滅神話的地步，他們仍然禁止稱呼上帝的名字，如此便承認了名字與存有的關係，猶太教的除魅世界否定了上帝觀念裡的巫術元素，因而與巫術和解。猶太教不容許任何能夠撫慰凡人的絕望的語詞。他們認為對於禁忌的所有渴望，都只是把假神誤認為真神，把有限者誤認為無限者，把謊言誤以為真理。救贖的保證在於拒絕任何偽裝為救贖的信仰，而真知則是在於駁斥一切虛妄。然而否定並不是抽象的。如同佛教關於「虛無」的刻板說法，無分別地破除一切肯定者，以及它的對立陣營，即泛神論（Pantheismus）或是拾其牙慧的中產階級的懷疑論，他們都忽略了禁止稱呼絕對者的名字的誡命。把世界解釋為虛無或全體，那就是神話，而救恩的保證道路，也昇華了巫術的習俗。自我滿足於預言未來，以及否定性被聖化為救恩，那都是以虛構的形式去抗拒欺騙。形象的權利在忠實地實踐誡命當中得到拯救。如此的實踐，「被規定的否定」（bestimmte Negation）|29|，並不是經由抽象概念的主權而無懼於直觀的誘惑，如懷疑論一般，對於懷疑論而言，無論真偽皆是虛無的。不同於嚴格主義（Rigorismus），「被規定的否定」不僅是

29　Hegel, a.a.O. S. 65。

把對於絕對者的不完美的表象，亦即偶像崇拜，擺在它們難以
匹敵的理念面前，而去拒絕那些表象。辯證法（Dialektik）更
要把每個形象開顯為文字。它教導我們從形象的性質去判讀對
其虛偽的自白，該自白會褫奪其權力，而把它交給真理。於
是，語言便不只是單純的符號系統而已。藉由「被規定的否
定」，黑格爾強調一個可以把啟蒙和實證論的瓦解（他把啟蒙
也算作那種瓦解）區分開來的元素。然而由於他最後把整個否
定的歷程（體系和歷史裡的全體性）的已知結果規定為絕對
者，自己便觸犯了誡命，而沉陷在神話裡。

　　黑格爾的哲學，作為進步思想的神聖化，以及實事求是的
啟蒙（此即啟蒙與黑格爾以及一般形上學的區別所在），都免
不了這個結果。因為啟蒙和任何體系一樣都是極權主義的。啟
蒙的虛妄並不在於它的浪漫主義對手自始即批評的分析方
法、回歸到元素或經由反省的分解，而是因為對啟蒙而言，在
審判開始時便已經作成判決了。在數學關係裡，當一個未知數
成為等式裡的未知數時，在帶入任何數值以前，它會被標示為
已知數。無論是在量子理論出現前後，自然都可以被歸納到數
學裡，即使那些無法被列入的、無解的和非理性的，都可以被
數學定理圈起來。啟蒙自始便把完全數學化的世界等同為真
理，認為如此便保證不會回到神祕事物。啟蒙讓思考等於數
學。於是數學彷彿被釋放，搖身變成絕對的主管機關。「一個

無限的世界，此處即各種觀念性的世界，被認為其對象無法由我們的認知以不完整且偶然的方式個別地把握，而是以理性且統一的數學方法，最終觸及——以無窮級數的方式——每個完全在己存有（Ansichsein）的對象……，在伽利略對自然的數學化裡，自然本身在新數學的指導下被觀念化，用現在的語彙說，自然甚至變成數學的雜多。」[30] 思維把自己物化為自行運轉的自動歷程，模仿思維自己創造的機器，好讓機器最後能夠取代它。啟蒙[31] 拋棄了古老的要求，即去思考思維自身——費希特（Fichte）的哲學是該要求的極致開展，因為啟蒙偏離了控制實踐的誡命，而那誡命卻是費希特信守奉行的。數學的步驟儼然成為思維的儀式。儘管有公理的自我設限，數學仍然把自己裝置為必然且客觀的：數學把思維變成事物，正如數學自己說的，變成工具。然而，經由思維模仿世界的這種擬態，事實成為唯一的重點，即使是否認上帝的存在，也都被歸於形上學的判斷。對於坐在啟蒙理性的審判席上的實證主義而言，關於睿智世界的枯坐冥想不再只是被禁止的，而且是無意義的空話。幸好實證主義不需要變成無神

30　Edmund Husserl, "Die Krisis der europäischen Wissenschaft und die transzendentale Phänomenologie," in: Philosophia. Belgrad 1936. S. 95 ff。

31　另見：Schopenhauer, Parerga und Paralipomena. Band II. § 356. Werke. Ed. Deussen. Band V. S. 671。

論，因為被物化的思維甚至無法提及這個問題。對於實證主義
的審查而言，正式的敬拜被視為與知識無關的個殊社會活
動，和藝術一樣，它都是樂意予以放行的；但是否認上帝存
在，即便使它自稱為知識，也都不被許可。科學的信念認
為，使思維偏離宰制事態的本務，踰越了存在的範圍，那不是
發瘋了就是自取滅亡，就好像要巫師走出他為了降神而畫的圈
子一樣，對於兩者而言，觸犯禁忌都會給犯罪者帶來嚴重的災
難。對自然的宰制築了一道樊籬，而《純粹理性批判》也把思
維禁錮其中。康德認為，思維無止盡地辛苦追逐無限者的學
說，無異於執著於它的缺陷以及永恆的侷限性。而他的宣告卻
有點像神諭：世界上沒有任何存有是知識無法理解的，但是知
識能理解的東西，卻不是存有。根據康德的說法，哲學判斷以
新事物為目標，卻無法認識任何新事物，因為判斷總是在重複
理性已經置於對象裡的東西。思維躲在科學的領域裡，而免於
「通靈者之夢」，但是如今它必須付出代價：對自然的世界宰
制轉向思考的主體自身，對於主體而言，什麼也沒有了，除了
永遠同一的「我思」，它必須能夠伴隨我的所有表象；主體與
客體都變成虛無。唯有抽象的自我才有權去記錄和體系化，它
所面對的，只有抽象的物質，那樣的物質並不佔有任何性
質，而只是一個基底（Substrat）。精神和世界終於同一，不過
那是因為它們彼此抵銷了。在思維被化約為數學工具時，世界

被判定要成為自己的尺度。主體性表面上的勝利，讓一切存有者臣服於邏輯形式主義，其代價則是讓理性對於直接的實存者俯首貼耳。整個知識的要求都被犧牲了：理解實存者本身，不只是注意到既存者藉以被度量的時空關係，相反的，是把它們思考為表面事物、被中介的概念環節，而唯有開顯那些環節的社會、歷史和人性的意義，才可能實現它們。知識的要求並不在於單純的知覺、分類和計算，而是在於每個直接事物的「能規定的否定」（bestimmende Negation）。但是數學形式主義以數字為媒介，也就是直接性事物最抽象的形態，因此它只在直接性當中去把握思維。事實總是對的，知識自限於事實的重複，而思維只是同語反覆。思考的機制越是臣服於存有者，它就越盲目地滿足於存有者的複製。於是啟蒙往回擺盪到神話而不知如何掙脫。因為實存者的本質，循環、命運以及世界的統治的真理，神話皆以各種形態去反映它們且放棄任何希望。精確的神話形象和清晰的科學公式證明了事實的永恆性，單純的存有者被表現為被它阻斷的意義。世界作為巨大的分析判斷，是科學僅存的夢，而與那描述因為擄掠波賽芬妮而形成的春秋更替的宇宙神話若合符節，神話事件的獨特性原本是想要對於事實性的事件予以合法化，但那只是個謊言。女神被擄的故事原本就是指自然的死亡。每年秋天都會重複它的死亡，而重複也不是各自獨立的事件的前後相續，而是每次都一

樣的。隨著時間意識的越來越頑固，事件也被固著在過去裡而成為一次性的事件，而對於死亡的恐懼，也會在每個新的季節周期裡儀式性地回溯到遠古，以得到平息。但是如此的區隔是無濟於事的。由於假定有獨特的過去事件，季節的周期似乎是不可免的，而從古代的恐懼覆蓋到所有事件，一切皆為其重複而已。無論是把事實納於傳說中的史前時代，或是數學的形式主義，在當下的事物與儀式中的神話事件或是與科學裡的抽象範疇的符號關係裡，新的事物都似乎是前定的，因而其實就是古老的東西。沒有希望的不是存有者，而是知識，它以形象或數學的符號佔有且永久保存那作為某種圖式（Schema）的存有者。

在啟蒙的世界裡，神話潛入俗世性當中。完全滌除了魔鬼及其概念衍生物的存有者，在其赤裸裸的自然性裡，擁有史前原屬於魔鬼的聖祕（numinos）性質。由赤裸裸的事實之名產生的社會不義，以那些事實為藉口，被神聖化為永遠不得更改的東西，正如巫醫在眾神的保護下被聖化。宰制的代價不只是人類與被宰制的對象的異化：隨著精神的物化，人與人的關係，甚至每個個體和自身的關係，都著了魔。個體萎縮成傳統的反應以及他實際被期待的功能模式的交會點。泛靈論為物體賦予靈魂，而工業主義則是把靈魂給物化。在整個規劃之前，經濟工具就會為商品賦予價值，而那些價值則決定人們的

行為。隨著自由交換的結束，商品喪失了所有經濟性質，只剩下拜物的性格，於是這個性格轉瞬間擴散到社會生活的所有層面。經由無數的大量生產組織及其文化，標準化的行為模式便成為唯一自然的、正當的、理性的模式，烙印在個體身上。個體僅僅把自身定義為事物，定義為統計元素，定義為成功或失敗。個體的判準在於自我保存，在於是否成功適應個體的功能的客觀性及其模範。所有其他東西，例如理念和犯罪，都會經歷到集體的力量，從學校到工會，無所不在。即使是有威脅性的集體力量，也只是假象的表面，底下潛伏著某種力量，宰制著狂暴的集體性。袒護個體的集體殘暴，並不是代表人類的真正性質，正如價值也不代表消費品。以無成見的知識去把握的事物和人類的形象，被扭曲成惡魔，那要回溯到宰制權，回溯到那個使馬那灌注於諸鬼神、且讓人們為巫師和巫醫的幻術目眩神迷的原理。古代把無法理解的死亡承認為命運，而命運現在則過渡到完全可理解的存在。人類在每天中午突然察覺到自然無所不在的力量而惴惴不安，現在同樣的恐懼則無時無刻襲向我們：人類預知到一個無所不在的力量正在焚燒這個沒有出口的世界，而我們既是該力量本身，卻又對它無可奈何。

啟蒙對神祕事物的恐懼源自於對於神話的恐懼。啟蒙不僅在隱晦的概念和語詞（如語意學批評所說的）裡察覺到神話，也在所有與自我保存的目的脈絡無關的人類語詞裡發現它。斯賓諾莎（Spinoza）的命題「保存自我的努力乃是德性首先且唯一的基礎」（Conatus sese conservandi primum et unicum virtutis est fundamentum）|32|，蘊含了所有西方文明的真正格律，在這個格律裡，中產階級的宗教和哲學的種種差異都顯得無關緊要。在以方法學廢除了自我所有被視為神話的自然軌跡以後，自我就不再被認為是身體、血液、靈魂甚或自然的「我」（Ich），而被昇華為先驗的（transzendental）或邏輯的主體，成為理性的一個參考點，行為的立法機關。根據啟蒙或基督新教的判決，任何不考慮自我保存的理性關係而把自己直接託付給生命的人，都是墮落到史前時代。他們認為那種驅力和迷信一樣是神話；服事那並不宰制自我的神，就像酗酒一樣精神錯亂。對於兩者而言（宗教的崇拜以及沉溺於直接自然的存有），進步已經準備好它們的下場：它詛咒說，思維和快感將會忘記自我。在中產階級的經濟裡，每個個人的社會性勞動是以自我的原理為中介；對某些人來說，勞動是要回饋增加的資本，對其他人而言，則是要得到更多勞動的力量。自我保存

32　Ethica. Pars IV. Propos XXII. Coroll.。

的歷程越是隨著中產階級的分工不斷發展，便越加迫使個體自我異化，其靈魂和肉體都被形塑為技術的機制。而啟蒙的思維為此又付出代價：表面上，認識的先驗主體，作為主體性的最後記憶，最終也會被廢除，而被自動秩序機制更順暢的作用給取代。主體性自身揮發為所謂任意的遊戲規則的邏輯，好讓人更肆無忌憚地支配它。最後，實證主義毫不保留地抨擊那最嚴格意義下的幻覺，即思想本身，甚至摧毀那最後一個干擾個人行為與社會規範的關係的代理者。主體在被意識剔除後被物化成技術的歷程，該歷程既免於神話思維的多義性，卻也捨棄了任何意義，因為理性自身變成僅僅是那包含一切的經濟機制的輔助工具。理性是用以生產所有其他工具的一般性工具，完全目的導向，和物質生產中的精確計算工作一樣危險，其計算的結果總是超乎人類的預期。理性以前總是汲汲於成為目的的純粹工具，現在終於實現。邏輯法則裡的排中律，便是來自對於功能的執著，而其最終的源頭則是自我保存的強迫性格。而自我保存不斷升高到生死存亡的抉擇，甚至反映在邏輯原理上面，即兩個相互矛盾的命題，只能有一個為真，另一個則為偽。關於該原理以及由它建立的整個邏輯的形式主義，起因於一個社會的各種利益的不透明性和糾葛，在那樣的社會裡，形式的保存和個人的保存只是恰好相符應而已。在課堂中由邏輯衍生的思考批准了在工廠與辦公室中人類的物化。於是禁忌侵

蝕了禁忌的力量，正如啟蒙侵蝕了精神，而精神自身就是啟
蒙。但是自然作為真正的自我保存，也被那誓言要放逐自然的
歷程給鬆綁，無論是在個體或在危難和戰爭的集體命運裡。如
果統一性知識的理想是理論僅存的規範，那麼實踐也必須服從
世界歷史無法阻擋的全體大用。完全被文明包圍的自我，被瓦
解為非人性的元素，而那卻是文明起初努力要掙脫的。以前人
們總會害怕失去自己的名字，如今這個最古老的恐懼也成真
了。對於文明而言，純粹自然的存在，無論是動物或植物，都
是絕對有危險的。擬態的、神話的、形上學的行為模式，相繼
被認為是要被揚棄的世界時期，人們害怕如果沉淪其中，自我
會退化到單純的自然，那是自我極力要擺脫的，因而也是讓自
我非常畏懼的東西。對於史前時代、游牧時期、甚至真正父系
社會以前的階段的鮮活回憶，在幾千年來，被人們以最可怕的
懲罰從人類意識裡除去。啟蒙的精神以烙痕取代了火和輪
子，而他們為所有非理性事物烙了印，認為它們只會帶來滅
亡。啟蒙的快樂主義是有節制的，他們和亞里斯多德一樣憎惡
放縱無度。中產階級的回歸自然的理想，指的不是無形式的自
然，而是中庸的德行。雜交和禁欲，營養過剩和挨餓，雖然是
相互對立，卻都是崩壞的力量。那發號施令的少數者，讓整個
生命臣服於自我保存的要求，因而確切保證整體的永續存
在。從荷馬到現代，在那回復到單純繁殖的史奇拉（Szylla）

以及貪得無饜的哈里布狄絲（Charybdis）的兩岸峭壁中間，宰制世界的精神以輕舟穿過。自始它就不相信其他不夠邪惡的指路星。德國好戰的新英雄和執政者要重新釋放那種欲望。但是在十九世紀末的勞動壓力下，欲望學會憎恨自己，儘管自極權主義被解放了，卻還是妄自菲薄，甘居下流。它仍然陷溺於那已經被罷黜的理性以前灌輸給它的自我保存。在西方文明的各個轉捩點，總有新的民族和社會階層變本加厲地迫害神話，從奧林帕斯的宗教到文藝復興、宗教改革、中產階級的無神論，對於那不受控制的、有威脅性的自然的恐懼（如此的恐懼是自然被物質化和對象化的結果），被貶謫為泛靈論的迷信，而對於內在或外在自然的宰制，成為絕對的生命目的。自我保存最終被自動化，而那些繼承了理性而又害怕被剝奪繼承的生產控制者，則是解雇了理性。啟蒙的本質在於它有許多選項，而選擇本身卻是不可避免的，即宰制的必然性。人類總是必須選擇臣服於自然或是讓自然臣服於自我。隨著中產階級商品經濟的擴展，計算的理性太陽照亮了神話的黑暗地平線，在其冰冷的陽光下，新的野蠻種子正在成長。在宰制的強制下，人們的勞動自古即脫離了神話，而在同樣的宰制下，卻一再落到神話的魔咒裡。

　　荷馬的故事保存了神話、宰制和勞動的糾結關係。《奧德賽》第十二卷講到奧德修斯航經賽倫女妖（Sirenes）的島嶼的

故事。女妖們誘人的歌聲會使人沉醉在過去。但是遇此誘惑的英雄已經歷盡滄桑。在經歷過無數的生死難關，他的生命的統一性，人格的自我認同，只有更加堅定。對他來說，時間的國度就像水、土地和空氣一樣被分割。過去的潮水已經從現在的岩石退走，而未來仍然籠罩在地平線的雲裡。奧德修斯拋在身後的東西，已經走進陰影的世界：自我和它掙脫其懷抱的神話仍然如此接近，使得它親身經歷的過去變成了神話的史前時代。自我試圖以時間的固定秩序去對付神話。三分法的時間圖式，把過去放逐到不可挽回的絕對界限後面，作為實用的知識，供現在驅策，藉此使現在的瞬間脫離過去的宰制。有人想要把過去視為有生命的東西去拯救它，而不是當作進步的材料，這樣的衝動只有在藝術裡才能被滿足，即使是那表現過去生命的歷史，也屬於藝術的範圍。只要藝術放棄被視為知識，並且因此和實踐隔離，社會實踐才能如對待快感一般地寬容它。但是賽倫女妖的歌聲還沒有被貶謫為藝術。「原來這大地茫茫縱無垠，我們卻萬事俱知情」[33]，尤其是奧德修斯的遭遇，「若提起特洛伊人怎樣遭天命，阿哥斯人怎樣受艱辛，我們一一都聞訊。」[34] 賽倫女妖以過去剛發生的事物誘惑他們，加上甜蜜歌聲中無法抗拒的歡悅，因而威脅了父系社會的

33　Odyssee, XII, 191。
34　同前揭：XII, 189-90。

秩序，該秩序只會以每個人的生命回報他們奉獻的全部時間。無所不在的精神從自然那裡把人搶走，而那些競逐賽倫女妖的幻術的人則會墮落。賽倫女妖既然無所不知，就會以未來當作獎品，至於讓他們快樂歸鄉的承諾，則是個謊言，而過去的事物也是以此欺騙內心充滿渴望的人們。女神喀爾克（Kirke）給予奧德修斯忠告，她曾經把他的夥伴變成動物，奧德修斯既對抗她，而她也幫助他對抗其他毀滅的力量。但是賽倫女妖的誘惑要厲害得多。聽到她的歌聲的，沒有人逃得掉。在同一性的、目的導向的、男性特質的自我被創造出來以前，人們必須先遭受可怕的事物，而這樣的歷程在每個兒童時期都還會重複。在自我的每個階段裡，總會努力要維繫自我，而隨著自我保存的盲目決定，也總會被誘惑去放棄自我。自我飄浮於亢奮中，為此必須以死寂的沉睡為償贖，如此的自戀沉醉，是介於自我保存與自我毀滅之間最古老的社會活動之一，那是自我努力要存活的企圖。害怕失去自我並因而揚棄自身與其他生命的界限，畏懼死亡和毀滅，總是和那隨時威脅著文明的幸福承諾有密切的關係。文明的道路是服從和勞動的道路，在途中，任何成就都只是個幻象，是被褫奪權力的美。奧德修斯既不想死也不要那種幸福，他必定對此心知肚明。他只知道兩種逃脫的可能性。他對同伴指示了其中一種。他要他們以蠟塊塞住耳朵，並且拚命搖槳。想要活命

的，就不可以聆聽那無法抵擋的歌聲誘惑，而唯一的辦法就是
讓自己聽不見。而社會則是經常這麼做。勞工必須專心致志向
前看，而不去看路邊的東西。任何可能使他們偏離正軌的衝
動，都必須加把勁去昇華它。如此他們才會腳踏實地。奧德修
斯把另一個可能性留給自己，他是個地主，有別人為他工
作。他聽見了，但是被綁在桅杆上而無法動彈，誘惑越強
烈，他就讓自己綁得越緊。就像後來的中產階級，幸福的誘惑
力量越強大，他們就越固執地拒絕它。他聽到的聲音對他沒有
什麼作用，他只能搖頭晃腦要同伴將他鬆綁，但是太晚了，他
的同伴聽不見，只知歌聲有危險，而不知其甜美，因此沒放他
下來，卻也拯救了他以及自己。他們以自身為例，複製了與受
壓迫者相同的生命，而奧德修斯則是再也無法走出其社會角
色。他用以把自己綁在實踐上面而無法掙脫的枷鎖，同時也使
賽倫女妖遠離實踐：她們的誘惑被中性化為單純的沉思對
象，也就是藝術。受縛者去參加一場音樂會，像後來的聽眾一
樣動也不動地聆聽，而他在掙脫後的興奮呼喊，卻被當作掌聲
而沒有人注意聽。於是，藝術欣賞和手工藝從脫離原始時代的
那個時刻就分道揚鑣了。史詩裡已經包含正確的理論。文化產
物與被役使的勞動之間有個明確的關係，兩者都奠基於對自然
的社會性宰制的必然衝動。
　　奧德修斯的船在面對賽倫女妖時所採用的策略，是對於啟

蒙的辯證（Dialektik der Aufklärung）的預示性譬喻。正如替代
性是統治權的標準，也就是說，在大多數的事務上面都有人替
代他去做，他的權力就最大，同樣的，替代性既能載舟亦能覆
舟。在某些情況下，「被勞動排除」意味著肢體殘障，無論是
指失業勞工或是社會階級的另一端。上層社會經驗到的無憂無
慮的存在，僅僅是個基底，而他們也完全僵化為役使別人的自
我。原始民族經驗到的自然事物，僅僅是欲望難以掌握的對
象。「但是主人把奴隸放在事物和他自己之間，這樣一來，他
就只把他自己與事物的非獨立性相結合，而予以盡情享受；但
是他把對事物的獨立性一面讓給奴隸，讓奴隸對事物予以加工
改造。」[35] 奧德修斯在勞動上有人替代他。正如他不能向自
我放棄的誘惑投降，作為地主，他也要拒絕參與勞動，最後甚
至拒絕指揮勞動，而他的夥伴們儘管多能鄙事，卻無法樂在工
作，因為他們是被迫去做的，既絕望且必須閉塞其感官。奴隸
的身體和靈魂皆受桎梏，而主人則是不斷退化。沒有任何宰制
能免除這個代價，權力總會伴隨著衰頹，這也解釋了在歷史進
步裡的循環性。人類的靈巧和知識隨著分工而彼此分化，於是
不得不回到人類學上更原始的階段。因為，隨著技術減輕存在
的負擔，支配權的延續則需要更強烈地壓抑本能。幻想在萎縮

35　Hegel, Phänomenologie des Geistes a.a.O. S. 146。

著。災難不在於個人退縮到社會或其物質產物背後。當機械的
發展翻轉為支配的機制，而使得交織在一起的技術和社會趨勢
全部都在人類的掌握中，那麼他們的退縮就不只是代表著虛假
而已。對於進步力量的順應也助長了力量本身的進步，而每次
不斷的萎縮證明了成功的進步才是自身的反命題，而不是失敗
的進步。無法阻擋的進步的詛咒正是無法阻擋的退化。

　　退化並不限於感官世界的經驗，那樣的經驗是切身的，其
實退化也影響到自主的知性，為了支配感官，知性自身抽離了
感官經驗。有了知性功能的統一化，知性才能支配感性，思維
也才能拒絕成為齊一性的產物，但是統一化同時意味著思維和
經驗的貧窮化，知性和感性兩個領域的分隔給雙方都留下傷
害。思維自限於組織和管理，無論是狡猾的奧德修斯或是幼稚
的總經理，其結果是強者在支配弱者時顯現的困窘。其實精神
已經變成宰制以及自我宰制的工具，而中產階級的哲學對此總
是判斷錯誤。順服的無產階級自神話以降的耳聾，和使役者的
四肢不勤差不了多少。社會的過度成熟是繫於被支配者的不成
熟。社會、經濟和科學器具越是複雜精密（生產體系早就要身
體配合器具的條件），身體所能接觸的體驗就越貧乏。性質的
消除且轉換為功能，經由理性化的勞動模式，也從科學轉移到
人類的經驗世界，使它漸漸類似於兩棲動物的世界。現在，群
眾的退化在於無法以自己的耳朵去傾聽那未被傾聽者，無法以

自己的手觸摸那未被把握者，那是新的蒙昧形式，而取代了被打敗的神話。經由全體性的、涵攝所有關係和活動的社會，人類被迫回到那與社會的發展以及自我的原理對立的方向：變成單純的種屬生物，在強制的集體性裡，因為隔離而彼此相等。無法交談的搖槳者，都聽從相同節奏的操控，正如現代的工廠、電影院和集團裡的勞工。迫使人們盲從妥協的，是社會裡具體的勞動條件，而不是那些使受壓迫者更加無知且偏離真理的有意識的影響。勞動者的無權力，不只是支配者的詭計，也是工業社會的邏輯結果，古代努力要掙脫命運，現在則變成努力要擺脫該邏輯結果。

　　但是就算是邏輯的必然性也不是蓋棺論定的。它和宰制綁在一起，既是其反照也是其工具。因此，正如其證據的不容置喙，其真理亦不無可疑之處。然而，思想總是自滿於具體闡明必然性自身的可疑性。奴隸是主人無法恣意控制的。從人類發展為定居的生活乃至於商品經濟，宰制自身物化為法律和組織，因而必須自我設限。工具獲得了自主性：精神的中介代理者獨立於統治者的意志，而緩解了經濟上的不義的直接性。宰制的工具，語言、武器、乃至於機器，原本是要控制一切，卻反而被一切控制。於是，在宰制當中，理性的環節自身實現為不同於宰制的東西。工具的對象性使得它普遍可利用，工具相對於所有人的「客體性」（Objektivität）便已經蘊含著對於宰

制的批判，而思維正是形成為宰制的工具。思維自神話發展到
符號邏輯，喪失了自我反省的元素，而機器設備更讓現在的人
們殘廢，即使他們以機器為生。然而異化了的理性以機器的形
式走向一個社會，在那個社會裡，被凝固為物質性和知性的工
具的思維，與被解放的生命原理和解，在與社會自身的關係
裡，成為社會的真實主體。思維的個殊性的起源自始便與其普
遍性的觀察點不可分割。如今，隨著世界蛻變為工業，普遍性
的觀察點，以及思維的社會實現，皆完全接受支配者把思維駁
斥為單純的意識型態。那只是洩漏了朋黨們的良心不安，在他
們當中，經濟的必然性最終體現出：思維的啟示，從「領
袖」（Führer）的直覺到「動態的世界觀」，和以前的中產階級
辯護完全相反，再也不承認自己的暴行是合法脈絡的必然結
果。他們所引用的關於天命和命運的神話謊言，其實並不完全
是虛妄不實的：支配企業家的行為且導致災難的，再也不是客
觀的市場法則。相反的，是由老闆們有意識的決定去實現資本
主義的古老價值法則，乃至於其命運，他們聯合起來的強制力
完全不輸給最盲目的價格機制。支配者自己根本不相信什麼客
觀必然性，即使他們偶爾會如此稱呼他們的詭計。他們自詡為
世界歷史的工程師。只有被支配者才要接受既存的發展，生活
水準越是提昇，他們就越無力，彷彿那是不可抗拒且必然
的。操作機器所需要的那些人們，他們只要用極少的工作時間

去供社會的支配者差遣，就可以維持生計，於是多餘的部分，龐大的人口，便被訓練成體系裡增補的禁衛軍，以期有朝一日作為體系偉大計畫的人力資源。他們被視為失業者的軍隊而被豢養。他們被貶低為管理的單純對象，如此的管理也構成社會生活各個領域的原型，甚至是語言和知覺，對他們虛構出一種客觀的必然性，讓他們相信自己對它無可奈何。權力和無權力的對立所造成的貧窮，隨著消滅貧窮的能力的成長而惡化到不可收拾的地步。從經濟的最高決策者到最底層的販夫走卒，那些使得現狀永續存在的龐大朋黨和體制，對於任何個人而言，皆如墮五里霧中。對於工會主席而言，更不用說是經理們，如果他們有想到的話，一個無產階級者不過是個多餘的樣本而已，而工會主席又得害怕自己會被整肅。

　　體系對於人類的控制隨著脫離自然的控制而漸漸成長，該狀態的荒謬性把理性社會裡的理性斥為冥頑不靈。理性的必然性和企業家的自由一樣，都是個假象，在企業家們無法避免的交戰與媾和當中，顯示其強制的本性。完全啟蒙的人們迷失在如此的假象裡，思維無法驅散它，作為支配的工具，思維必須在命令和服從之間作選擇。思維自史前時代以來即無法擺脫這個難解的結，思維也藉著「非此即彼」、推論和二律背反的邏輯完全脫離自然，然而，它卻有足夠的能力重新認識到該邏輯其實就是這個自然，雖然沒有與思維和解而且自我異化。在思

維的強制性機制裡，自然反映自身且持存著，而思維藉由其無
法阻擋的推論，也自身反映為自我遺忘的自然，也就是強制性
機制。想像固然只是個工具。人類以思維遠離自然，藉此以能
夠支配它的方式讓自然羅列眼前。事物和物質工具，在各種情
況裡都固定不變，把世界區分為混沌、多重和異質的世界，以
及熟悉、單一和同質的世界，同樣的，概念是觀念工具，以人
類能夠把握的方式與事物符應。於是，每當思維想要否認區
分、距離化和對象化的功能，它就變成了幻想。所有神祕的統
一都包含著欺騙，那是被沒收的革命的微弱內在痕跡。然而由
於啟蒙正確地反對任何烏托邦的實體化，並且冷靜地宣告支配
即分化，於是主體和客體的分裂（啟蒙不願意掩蓋該分裂）便
成了彰顯分裂自身的虛妄以及真理的指標。掃除迷信除了意味
著權力的增長以外，也意味著自暴其短。啟蒙不再是啟蒙，而
是在異化中被察覺到的自然。在精神認識到自己是分化了的自
然的時候，自然就像在原始時代一樣呼喚自己，但不是以其慣
有的名字，即意味著全能的「馬那」，而是自稱為瞎子或瘸
子。精神對於自然的順服存在於它賴以生存的宰制自然當
中。精神謙卑地自承為宰制且撤退到自然裡，因而放棄那使它
受縛於自然的宰制要求。雖然人性不得不拋棄自我認知以擺脫
必然性且逃避到進步和文明裡，人性也為此築起壁壘，以抵擋
必然性以及那些總是從征服自然回到社會的體制和支配行

為，但是起碼他們不會把該壁壘誤認為未來自由的保證。文明的每次進步不只會革新支配的形式，也包括如何緩和該支配形式的遠景。然而儘管真實的歷史是由真實的苦難編織而成的，而苦難也沒有隨著消除苦難的手段增多而相對地減少，但是該遠景的實現卻還是依賴於概念。因為作為知識的概念不僅使人類遠離自然，作為思維——在科學的形式下，思維仍然受縛於盲目的經濟趨勢——的自我省察，它讓那使不義永存的距離得以接受檢驗。藉由在主體裡回憶起自然，其中包括所有文化被忽略的真理，啟蒙和支配完全對立，而即使在哲學家瓦尼尼（Vanini）|譯1|的時代，要求制止啟蒙的呼聲，並不是因為害怕精確的科學，而是因為憎恨那放縱不羈的思維，它相信自己就是自然對於自身的畏懼，藉此脫離自然的魔咒。祭司們總是要為馬那向啟蒙者報仇，啟蒙者因為害怕所謂馬那的東西，而在其傲慢中，啟蒙的鳥占官和祭司合而為一。中產階級的啟蒙早在杜爾哥（Turgot）|譯2|和達朗貝（d'Alembert）以前就失去了它的實證主義環節。它總是難免要把自由和自我保存的活動混為一談。概念的懸置，無論是假進步或文化之名，皆密謀聯合對付真理，而讓謊言滿天飛。在一個只能證實呈堂證言的世界裡，把被貶為偉大思想家的成就的思想視為陳腔濫調的報紙標題，在那裡，謊言和被中性化為文化產物的真理再也無法區分。

　　但是在思維裡發現支配是無法和解的自然，可以緩和那即使是社會主義都承認為常識而草率地認定為永恆不變的必然性。社會主義認為必然性是所有未來的基礎，而把精神理想化，把它放逐到上層結構的頂端，因而極力攀附中產階級的哲學遺產。於是必然性與自由王國的關係就僅止於數量的、機械性的，而自然被視為完全異質的，就像最早的神話一樣，變成極權主義式的，把自由和社會主義都給同化。思維被啟蒙放棄，以數學、機械和組織的物化形式向遺忘它的人類報仇，而啟蒙也因此失去了自身的實現。啟蒙馴服了一切個別事物，而讓那無法理解的整體得以宰制事物而回到人類的存有和意識。但是真正顛覆性的實踐有賴於理論拒絕讓社會把思維僵化成無意識狀態。使該實現成問題的，不是實現的物質條件，即掙脫束縛的技術。那是社會學家們的主張，他們在找尋另一個對策，即使是集體主義式的，以控制該對策。│36│罪存在於使人盲目的社會脈絡裡。諸民族以神話和科學的方式對於他們自己不斷創造的既存者致敬，最後這個既存者變成實證的事實，一座堡壘，所有革命性的幻想在它面前都成為烏托邦而自慚形穢，並且墮落到順服歷史的客觀趨勢。作為這種順從的工

36　「我們現代面臨的最高的問題（所有其他問題都是推論自它）即是：科技是否可以被控制。……沒有人能夠確定藉以實現這個目標的公式是什麼……我們必須盡可能援用一切資源……。」（The Rockefeller Foundation. A Review for 1943 New York 1944. S. 33 ff）

具、單純的手段設計，啟蒙就像浪漫主義的對手們所稱的具有破壞性。當啟蒙誓言放棄與對手們和解，且大膽揚棄那虛假的絕對者、盲目支配的原理，啟蒙才會自我實現。如此堅定不屈的理論的精神，甚至可以使那無情的進步精神放棄其目標。進步精神的傳令兵培根夢想有許多東西是「國王以其所有寶藏也買不到，也無法以其命令取得，國王們的斥候和探子也查不出什麼情報」。而正如他所願，那些東西落到中產階級手裡，國王們啟蒙了的後裔。中產階級的經濟藉由市場的中介而使其權力倍增，使得其事物和力量也倍增，因而不再需要國王或中產階級去管理它；但是需要全體人類。他們終於從事物的力量那裡學到如何放棄力量。當啟蒙眼前的實踐目標原來早已經完成，而人們也想起來，「國王們的斥候和探子也查不出什麼情報」的那些國度（亦即被擁有支配權的科學誤解的自然）才是發源地，啟蒙便成就其巔峰而又自我揚棄。在培根的烏托邦裡，「我們應該以行動去駕馭自然」，而現在，當那個烏托邦覆蓋大地，便彰顯出那無拘無束的自然所擁有的強制性本質。那就是宰制本身。培根認為「人類的優越性」所在的知識，現在便可以瓦解宰制的力量。但是在面對這個可能性時，正在運轉中的啟蒙卻轉而對群眾撒了大謊。

譯注

譯 1   瓦尼尼（Lucilio Vanini, 1585-1619），義大利哲學家，被教廷指控為無神論
　　　而入獄，最後被燒死。
譯 2   杜爾哥（Anne Robert Jacques Turgot, 1727-1781），法國經濟學家和政治家，
　　　著有《反思錄》。

附論一：
奧德修斯，或神話與啟蒙

Exkurs I: Odysseus oder Mythos und Aufklärung

　　正如賽倫女妖的故事蘊含著神話和理性勞動的糾纏交
疊，奧德修斯也見證了啟蒙的辯證。最古老的史詩明白顯示它
和神話的關聯：探險故事源自民間傳說。但是由於荷馬的精神
攻陷了神話且「組織」它，便與神話對立。史詩與神話習慣被
劃上等號，最新的古典語言學已經推翻了這種說法，而在哲學
批判面前，它也被證明是個假象。那兩個概念彼此分歧。它們
標示一個歷史歷程的兩個階段，在荷馬史詩編纂的交會點，該
歷程仍然看得見。荷馬的話語創造了語言的普遍性，當語言還
沒有預設普遍性的時候；它以通俗的表現方式瓦解了社會的階
級秩序，即使是它正在讚頌該秩序。人們歌頌阿奇里斯
（Achill）的忿怒和奧德修斯的迷航，是渴望要把那些再也無
法被歌頌的東西給風格化，而冒險英雄原來是中產階級的個體
的原型，其概念源自始終不變的固執任性，故事裡四處流浪的
人們可以說是其古代的典範。就歷史哲學而言，史詩與小說是
互相對立的，而史詩裡卻表現出類似小說的性質。而那充滿意
義的荷馬世界，那整個莊嚴的宇宙，顯現為建立秩序的理性成
就，它以原本用來反映神話的理性秩序瓦解了神話。

　　德國後期浪漫主義以尼采的早期著作為基礎去詮釋古典時
期，強調理解荷馬作品裡的中產階級的啟蒙元素。尼采和自黑
格爾以降的某些人一樣，認識到啟蒙的辯證。他闡釋啟蒙與宰
制的矛盾關係。「啟蒙應該被灌輸到民族裡，讓所有神職人員

都成為良心不安的神職人員，國家也是如此。啟蒙的任務就是揭穿貴族和政客裝腔作態的謊言……」[1]另一方面，啟蒙始終是「聖王的工具（中國的孔子、羅馬帝國、拿破崙和教宗，如果指的是權力而不是世界的話）……就此而論，群眾的自我欺騙（例如民主）便特別有價值：他們所歌頌的『進步』，只是讓群眾變得卑微且容易統治！」[2]啟蒙的雙重性格浮現為歷史的基本主題，於是啟蒙的概念，即前衛的思考，也溯源至文獻可徵的歷史伊始。然而儘管尼采對於啟蒙以及荷馬的態度仍然搖擺不定，他認為啟蒙既是宰制精神的普遍運動（他認為自己是集大成者），也是仇視生命的、「虛無主義」的力量，可是在法西斯主義以前的尼采追隨者，卻只看到第二個環節，並且把它扭曲為意識型態。它就變成對於盲目生命的盲目禮讚，而獻身於該禮讚的實踐，卻是在壓抑所有生命，我們由文化法西斯主義對於荷馬的態度可見一斑。他們在荷馬對於封建社會情況的描繪裡嗅到一點民主的味道，把他的作品硬是說成關於船員和商旅的故事，批評愛奧尼亞的史詩說是過於理性的言說和陳腔濫調。他們同情那些虛假的直接統治，並且貶謫任何層次的中介和「自由主義」，不過他們的邪惡眼光卻看到了一個正確的面向。理性、自由和中產階級的關

1　Nietzsche, Nachlaß. Werke. Band XIV. S. 206。

2　A.a.O. Band XV. S. 235。

係，的確比歷史學家所想像的還要古老，他們認為中產階級的概念始自中世紀封建制度的末期。新浪漫主義的復古運動認為，以前中產階級的人文主義以為那能夠使他們正當化的神聖黎明到來的時候，就已經有了中產階級的概念，因此把世界歷史和啟蒙劃上等號。以消滅啟蒙為職志的流行的意識型態，也很不情願地向它致敬。他們不得不承認，在最古老的時代裡都可以發現啟蒙的思想。對於現在那些問心有愧的倡議復古者，啟蒙思想的最古老的遺跡很可能把他們極力遏阻卻不自覺地助長的歷程給重新鬆綁。

　　儘管人們在荷馬的作品裡看到反神話的和啟蒙的性格，以及他和地府神話的對立，該洞見卻因為其褊狹而仍然無法成立。就像是博哈特（Rudolf Borchardt）｜譯1｜，德國重工業最重要因而也最無能的地下辯護者，在為高喊鎮壓的意識型態說話時，也難免急於中斷其分析。他沒有看到，即使是他所讚頌的原始力量，也表現了某個層次的啟蒙。他不分青紅皂白地把史詩斥為小說，卻因而忽略了史詩和神話其實有相同的地方：宰制和剝削。他所批評的史詩裡的卑鄙性質，也就是調解和互通有無，只是他所讚賞的神話裡的高尚性質的開展：即赤裸裸的暴力。他所謂鮮血和獻祭的真實性和古典原理，已經沾染到現在以「民族復興」為名的宰制的內咎和詭詐，他們會把古代社會拿來作宣傳。世界起源的神話就已經包含了謊言的環

節，它在法西斯的騙局裡大張旗鼓，卻又把罪行歸咎於啟
蒙。對於啟蒙和神話的糾纏關係，荷馬的作品做了最言詞優雅
的見證，而他的作品也成為歐洲文明的基礎文本。在荷馬那
裡，史詩和神話、形式和質料，不只是彼此區隔而已，它們甚
至相互對立。美學的二元論見證了歷史哲學的趨勢。「阿波羅
主義的荷馬只是那普遍的人類藝術歷程的延續者，而我們得把
個體化的結果歸功於該歷程。」[3]

　　神話沉澱在荷馬的材料層次上；但是關於神話的記載，那
強加於蕪蔓龐雜的傳說的統一性，也是在描繪主體如何擺脫神
話力量的路徑。在深層的意義下，《伊里亞德》（*Iliad*）的確
是如此。一個女神的神話兒子對於理性的將領和組織者的忿
怒；英雄放縱的無所事事；註定要毀滅的勝利英雄，經由對於
死去夥伴的神話般的忠誠，被捲入希臘民族的命運裡，而不再
只是部落的命運；它們都記錄了歷史和史前時代的糾纏關
係。在《奧德賽》那裡則更加強烈，它比較接近冒險小說。啟
蒙與神話的對立表現於倖存的自我與多重打擊的命運之間的對
立當中。從特洛伊到伊塔卡島（Ithaka）的迷航，是自我歷經
神話的道路，相對於自然的力量，自我實在是無限的脆弱，並
且還在發展自我意識當中。原始世界被俗世化為奧德修斯所穿

3　Nietzsche, a.a.O. Band IX. S. 289。

越的空間，古老的惡魔則住在遙遠的邊界和文明化的地中海小島，畏縮地變成岩石和洞穴，而他們原本是從岩石和洞穴闖入太初的恐懼當中。但是冒險者給每個地方想了個名字，而由此得到關於空間的理性概觀。戮觫不安的船難者自己得擔任羅盤的角色。對於他的無力感而言，大海再也沒有任何角落是他不認識的，而他的無力感也同時準備要顛覆那些宰制的力量。但是神話的睜眼說瞎話，其實大海和陸地並沒有什麼惡魔，而只是傳統民間宗教的巫術謊言和以訛傳訛，在已經成年的他的眼裡，那都是「離經叛道的」，而與他的自我保存、歸鄉以及永久財產的明確目標相對立。奧德修斯所經歷的種種冒險，都是非常危險的誘惑，引誘自我偏離其邏輯軌道。他一再聽任其擺佈，像個怎麼也學不會的新手似的，不斷地試驗它，有時候更像是個愚昧而好奇的人，正如默劇演員永不饜足地試驗他的角色。「有危險的地方就會有拯救」[4]：他的自我認同和生存皆得自於知識，而知識的實體則是對於雜多、分散和零碎的事物的經驗，有認知能力的倖存者同時也身處最危險的死亡威脅當中，因而得到求生的堅強毅力。那是史詩和神話在對簿公堂時的祕密：自我不只是要固執地與冒險對立，相反的，唯有經由該對立，自我才能建立它的固執，只在那否定統一性的雜多

4　Hölderlin, Patmos. Gesamtausgabe des Inselverlags. Text nach Zinkernagel. Leipzig o. J. S. 230。

裡，才能夠建立統一性。[5] 奧德修斯和所有在他以後的真正
小說裡的英雄一樣，必須先拋棄自己，才能夠贏得自己；他先
向自然臣服，才能完成與自然的疏離，在每次冒險裡和自然較
量，很諷刺的是，他現在控制的無情自然卻歌頌他的歸鄉，他

5　對此審判，在《奧德賽》卷二十開頭有直接的見證，奧德修斯聽到宮女們
　　夜裡如何和那些求婚者戀奸情熱，「他的心在胸中怒吼，有如雌狗守護著
　　一窩柔弱的狗仔，向陌生的路人吼叫，準備撲過去撕咬；他也這樣被穢事
　　激怒，心中咆哮。繼而他捶打胸部，內心自責這樣說：『心啊，忍耐吧，
　　你忍耐種種惡行，肆無忌憚的獨眼神族曾經吞噬了你的勇敢的伴侶，你當
　　時竭力忍耐，智慧讓你逃出了被認為必死的洞穴。』他這樣說，對胸中的
　　心靈嚴厲譴責。他的情感竭力忍耐，聽從他吩咐，可是他本人仍**翻**來覆去
　　激動不安。」（XX, 13-24）主體還沒有堅定到形成內在的同一性。情感、
　　勇氣和「心」不聽他使喚而自行生起。「在卷二十開頭，他的心，kradie 或
　　etor（這兩個詞是同義的），在怒吼，而奧德修斯捶胸責其心且對它說話。
　　他的心跳激烈，該身體部位違背其意志而激動不已，因此，他對心說話不
　　只是個形式而已，就像在優里庇德斯（Euripides）的悲劇裡對手腳說話叫它
　　們動起來，而是他的心的自主行動。」（Wilamowitz-Moellendorff, Die
　　Heimkehr des Odysseus. Berlin 1927. S. 189）情感就像人類馴養的動物：母狗
　　的譬喻和奧德修斯的夥伴被變成豬的故事都屬於同樣的經驗層次。主體仍
　　然分裂，必須對內在的本性和外在的自然施暴，它「處罰」心，要它忍耐，
　　為了未來而不肯應許它當下的現在。後來捶胸變成勝利的動作：勝利者表
　　示他的勝利其實是戰勝自己。「……說話者先是想到他悸動的心，他另一
　　個分裂的力量，也就是他的狡詐（metis），勝過了它：狡詐救了奧德修斯
　　一命。後來的哲學家們或許會把它當作睿智（nous）或理性推論（logistikon）
　　而對比於其他非知性的心靈部分。」（Wilamowitz a.a.O. S. 190）但是直到
　　第 24 句詩裡才提到「自我」（autos）：在理性壓制了衝動以後。如果語詞
　　的選擇和順序有證明力的話，那麼荷馬應該認為有同一性的自我是人類內
　　心宰制本性的結果。在內心被懲罰了以後，新的自我，作為一個事物或身
　　體，在自身裡顫抖。無論如何，韋蘭莫維茨（Wilamowitz）把經常彼此對話
　　的個別心靈元素給分析置疊，似乎是要證明心靈短暫的整全性，其實質僅
　　存在於那些元素的彼此接軌。

掙脫了自然的暴力，而成為無情的審判者和暴力繼承者的復仇者。在荷馬的階段，自我的同一性是那非同一者或即零亂的、無組織的眾多神話的一個函數，自我的同一性必須由它們推論得到。個體性的內在組織形式，也就是時間，仍然非常貧弱，以致於眾多冒險的統一性仍然只是外在性的，冒險的先後順序仍然是場景的空間以及地方諸神的場所的更換，也就是暴風雨襲擊的地方。每當自我在後來的歷史裡又經驗到這個缺點，或者在故事的表現裡預設了它，那生命的敘事便再一次悄悄溜進冒險的順序裡。歷史時間以旅行的形象辛苦地暫時脫離了空間，脫離了所有神話時間的不可改變的結構。

自我藉以通過冒險的能力，也就是為了自我保存而必須拋棄自我，那個能力即是詭詐（List）。航海者奧德修斯智取自然諸神，正如文明的旅行家欺騙蠻族一樣，他們以彩色玻璃珠換得象牙。當然奧德修斯在禮物授受時，有時候會被認為是以物易物。在荷馬的故事裡，禮物是介於交易和獻祭之間的東西。就像獻祭一樣，禮物是要補償不幸流的血，無論是外邦人或被海盜洗劫的屯墾者，並且促成停戰協議（Urfehde）。然而在禮物當中也預示了等值性的原理：殷勤招待的主人得到實質的或象徵性的對價禮物，客人則得到足夠讓他回家的旅途資糧。即使主人沒有得到任何直接的回報，他還是可以期望他自己或親族有一天會得到：作為獻給自然諸神的供物，禮物也是

對他們的初步防備。早期希臘無遠弗屆而又充滿危險的航
海，是該習俗的實用性前提。波賽頓（Poseidon）是奧德修斯
的自然敵人，他就是以等值性的概念去思考的，因為海神總是
抱怨說，如果不是他從中阻撓的話，奧德修斯從航程的每一站
帶回去的禮物會比在特洛伊掠奪的戰利品還要多。在荷馬故事
裡，如此的理性思考可以回溯到真正的獻祭。某種規模的太牢
祭（Hekatomben）都是期待諸神的賞報。如果說交易是獻祭
的俗世化，那麼就像理性交易的巫術結構一樣，獻祭是人類圖
謀支配諸神，而諸神也正是被那用以崇拜他們的體系給推翻
的。|6|

　　獻祭裡的詐欺環節是奧德修斯的詭詐的原型，正如奧德修

6　不同於尼采以唯物論的方式詮釋獻祭和交易的關係，克拉格斯則以巫術的
　角度去理解它：「獻祭的必要性影響到每個人，因為如我們所見，每個人
　都接受了他所能捕捉的生命和生活資糧，也就是各得其所（suum cuique），
　只因為他持續地給予和歸還。但是那不是指平常貨物交易的意思（雖然最
　初的獻祭便已經把它神聖化），而是流體或基本元素的交換，經由把自己
　的靈魂奉獻給那承載且化育萬物的世界生命。」（Ludwig Klages, Der Geist
　als Widersacher der Seele. Leipzig 1932. Band III. Teil 2. S. 1409）然而獻祭的雙
　重性格，也就是個體對於集體的巫術性的自我放棄（無論是什麼方式），
　以及藉由巫術技術的自我保存，蘊涵著一個客觀的矛盾，而促使獻祭裡的
　理性元素開展。在巫術持存的魔力下，理性作為獻祭者的行為模式，變成
　了詭詐。克拉格斯自己是神話和祭祀的熱烈護衛者，他看到該矛盾，不得
　不區分與自然的真實和虛假的溝通，即使是以貝拉斯教派（Pelasgertum）的
　理想形象，他自己卻從神話思考推論出與巫術宰制自然的幻想互相對立的
　原理，「不再只是異教的信仰，而且是異教的迷信，使得萬諸神之王在升
　座時必須宣誓他要讓太陽照耀，讓田地結實纍纍。」（Klages, a.a.O. S.
　1408）

斯的許多詭計也包藏在他對自然諸神的獻祭裡。|7|欺騙自然
諸神的，不只是英雄，也包括諸位太陽神。奧德修斯的奧林匹
亞的朋友們利用波賽頓駐足於衣索匹亞人那裡的時候（那些窮
鄉僻壤的族人崇拜他且行血祭），平安護送奧德修斯。|譯2|
即使是波賽頓悅納的供物，裡頭也有詭詐：把無固定形象的海
神限制在某個地方，某個聖所，同時也限制了他的力量，而為
了享用衣索匹亞人的聖牛，他放棄了對奧德修斯洩憤的機
會。人類一切有計畫的獻祭，都是在欺騙享祭的神，他們把符
合人類目的的特權強加給神祇，因而瓦解了神祇的力量，而對
神的欺騙則天衣無縫地過渡為不忠實的祭司對於虔誠的信眾的
詐欺。詭詐源自儀式。奧德修斯自己同時扮演供物和祭司的角
色。他計算了把自己當作供物的風險，因而得以否定那風險所
在的力量。於是他討價還價地贏回了岌岌可危的生命。然而欺
騙、詭詐和合理性並不是與獻祭的原始意義直接對立。經由奧
德修斯，只有獻祭的欺騙環節（它或許是神話的假象性格的核
心理由）才浮現到自我意識。人們應該自古即知道，經由獻祭
而與神象徵性的溝通並不是真實的。被流行的非理性主義者給

7　的確，在荷馬史詩裡並沒有出現真正意義下的殺人祭。史詩的文明化傾向
　　顯現在被描寫的事件的選擇裡。「除了一個例外⋯⋯《伊里亞德》和《奧
　　德賽》都完全刪除了對於殺人祭的憎惡。」（Gilbertb Murray, The Rise of the
　　Greek Epic. Oxford 1911. S. 150）

美化的獻祭的替代性格，和祭品的神格化是不可分割的，那是個騙局，也就是說，藉著被揀選者的神聖化，以祭祀去合理化謀殺的行為。如此的騙局，把受難者舉揚為神性實體的載具，我們總是可以在自我那裡察覺到，自我的存在總是犧牲當下以寄望未來。自我的實體性和被宰殺者的不朽性一樣，都是個假象。

　　只要個體被犧牲，只要獻祭把集體與個體的對立考慮在內，那麼欺騙便客觀地蘊含在獻祭當中。如果說，對於獻祭的替代性的信仰是意味著回憶在自我裡非原始的、屬於統治史的東西，那麼對於完全發展成形的自我而言，該信仰就變成謊言：自我正是那不再相信替代性的巫術力量的人。自我的結構切斷了與自然的起伏不定的關係，而自我的獻祭原本就是要建立那關係的。每次獻祭都是一次修補，而修補行為所處的歷史現實則揭穿其謊言。但是對於獻祭的崇高信仰或許早已經是反覆灌輸的結構，據此，臣服者把他們所受的冤屈重施於自己身上，如此才能夠忍受它們。獻祭並不是如現在的神話學所稱的，藉由替代性的歸還去恢復那直接的（其實只是被中斷的）溝通，相反的，獻祭的體制自身是歷史災難的徵兆，是同樣施於人類和自然的暴力行為。詭詐只不過是獻祭的客觀謊言的主觀開展，繼而取代了獻祭。或許謊言並不始終只是謊言而

已。在史前的某個時期裡[8]，獻祭可能擁有某種血腥的合理性，卻和當時蠻族的貪婪幾乎是不可分的。現在關於獻祭的主流理論，則認為它與族群和部落的觀念有關，族人流的血是一種力量，會回流到部落裡。儘管圖騰在其時代裡就已經是個意識型態，它卻指出支配的理性何以需要獻祭的現實狀態。那是原始的匱乏狀態，在那時候，殺人祭和食人習俗幾乎沒有區別。在某些時期，人口不斷成長的族群只有吃人肉才能存活。或許在某些民俗和社會團體，享樂和食人習俗也有點關係，而唯有從現在對於食人習俗的憎惡才看得見一點證據。在後來的習俗裡，例如春祭（ver sacrum），在荒年時，年輕人在舉行儀式以後就得離鄉背井一整年，諸如此類的習俗清楚保存了那種野蠻而被神化的合理性的痕跡。早在神話的民間宗教形成以前，它應該就已經表現為幻象了。有系統的狩獵給部落帶來足夠的動物，吃族人的習俗便成為多餘的，然而巫醫卻欺騙那些學乖了的獵者和設陷阱者說族人們必須被吃掉才行。[9]

8　在最早的時期則很難說。「殺人祭的習俗……在蠻族和半文明民族那裡要比在真正的原始部落普遍得多，在最低的文化階段則幾乎見不到。或謂該習俗在某些民族隨著時間而逐漸成為主流，」在玻里尼西亞的社會群島、印度、阿茲提克族皆然。「談到非洲人，溫伍‧瑞德（Winwood Reade）說：『民族越強盛，祭祀就越重要。』」（Eduard Westermarck, Ursprung und Entwicklung der Moralbegriffe. Leipzig 1913. Band I. S. 363）

9　在西非的食人族裡，「婦女或青少年是……不可以享受佳餚的。」（Westermarck a.a.O. Leipzig 1909. Band II. S. 459）

以巫術和集體去詮釋獻祭，並且完全否認獻祭的合理性，那就是對於獻祭的合理化；但是啟蒙思想率爾假設現在的意識型態在以前可能也是真理，那未免太鄉愿了[10]：最晚近的意識型態只是最古老的意識型態的主題再現，那晚近的意識型態總要回溯到那以前已知的意識型態，正如階級社會的發展總要揭穿以往被聖化的意識型態。人們常說的獻祭的非理性，無非是

10　韋蘭莫維茨把睿智和理性「嚴格對立起來」。（Glaube der Hellenen. Berlin 1931. Band I. S 41 f.）他認為神話是「人們說給自己聽的歷史」，是童話、謊言，要說是柏拉圖的那種無法證明最高真理也沒什麼不同。儘管韋蘭莫維茨知道神話的虛幻性格，他卻把神話等同於詩。換言之，他在象徵性的語言裡找神話，而那種語言的本質即包含了客觀的矛盾，他把神話類比為詩，嘗試去調停矛盾：「神話最初是口傳的言談，話語和內容始終無甚關係。」（A.a.O.）他假設神話的這個後來的概念是實在的，其中把理性預設為其外顯的對立面，而得到神話與宗教的明確分野（隱然與巴赫芬〔Bachofen〕唱反調，而他嘲諷巴赫芬的趨炎附勢，卻沒有提到他的名字）（a.a.O. S. 5.），在那區分裡，神話似乎不是比較古老的，而是比較晚近的階段：「我試著……窮究從信仰到神話的生成、演變和過渡。」（A.a.O. S. 1.）這個希臘學者固執的學院派傲慢使他無法看到神話、宗教和啟蒙的辯證關係：「我搞不懂現在像禁忌、圖騰、馬那或歐倫達（Orenda）那些流行語彙，但是我想專注於希臘研究，以希臘的角度去理解希臘，應該是我該做的事。」他未經解釋的說法，也就是「在最古老的希臘文化裡埋有柏拉圖的神的種子」，由咯希霍夫（Kirchhoff）所主張而被韋蘭莫維茨承襲的歷史見解，亦即《奧德賽》的最早核心可以在「歸鄉」的神話遭遇裡看到，這兩種看法如何一致，則不得而知，正如韋蘭莫維茨的神話自身的核心概念也欠缺哲學闡釋。不過，他反對那把神話捧上天的非理性主義，堅持神話的虛構性，不可謂真知灼見。他對原始思維和史前時代的厭惡，只有更清楚顯露謊言和真理早已存在的緊張關係。韋蘭莫維茨批評後來的神話是鄉壁虛造，其實那早已經存在於獻祭的「偽擬」（Pseudos）性格裡。而該偽擬性格又與柏拉圖的神（韋蘭莫維茨認為可以溯自遠古希臘文明）有關。

說，比起獻祭不真實的、或即個別的、理性的必然性，它的習俗持存得更久。理性和非理性的分裂，給予詭詐可乘之機。所有的破除神話，總會不斷地經驗到獻祭的無益和多餘。

如果說，獻祭的原理因其非理性而證實為短暫無常的，那麼它也因其理性而長久持存。理性只是蛻變，而非消失。自我努力避免消融於盲目的自然裡，而以獻祭不斷重申其要求。但是它仍然受限於自然事物的關係，也就是生存者的相互傾軋。以自我保存的理性對於獻祭的討價還價，和獻祭本身一樣都是個交易。始終同一的自我源自於征服獻祭，但是自我本身卻是僵化的獻祭儀式的產物，人們在儀式裡把自然關係和自己的意識對立起來而歌頌自己。北歐神話的著名故事便是如此，歐丁被吊在樹上而獻祭給自己，克拉格斯（Klages）│譯3│則認為，每一次的獻祭都是神對神的獻祭，即使是神話偽裝為一神論，即基督論（Christologie），也是如此表現的。│11│而關於自我獻祭給自身的神話層面，與其說是表現民間宗教的原始概念，不如說是表現神話如何被接納到文明裡。在階級的歷史裡，在自我對於獻祭的敵意裡包含了自我的獻祭，因為自我的敵意為了支配人類以外的自然和其他人類，必須以否認人性裡的自然為代價。而如此的否認，或即所有文明化的理性的核

11　認為「基督宗教是獻祭多神的宗教」的說法，是黑格曼（Werner Hege-mann）《被拯救的基督》（*Geretteter Christus*, Potsdam, 1928）的基礎論點。

心，卻是不斷蔓生的神話非理性的底層組織：否認了人性裡的自然，被混淆且變得曖昧不清的，不只是外在的支配自然的目的（Telos），也包括自身生命的目的。就在人們不再意識到自身也是自然的時候，一切存活的目標，例如社會的進步、物質和精神力量的提昇，甚至是意識自身，都變成夢幻泡影，而手段即位成為目的，在後來的資本主義裡變得如醉如狂，其實早在主體性的最早歷史裡便有跡可尋。人類對自身的支配是自我的基礎，支配也是為了主體的緣故，卻很可能是在消滅主體，因為那被支配、被壓抑、而且被自我保存瓦解的實體，卻無異於生物，而自我保存只能被規定為生物的功能，其實呢，實體原本是應該被保存的東西。極權的資本主義的反理性以及它滿足需求的技術，以其被對象化的、被支配規定的形態，阻礙了需要的滿足，甚至會滅絕人類。這個反理性的原型便表現在英雄身上，他犧牲自己，因而逃避了獻祭。文明的歷史即獻祭的內省的歷史，也就是厭離（Entsagung）的歷史。每個厭離者捨棄的生命皆多過於生命回報給他們的，多過於他們所捍衛的生命。尤其是在虛偽的社會背景裡，更是屢見不鮮。在那種社會裡，每個人都是多餘的，也都被欺騙。但是社會的困境即在於，想要擺脫普遍存在且不公不義的交易的人們，他們並不會厭離世界，而是會緊抓著整體，一點也不肯放棄，卻因此會失去一切，甚至包括自我保存給予他的些微殘

屑。所有多餘的獻祭都是必需的：以抵抗獻祭。甚至奧德修斯也是個供物，一個不斷自我壓抑因而錯失生命的自體[12]，他拯救了生命，而只記得生命是個迷航。然而他也是一個為了阻卻獻祭而犧牲的供物。他氣度恢宏的厭離，作為與神話的抗爭，代表一個不再需要厭離和宰制的社會：想要自主的社會，並不是要對自身和他者施暴，而是為了要和解。

供物蛻變為主體性，也是受到那總是參與獻祭的詭詐的影響。在詭詐的虛假裡，獻祭中本有的欺騙變成性格的元素，變成「狡詐者們」（Verschlagener）自身的肢解，由自我保存所招致的各種打擊（Schläge）形塑其形貌。其中也表現了精神和身

12　例如，他放棄立即殺死波呂菲摩斯（IX, 302），他隱忍求婚者安提諾俄斯（Antinoos）對他的挑釁攻擊，以免洩漏身分（XVII, 460 ff.）。另見關於他解開皮囊使得狂風大作的史詩段落（X, 50 ff.）以及在第一次冥府之旅時狄瑞西亞斯（Teiresias）給他的預言（XI, 105 ff.），他如果要回家鄉，就得學會動心忍性。當然奧德修斯的放棄並不是真的轉性了，而只是按捺住脾氣：他當時忍住的報復行為，其後經常是執行得更徹底：忍耐者都是有耐心的。作為自然的目的，他的行為或多或少顯露了其後徹底且斷然的厭離，藉此沾染了那奴役一切自然事物的不可抵擋的暴力。如此的奴役轉移到主體裡，擺脫了原本的神話內容，因而成為與人類個別目的對峙的「客觀的」、獨立的事物，變成普遍的理性法則。在奧德修斯的耐心裡（顯然是在求婚者被殺以後），復仇已經過渡為司法程序：神話裡的渴望的最終實現變成宰制的實用工具。法律是能夠放棄念頭的報復。但是因為如此的法律耐心是建立於自身以外，亦即對故鄉的渴望，於是它有了人性特質，幾乎可以說是信賴的特質，而指涉到隱忍的復仇以外的東西。在已開展的中產階級社會裡，兩者都會被廢除：和復仇的念頭一樣，渴望也會淪為禁忌，那也正是經由自我對自身的報復而為復仇加冕。

體力量的關係。精神的載體，那發號施令者（狡猾的奧德修斯幾乎總是扮演該角色），儘管有許多英雄事蹟的記載，他們的身體力量卻總是不及於那些必須與之生死搏鬥的原始力量。在那些歌頌冒險者赤裸的身體力量的場合裡，其本質都是競技性的，其中求婚者們煽動外鄉人奧德修斯和乞丐伊羅斯（Iros）徒手搏鬥且拉弓。|譯4|自我保存和身體力量分道揚鑣：奧德修斯的競賽技藝是屬於紳士的，他們衣食無缺，可以自我訓練為雍容且自制。與自我保存漸行漸遠的力量，卻有利於自我保存：奧德修斯在對抗那些孱弱、貪婪且散漫的流浪漢或是無所事事的懶骨頭時，象徵性地以從前地主對待弱勢者的方式去對付他們，並且把自己正當化為貴族。但是當他遭遇到那些既無法馴服也不會疲倦的原始力量時，卻要困難得多。他始終無法對那在異域持存的神話力量持袖擅拳。他經常淪為祭物，而必須承認獻祭儀式是既有的事實：他無法打破它。相反的，他必須在形式上把獻祭當作他自己的理性決定的預設。在古老獻祭情境以之為基礎的判決裡，總是必須執行該決定。古老的獻祭有時候會變得非理性，這對於弱勢者的機智而言，顯示出儀式本身的愚蠢。他們仍然接受儀式，嚴格遵守其規定。但是那變得無意義的誓語，現在卻自我牴觸，因為其判決總是容許有規避它的空間。那宰制自然的精神在與自然的搏鬥裡，一再肯認自然的優越性。所有中產階級的啟蒙都要求深思熟慮、實事求

是、明辨勢力關係。願望不會是思考之父。其原因則在於，階級社會的任何權力，皆難免很苦惱地意識到在面對物理自然及其社會性的繼承者（群眾）時自身的無力感。唯有戒慎恐懼地適應它，那在身體方面的弱者才能夠支配自然。那壓抑擬態的理性並不是擬態的對立者。那理由本身就是擬態：死亡。那瓦解自然的靈魂灌注的主觀精神，唯有摹擬自然的嚴酷且把自身分解為泛靈論，才能夠支配無靈魂的自然。而當某個人在眾人面前也變成神人同型，摹仿也正好迎合宰制。奧德修斯的詭詐結構即是以如此的因勢利導去宰制自然。評估勢力關係，於挫敗中置死地而後生，此即隱含了中產階級的破除幻覺（Desillusion）的原理，也就是獻祭的內在化（即厭離）的外在結構。詭詐者對自身以及外在力量予以除魅，因而拋棄了自己的夢，唯有如此，他才能存活。他從未能擁有全體，他必須能夠耐心等候並且學會放棄，他不可以吃蓮花或天神希培利溫（Hyperion）的小牛｜譯5｜，而當他航經海峽時，他必須考慮到同伴可能被史奇拉從船上擄走而失去他們。他努力掙脫困境，一生顛沛流離，至於別人因此給予的讚譽無非證明了：唯有壓抑貪得一切幸福的驕奢欲望，才能獲得英雄的名聲。

　　奧德修斯的狡詐的形式在於，被取代的工具性的精神，以厭離順應自然，把本來就屬於自然的東西獻給它，因而欺騙了自然。他落入其勢力範圍的那個神祕惡魔，當然也是象徵遠古

僵化的契約和判決。在發展成熟的父系社會時代，早期的民間宗教則表現在荒煙蔓草的遺跡裡：在奧林匹亞諸神的天空裡，它們化身為抽象的命運，看不見摸不著的必然性。除了從史奇拉和哈里布狄絲中間穿過以外別無他路，對此人們或許可以理性主義式地解釋為海流對於古時小型船舶的宰制力量的神話象徵。但是在神話式的對象化詮釋裡，強者和弱者的自然關係便已經具有法律關係的性格。凡穿過史奇拉和哈里布狄絲的牙齒的，他們都有權判生判死，正如喀爾克有權把難逃該劫者變成豬，波呂菲摩斯（Polyphemos）也有權吃掉他的客人。每個神話角色都必須做同樣的事。他們都是由重複的故事組成的：他們總是以失敗收場。他們的故事裡都有冥府的懲罰神話的調性，正如奧林匹亞諸神對於坦塔羅斯（Tantalos）、薛西弗斯（Sisyphos）和達瑙斯諸女（Danaides）的懲罰。他們扮演著驅力的角色：他們所犯的惡行是他們背負的詛咒使然。詛咒、抵償詛咒的惡行，以及產生自惡行且招致新的詛咒的罪，它們之間的等值性便定義了神話所要表現的必然性。至今歷史裡的法律都有點該結構的痕跡。在神話裡，因果循環的每個環節都是在抵償前面的環節，並且協同把罪行的脈絡制定為法律。奧德修斯則是要對抗它。自我代表著與命運的必然性對抗的合理的普遍性。然而因為必然性和普遍性總是糾纏不清，因此他的合理性也必然是有限的形式，亦即例外的形

式。他必須擺脫那涵攝他且威脅著他的法律關係，那些關係或多或少都銘刻在每個神話角色身上。他的確守法，然而藉由對法律力量的讓步，卻擺脫了它的宰制。聽見賽倫女妖們的歌聲者，是不可能不向她們屈服的：她們是無法抗拒的。抗拒和欺騙是同一回事，任何抗拒者都會失去他所對抗的神話。但是詭詐是理性化的抗拒。奧德修斯並沒有嘗試賽倫島以外的航道。他也沒有剛愎自用，率爾聆聽誘惑者的歌聲，誤以為他的自由足以保護他。他戒慎恐懼，以既定的、宿命的路線行船，然後他明白，無論他如何有意識地與自然保持距離，作為一個「聆聽者」（Hörender），他仍然難逃其手。他履行「臣屬」（Hörigkeit）的契約，被綁在桅杆上時，掙扎著要投向誘惑者的懷抱。但是他在契約裡找到一個漏洞，在履約時規避那些漏洞。在古時的契約裡，並沒有規定航經者是否要被綁起來。綑綁是後來當犯人不立即被處死時所使用的刑罰。技術上已經啟蒙的奧德修斯深知女妖歌聲的古老威力，於是讓自己被綁起來。他向歡愉的歌聲俯首稱臣，因而打敗了它，也打敗了死亡。受縛的聆聽者和其他人一樣都想要投向賽倫女妖。而由於他的預防措施，儘管他向女妖們屈服，卻沒有因此入彀。他的欲望力量反映了女妖們自身的力量，而那力量再怎麼強烈，他也無法投向女妖們，正如搖槳的船員們，耳朵裡塞了蠟丸，他們不僅聽不到女妖們的歌聲，也聽不見船長絕望的嘶

吼。賽倫女妖固然有自己的存在，但是在中產階級的史前時代
裡，該存在早已被中性化為航經者的渴望。史詩沒有提到，當
船隻離開後，女歌者們的下場如何。但是在悲劇裡，那應該就
是她們的末日，就像斯芬克斯（Sphinx）一樣，當伊底帕斯
（Ödipus）實現他的要求，解開謎語，他就當場斃命。因為神
話角色的法律，作為強者的法律，只因為其規定無法被履
踐，它才得以存在。一旦規定被實現，那麼神話就會土崩瓦
解，直至世代子孫。自從奧德修斯與賽倫女妖們幸且不幸的交
會以後，所有的歌曲都生病了，整個西方音樂都受苦於歌曲在
文明裡的荒謬性，然而所有音樂藝術的動力卻也來自歌曲。

　　隨著契約因為在字面上被履踐而瓦解，語言的歷史境況就
有了改變：語言開始過渡為「指謂」（Bezeichnung）。神話的
命運（Fatum）一直都與口說語言一致。在神話角色實現不可
改變的命運要求的觀念層次裡，語詞和對象並沒有區別。語詞
被認為可以直接宰制事物，語句和意向（Intention）彼此匯
流。然而詭詐正是在於利用其中的差異。人們緊抓著語詞不
放，藉以改變事物。同樣的，意識也源自於意向。奧德修斯在
危難裡察覺到其中的二元性，因為他發現同一個語詞可以意指
不同的東西。既然「Udeis」可以指主角自己也可以指「無
人」，他便藉此打破名字的魔咒。不可改變的語詞始終是冷酷
無情的自然環境的公式。在巫術裡，巫術的不變性即在於挑戰

它所反映的宿命的不變性。其中便已經蘊含著語詞和它所摹擬的對象之間的對立。在荷馬的時期裡，該對立更加具有決定性。奧德修斯在語詞當中發現了在已開發的中產階級社會裡所謂的形式主義（Formalismus）：當語詞脫離了那用以實現它的個殊內容，而若即若離地指涉任何可能的內容，包括「無人」和奧德修斯自己，那麼語詞的恆久的指謂關係就會被犧牲。從神話名字和法律（它們和自然一樣都想支配人類與歷史）的形式主義，產生了唯名論（Nominalismus），而那正是中產階級思維的原型。自我保存的詭詐依存於語詞和事物之間的爭訟。奧德修斯在遭遇波呂菲摩斯時的兩個矛盾的舉動（既順服其名字而又拒絕承認它），其實是同一回事。他否認自己，說他是「無人」，藉以替自己辯解；他讓自己隱藏起來，而救了自己一命。以語言去順應死亡，正蘊涵了現代數學的結構。

　　詭詐作為交易的工具，使物得其所，並且履行約定，卻又欺騙對方，它至少要回溯到古代（即使不是神話的史前時代）出現的一種經濟類型：原始社會裡自給自足的家庭經濟彼此的「臨時交易」。「多餘的東西偶爾會交易，但是主要的供貨仍在於自己的生產。」[13]奧德修斯在旅程裡的行為使我們

13　Max Weber, Wirtschaftsgeschichte. München und Leipzig 1924. S. 3。

想起臨時交易的關係模式。即使是偽裝成可憐的乞丐，領主奧德修斯仍然要扮成東方商人[14]，帶著巨大的財富歸鄉，因為他有一次違反傳統，跨出家庭經濟的範圍，「把貨物裝船出海」。他的事蹟裡的冒險元素只不過是他的理性在面對習以為常的傳統經濟形式時的非理性面向。理性的非理性沉澱在詭詐裡，而詭詐則是中產階級的理性順應更強勢的非理性。那個詭詐的孤獨旅者是個「經濟人」（homo oeconomicus），有一天所有理性的人都會像是個經濟人：因此《奧德賽》已經是個魯賓遜的故事。這兩個原型的船難者把他們的弱點（與集體隔離的個體）轉化為他們在社會裡的優點。他們都險些淪為波臣，無助地與世隔絕，他們的離群索居使他們肆無忌憚地競逐原子論式的個人利益。早在他們役使任何勞工以前，他們就體現了資本主義經濟的原理，但是他們帶著搶救到的貨物繼續新的探險事業（Unternehmung），卻美化了一個事實，即企業主（Unternehmer）每次進場競爭時，總會帶著更多的資糧，而不是胼手胝足地奮鬥。他們面對自然時的無力，也已經被當作對於其社會威權的意識型態。奧德修斯面對洶湧海濤時的束手無策，聽起來就像是探險者為自己對於原住民橫徵暴斂的舉止的正當

14　貝哈（Victor Bérard）特別強調《奧德賽》裡的閃族元素，儘管不無偽託之嫌。另　見："Les Phéniciens et l'Odyssée" in der Résurrection d'Homère. Paris 1930. S.111 ff。

化。後來的中產階級經濟更把它確立為風險的概念：富貴險中求，獲利在道德上應該以失敗的可能性為基礎。就發展成熟的交易社會及其中的個人而言，奧德修斯的歷險無非是在表現成功之路上的風險。奧德修斯依據古老的原理而倖存，而該原理後來也建構了中產階級社會。人們得選擇欺騙或是失敗。欺騙是理性的印記，其中透顯出其個殊性。絕對的孤獨原本是涵攝在世界漫遊者奧德修斯和獨力工匠魯賓遜所勾勒的社會化裡頭，直到中產階級時期的尾聲才被開顯出來。澈底的社會化也意味著澈底的異化。奧德修斯和魯賓遜都和全體性有關：前者穿越它，而後者則是創造了它。他們只因為與他人完全隔絕才得以致之。他們所遭遇的其他人，無論敵友，都只是異化的型態，但始終是工具或事物。

　　第一個「歸鄉故事」（Nostos）當然源自更早以前，甚至比惡魔面具和巫神要早。那是關於「蓮花國」（Lotophagen）（食蓮花者）的故事。吃了蓮花的人們，和聽了賽倫女妖的歌聲或被喀爾克的魔杖點到一樣，都會失魂落魄，不思歸鄉。但是俘虜們毫髮無傷：「他們無意殺害我們的同伴。」[15] 他們只是會遺忘且放棄意志。魔咒只是讓他們回到「肥沃的大地之濱」[16]，一個沒有勞役和戰爭的原始狀態：「誰知吃過這蓮

15　Odyssee. IX, 92 f。
16　A.a.O. XXIII, 311。

花，便恍如失了神魂，忘卻回頭覆命，只想與居民作伍成群，不把思鄉思忖。……免得他們去嘗試蓮花，致忘鄉井。」[17] 然而自我保存的理性卻不能容忍它的人民享有如此的田園景致，那猶如毒品的快感，在殘酷的社會組織裡的下層階級藉以忍受種種難堪的困境。其實那只是幸福的假象，如草木般的單調無味，和動物的生活一樣的貧乏。最多只是不會意識到痛苦而已。但是幸福在自身裡便包含了真理。它本質上是個結果。它是從被揚棄的痛苦裡開展出來的。飽嚐艱辛的奧德修斯自然是有權拒絕待在蓮花國。為此他提醒他們所負的使命，也就是以歷史性的成就去實現烏托邦，而耽溺於幸福的景象只會奪走他們的力量。但是理性（或即奧德修斯）在使用該權利時，卻被迫陷於不義的環境。他自己的直接行為助長了宰制。自我保存的理性既無法容忍「在世界各個邊緣」[18] 的幸福，也無法承認後來更加危險的幸福。那些怠惰者被驚醒且趕回船上：「我只得迫他們垂淚回舟，用繩索將他們牢綑。」[19] 蓮花是東方的食物。至今在中國和印度的食譜裡，仍然會以切成細片的蓮花做菜。也許蓮花的誘惑無非是回歸到

17　A.a.O. IX, 94 ff。
18　Jacob Burckhardt, Griechische Kulturgeschichte. Stuttgart o. J. Band III. S. 95。
19　Odyssee. IX, 98 f。

採集大地｜20｜和海裡的果實的時期，早於農業、畜牧，甚至狩獵，也就是說，早於所有的生產。在史詩關於極樂國的生活的想像裡，經常會談到吃某些花，那並不是偶然的，儘管那些植物現在已經不可考了。中東現在仍然習慣把花材當作點心，歐洲的孩子也知道烤蛋糕時可以加玫瑰露和紫羅蘭糖漿，那意味著應許一個境況，即生命的複製獨立於有意識的自我保存，而飽足的快感也獨立於有計畫的攝取營養。對於那依稀聞得到的古老幸福的憶念，仍然侷限於最切身的攝食消化。那要回溯到上古時代。無論當時人們受了多少折磨，他們仍然無法奢望在原始社會的想像以外的幸福：「我們從此向前航，中心實慘傷。」｜21｜

　　奧德修斯接著漂流到（verschlagen）──在荷馬的史詩裡，漂流和狡詐（verschlagen）是同義的──獨眼神族（Kyklop）的波呂菲摩斯那裡去，他那巨輪般的獨眼同樣有原始世界的痕跡：獨眼使人聯想到鼻子和嘴巴，比眼睛和耳朵的對稱性更加原始｜22｜，如果沒有兩個協調一致的知覺統一的

20　在印度神話裡，蓮花是大地女神。（見：Heinrich Zimmer, Maja. Stuttgart und Berlin 1936. S. 105 f）如果它和古老的荷馬「歸鄉」史詩所依據的神話傳統有關的話，那麼蓮花國的遭遇可以解釋為與地府力量的對抗的一個階段。
21　Odyssee. IX, 105。
22　根據韋蘭莫維茨的說法，獨眼神族「原本是野獸」。（Glaube der Hellenen. Band I. S. 14）

話，就不會有辨識、深度或對象性的作用。但是相對於蓮花
國，他象徵著其後真正的野蠻時期，也就是狩獵和畜牧時
期。對於荷馬而言，「野蠻」的定義無異於沒有系統性的農
耕，因而還沒有系統性的、恆常的勞動和社會的組織。他把獨
眼神族稱為「不知法紀的蠻邦」[23]，因為（其中似乎存在著
文明自身暗地裡的悔罪）「那居民仰仗天神，不知種植不知
耕，卻是一年穀麥不愁乏，並有葡萄成糾生，盡靠著育夫
（宙斯）的雨露之恩。」[24] 富足並不需要法律，而文明對於
無政府主義的指控猶如在譴責富足：「也不識合群會議，也不
知制定法紀，身居在山巔洞裡，各管束自家妻子，對同族素無
情誼。」[25] 那已經是個恃強凌弱的父系部落社會，然而還不
是以恆產及其階級為依據去組織的社會，散居於洞穴裡，缺乏
客觀的法律，因此荷馬批評他們是彼此無情誼的蠻邦。但是在
其後的段落裡，荷馬的忠實描寫卻牴觸了他的文明化判斷：儘
管他們彼此無情誼，但是聽到被刺瞎眼睛的巨人痛極狂吼，鄰
人們卻聞聲四至問訊，只不過奧德修斯以名字的詭計嚇跑了那
些愚蠢的鄰人們[26]。愚蠢和不知法紀似乎是同一個定義：當

23　Odyssee. IX, 106。
24　A.a.O. 107 ff。
25　A.a.O. 112 ff。
26　另見：a.a.O. 403 ff。

荷馬說獨眼神族是「不思法紀的怪獸」|27|時，意思不只是說
在他的思考裡完全不尊重文明教養的法律，更是說他的思考本
身就是沒有法則的、沒有系統的、狂熱的。平常人都想得
到，奧德修斯藏在羊肚底下，抓著羊毛逃走，而不是騎在羊背
上，那巨人卻百思不得其解，而他也不知道奧德修斯用微妙的
雙關語假名欺騙了他。波呂菲摩斯雖然有神力護持，卻是個食
人魔，也因此雖然他仰仗諸神，卻不知敬畏他們：「你們真是
些愚人，或因來自遠方異地不知情，竟叫我敬畏神明！」（在
其後的時代裡，愚人和異鄉客的區別日漸模糊，而和外地人一
樣不知當地習俗者也都直接被貼上愚蠢的標籤。）「要知道我
們獨眼神族，並不怕宙斯威勢，也不怕其他有福的天神，為的
是我們的能力比他們更高勝。」|28|「更高勝，」奧德修斯嘲
諷地說，但是那巨人的意思其實是「更古老」。大家都承認太
陽系的力量，同樣的，封建領主也可以承認中產階級的財
富，然而他暗地裡仍然認為自己要高貴得多，卻不知道他所蒙
受的惡行其實無異於他自己所代表的不義。住在附近的海神波
賽頓，他是波呂菲摩斯的父親，奧德修斯的讎敵，比那統治全
世界卻遙不可及的天神宙斯還要古老，在當時，原始的民間宗
教和以理性為中心的律法宗教的爭論已經沸沸揚揚。無法無天

27　A.a.O. 428。

28　A.a.O. 273 ff。

的波呂菲摩斯不只是個文明的禁忌眼裡的惡棍而已，就像在幼兒啟蒙的童話世界裡常被提及的歌利亞（Goliath）。在他的自我保存變成秩序和習俗的貧瘠國度裡，並不乏和解的特質。當他讓綿羊和山羊各自哺煦小羊們的時候，該習慣動作已經包含了對自然物的照顧，瞎眼的巨人有一段著名的話，他把帶頭的公羊稱為朋友，並且問他為什麼這次殿後離開山洞，是否因為見到主人喪目而心下傷悲，是讓人非常感動的段落，與《奧德賽》的高潮差堪比擬，也就是奧德修斯回家時，老狗阿哥斯（Argos）認出他來的場景，雖然那段話的結尾非常粗暴。巨人的行為還沒有客體化為任何角色。對於流浪的奧德修斯的請求，巨人並沒有以野蠻的仇視回答他，而是拒絕接受那對他尚無拘束力的法律：他只是說「我不會因怕宙斯憤怒」[29]而饒了奧德修斯和他的夥伴的性命。而他是否真的如奧德修斯所說的那樣奸詐地刺探他船在何處，則不得而知。喝醉了的巨人飄飄然且醺醺然地應許贈禮給奧德修斯[30]，奧德修斯說他叫作「無人」時，巨人才心生惡念，說要最後才吃了他，當作給他的贈品，或許是因此他自稱為「無人」，而弱智的獨眼神族真的把他當作不存在。[31]力大無窮的怪物的蠻力正是他容易受

29　A.a.O. 278。
30　比較：a.a.O. 355 ff。
31　「那些癡呆者的各種愚行可以視為胎死腹中的幽默。」（Klages a.a.O. S. 1469）

騙的原因。因此，遵守神話的法律不僅對被審判者不公，對立法的自然力量而言也不公平。奧德修斯捉弄的波呂菲摩斯和其他巨人，正是自基督教世界以降眾多好爭訟的愚蠢惡魔的原型，直至於（《威尼斯商人》裡的）夏洛克（Shylock）和梅菲斯特（Mephespheles）。巨人的愚蠢始終是其野蠻暴行的憑恃，因為那對他們有利，而當其愚蠢被更聰明者推翻時，其實是更好的事。藉著以守法的漏洞設計的詭計，奧德修斯巧妙取得波呂菲摩斯的信任，以及他的食人肉的權利：「你既飽餐人肉，請飲一盃助餘興，也好識我們船中貯酒居何等，」[32]有文化者如是推薦。

　　然而理性的順服其對手（亦即仍然混沌暗昧的意識狀態，以笨拙的巨人為代表），在假名的詭計裡到了巔峰。在眾多民間故事裡，那是個流傳甚廣的主題。在希臘神話裡，則是玩弄文字遊戲；在一個意思明確的語詞裡，名字（奧德修斯）和意圖（無人）則彼此分歧。對於現代的發音而言，Odysseus 和 Udeis 仍然是很相近的，因此在回到故鄉伊塔卡島的故事的某段對話裡，國王的名字唸起來就是「無人」。他算計到，如果鄰人問波呂菲摩斯是誰幹的，他會回答說是「無人」，如此便得以隱匿其犯行，他也就免於被究責，此舉已經

32　Odyssee, a.a.O. 347 f。

帶有理性主義的薄紗。其實作為主體的奧德修斯已經否認了自己的身分，該身分使他成為主體，且藉由摹擬形式不確定的世界（Amorphe）而保存性命。他自稱是「無人」，因為波呂菲摩斯不是個「自我」，而名字和事物的混淆使得受騙的野蠻巨人無法跳脫陷阱：他狂吼要報復，如巫術般地詛咒被報復者的名字，而該名字已經註定他的報復是徒勞無功的。奧德修斯把他的意圖置入該名字裡，因而也逃出巫術的國度。但是他的自我主張，正如在整部史詩或是所有的文明裡頭，其實是自我否認。自我也因而又落入身不由己的自然關係的循環裡，而那原本是他藉由順應自然想要擺脫的。他為求自保而自稱為「無人」，且以模仿自然狀態作為操縱自然的工具，因而變得傲慢狂妄。詭詐的奧德修斯不得不如此：逃亡的奧德修斯還在巨人扔石頭能及的範圍裡，他不但大聲調侃波呂菲摩斯，還透露他的真實姓名和來歷，彷彿原始世界始終宰制著經常僅以身免的奧德修斯，因此他自稱為「無人」以後，害怕如果無法以咒語回復真正的身分，會再度變成「無人」，而那咒語正是被理性的身分取代掉的。他的朋友們想要阻止他自炫聰明的愚行未果，他差一點被巨石擊中，而報上自己的名字更很可能讓海神波賽頓（他很難說是無所不知的）把氣出在他頭上。詭詐原本在於以愚昧的形式顯現其聰慧，一旦他放棄了該形式，就真的變成愚昧了。那正是對於雄辯者的辯證。從古代到法西斯主

義，人們總是批評荷馬的囉唆絮聒，無論是故事主角或是敘事
者自己。但是這個愛奧尼亞人（Ionier）猶如先知般地證明自
己比以前或當時的斯巴達人（Spartanen）高明許多，因為他描
寫了那些詭詐者或平庸者如何多言賈禍。儘管話語誆騙了自然
力量，卻無法控制自己。而意識流和思維自身接著也東施效
顰：思維的堅定自律性裡有一種躁狂的愚昧，當它經由話語進
入實在界，彷彿思維和實在界是同義的，而思維實則只是藉由
距離去支配實在界而已。但是如此的距離也正是痛苦所在。因
此失敗者總是忘了箴言而忍不住要絮絮叨叨個不停。客觀而
言，是恐懼影響了他，害怕如果不緊抓著語言對於自然力量的
脆弱優勢，就會被自然力量給奪回去。因為語言知道自己比被
它誆騙的自然要弱勢許多。話說得太多，讓暴行和不義有機可
乘，更誘使他所畏懼者做出讓他更害怕的事。史前神話裡的言
語衝動行為，也持存於啟蒙的語言所釀成的災禍裡。「無人」
不由自主地自稱為奧德修斯，已經帶有猶太人的性格，他們因
為怕死而總是自誇從畏懼死亡當中戰勝它，對於中保
（Mittelsmann）的報復也不在中產階級社會的終點，而是在其
開端，也就是各種暴行一再指向的否定性的烏托邦。

　　許多逃脫神話國度的故事皆在象徵擺脫野蠻的食人文
化，然而喀爾克的魔法故事則是回溯到真正的巫術階段。巫術
瓦解了落入其手中的自我，把他變成更原始的生物學物種。而

他的瓦解力量仍然是遺忘的力量。藉著時間的堅定秩序，那力量擄獲了向該秩序看齊的主體的堅定意志。喀爾克誘使船員們沉緬於其本能，此處我們聯想到被誘惑者的動物形象，而喀爾克則成為情婦的原型，當然赫美斯（Hermes）的詩句也說明了理由，他很理所當然地把她說成巫山神女：「她於是便會屈降，並邀你同上雕床，你也莫須拒擋。」|33| 喀爾克的名字有歧義，正如她在劇情裡先後扮演蕩婦和救助者的角色。而她的血統也說明了該歧義性：她是太陽神赫利奧斯（Helios）的女兒，海神歐開諾斯（Okeanos）的孫女|34|。在她的身上，水和火兩個元素是無分別的，而不同於自然的某個面向總是要居首位（無論是父系或母系），該無分別性即構成雜交和情婦的本質，甚至重現於（波特萊爾筆下的）蕩婦眼波中的蕩漾月影|35|。|譯6| 情婦既給予臨幸者快樂，也破壞其自主性，此即她的歧義性。但是她不一定要毀滅他：她執著於比較古老的生活形式|36|。就像在蓮花國一樣，喀爾克並沒有殺死她的客人們，即使是那些被她變成動物的，也都很和平：「周遭有山狼獅子臥伏成群，乃是喀爾克用藥草將他們養馴。牠們看見生

33　A.a.O. X, 296/7。

34　見：a.a.O. 138 f。另見：F. C. Bauer, Symbolik und Mythologie. Stuttgart 1824. Band I. S. 47。

35　比較：Baudelaire, Le vin du solitaire, Les fleurs du mal。

36　比較：J. A. K. Thomson, Studies in the Odyssey. Oxford 1914. S. 153。

人，並不奔來欲囓吞，卻是起身搖尾，宛轉欲依人；好一似獵
犬兒見主人飯罷出前庭，向他搖尾乞憐形景，只為盼望些食物
來分。」[37] 被魔法蠱惑的人舉止猶如聆聽奧斐斯
（Orpehus）的琴聲的野獸。那使他們沉溺其中的神話指令，
同時也解放了在他們裡頭被壓抑的本性。當他們再度墮落到神
話裡時，被廢除的正是神話自身。本能的壓抑使他們成為自我
且有別於禽獸，那樣的壓抑是完全封閉的自然循環的內省化壓
抑，而根據以前的說法，「喀爾克」（Kirke）這個名字即影射
該自然循環。然而正如在蓮花國的田園風格，那個使他們憶及
史前世界的殘酷魔法，除了把他們變成動物以外，也營造了和
解的幻象，儘管是很有限的。但是因為他們曾經是人類，那講
述開物成務的文明化史詩就不得不把他們的遭遇描繪為不幸的
墮落，而在荷馬的字裡行間幾乎嗅不到一點快樂的氣氛。受難
者越是文明化，就越加著力於抹去快樂的痕跡。[38] 奧德修斯
的夥伴不像以前的客人那樣被變成神聖的動物，而是變成不淨
的家畜，也就是豬。或許在喀爾克的故事裡影射狄美特
（Demeter）的地府宗教，他們把豬視為聖獸[39]。然而或許

37　Odyssee a.a.O. 212 ff。

38　莫瑞（Murray）指的是荷馬史詩在編纂時遭到「性愛的刪除」。（a.a.O. S.
141 ff）

39　「豬是狄美特崇拜裡普遍使用的祭物。」（Wilamowitz-Moellendorff, Der
Glaube der Hellenen. Band II. S. 53）

也影射豬與人類相似的解剖學構造以及赤裸，如此的影射解釋
了以下的主題：愛奧尼亞彷彿也已經和猶太人一樣有近親相姦
的禁忌。最後，我們或許也會想到食人習俗的禁忌，因為正如
尤維納利斯（Juvenal）[譯7] 所描繪的，人肉的味道經常被比
擬為豬肉。無論如何，其後的文明總喜歡以豬來形容那些意欲
社會目的所不容許的其他快樂的人。在奧德修斯的夥伴的變形
裡，魔法以及對治的魔法都和藥草以及葡萄酒有關，也就是嗅
覺的麻醉和喚醒，而嗅覺是越來越被壓抑和潛抑的感官，它不
僅是最容易引起性欲，也會讓人回想到原始世界。[40] 在豬的
形象裡，氣味的快感卻被扭曲為那鼻子貼在地面而不再直立的
動物不由自主的哼唧聲。[41] 那讓男人屈服於儀式的施魔法的
蕩婦，彷彿是重現那父系社會裡一再要她屈服的對象。就像她
一樣，在文明的壓迫下的女性傾向於接受文明對於女性的評
判，並且汙衊性愛。在史詩裡保存了啟蒙與神話的爭論痕
跡，於其中，威力無窮的誘惑者同時也是柔弱的、年華不再
的、容易受傷的，並且需要順服的動物當她的護花使者。[42]

40　比較：Freud, "Das Unbehagen in der Kultur," in: Gesammelte Werke, Band XIV.
　　Frankfurt am Main 1968. S. 459 Fußnote。

41　韋蘭莫維茨在一則注釋裡語出驚人地說，哼唧聲的概念和蘊涵著自主理性
　　的睿智（noos）概念有關，「史懷哲（Schwyzer）剴切指出睿智和鼻息聲或
　　哼唧聲的關係。」（Wilamowitz-Moellendorff, Die Heimkehr des Odysseus. S.
　　191）不過韋蘭莫維茨質疑它們的語源學關係對於意義有什麼幫助。

42　比較：Odyssee. X, 434。

女性作為自然的代表，在中產階級社會裡變成既使人無法抗拒[43]而又柔弱無力的謎樣形象。女性讓宰制的虛榮謊言昭然若揭，宰制不是與自然和解，而是要征服它。

　　婚姻是社會在敷衍問題時的妥協辦法：女性始終是弱勢的，因為她必須經由丈夫的中介才能獲得權力。《奧德賽》裡蕩婦女神的挫敗約略影射了它，而以現在的文學角度來看，與潘妮洛普（Penelope）的婚姻演變則是在表現後期的父系制度的客觀結構。隨著奧德修斯踏上愛亞亞島（Aiaia），男人與女人的雙重意義的關係，渴慕和命令的關係，已經變成由契約保障的交易的形式。厭離是其前提。奧德修斯拒絕了喀爾克的魔法。於是，她的魔法對於那些無法抵抗者的虛假承諾，他卻真正得到了。奧德修斯和她同床共枕。但是他要她先對著奧林帕斯諸神發重誓。那個誓言應該是保護男人，不致為了報復雜交的禁令和男性的威權而殘害他們，儘管男性的威權始終是壓抑驅力，因而也是象徵性的自殘。那拒絕變身者，統治者，自我，喀爾克怪他的鐵石心腸：「你胸中的思想卻絲毫沒有被折服，」[44]他卻讓喀爾克心悅誠服：「你請把長刀插入鞘中

43　其「無法抵擋」的意識其後則表現在「阿芙羅狄特崇拜者」（Aphrodite Peithon）的儀式裡，「其魔力教人無法拒絕」。（Wilamowitz-Moellendorff, Der Glaube der Hellenen. Band II. S. 152）

44　Odyssee. X, 329。

進，我和你去同衾共枕，我和你且言歡好互溫存。」[45] 她溫言雲雨巫山，卻被他鄙棄合歡；最後的蕩婦卻擁有最早的女性特質。當傳說轉型到歷史時，她對於中產階級式的冷漠有重要的影響。她的行為使對於愛情的禁令生效，而作為意識型態的愛情越是助長競爭者彼此的仇恨，那禁令就變本加厲。在交易的世界裡，付出較多者是犯了罪的，但是愛人者總是付出比較多的愛。儘管愛人的犧牲被神聖化，人們仍然斤斤計較愛人的犧牲一點也不能省。就在愛情本身裡，愛人就被定罪且要受罰。他既無法支配自身也無法支配示愛的對象，這個理由就足以讓他無法實現願望。隨著社會的演變，孤單大量地複製自己。即使是在最微細的枝末感覺裡，該機制都會起作用，直到愛情自身為了和他人接觸而陷於冷漠裡，而在實現的當下煙消雲散。喀爾克擁有讓男人俯首稱臣的力量，卻轉而對那藉由厭離而拒絕臣服的男人百依百順。詩人說女神喀爾克能夠影響自然，現在卻萎縮到如祭司般的預言，或者只是預見將要發生的船難，後來更演變為對於女性智慧的諷刺。到頭來，被褫奪力量的女巫關於賽倫女妖、史奇拉和哈里布狄絲的預言，也淪為男性自我保存的工具。

　　傳宗接代制度的產生付出了什麼沉重的代價，只在一段詩

45　A.a.O. 333 ff。

句裡看得出端倪，當喀爾克答應她的契約主人奧德修斯的要求
而把他的夥伴變回人形時，我們首先讀到：「並且比原先更年
輕，樣子更加俊美，也顯得更健壯。」[46] 但是在男性特質上
更加強壯的他們並不快樂：「不由得涕淚如淋，直哭得屋瓦俱
震。」[47] 在慶祝只維持一年的露水姻緣的婚禮裡最古老的結
婚讚歌，或許就是這個調調。他和潘妮洛普的實際婚姻更是出
乎意料地和它如出一轍。在父系社會的世界裡，妓女和妻子是
女性的自我異化的兩個互補形式。妻子顯露了在生活和財產的
安定秩序裡的快樂，而妓女是妻子的祕密共犯，她把妻子的財
產權範圍外的東西佔為己有，並且販賣快樂。喀爾克和蕩婦卡
呂普索（Kalypso）一樣都被描繪為勤奮的織女，因而類似神
話裡的命運力量或中產階級社會的家庭主婦[48]，然而潘妮洛
普卻像妓女一般多疑地猜想歸鄉的奧德修斯究竟是個老乞丐或
是下凡的天神。那一幕傳頌千古的奧德修斯歸鄉情景，自然是
充滿父系社會的意味：「只是她終久默然，但覺心內驚疑難
辨，一會兒熟視其面，一會兒又覺襤褸難識故容顏。」[49] 她
並沒有歡欣雀躍，只想確定她沒有搞錯，在體制施加其身的壓

46　A.a.O. 395 f。
47　A.a.O. 398 f。
48　比較：Bauer a.a.O. und S. 49。
49　A.a.O. XXIII, 93 ff。

力下，她無法容許任何錯誤。年輕的帖勒馬赫斯（Tele-
machos）為此很生氣，儘管他尚未習慣自己未來的角色，卻已
經閱人無數而足以告誡其母親。他責備母親的固執和鐵石心
腸，可是以前喀爾克正是如此抱怨奧德修斯。如果說蕩婦接受
了父系社會的規矩，那麼妻子唯有仿同男性特質才能得到滿足
和平安。如此夫婦才莫逆於心。她為了試探歸鄉客，便佯裝要
奶媽移動他們結婚時的床榻，那原本是奧德修斯年輕時親手做
的，床座環繞著一株橄欖樹，因此無法移動，而橄欖樹則是象
徵性愛與財產的合而為一。非常聰慧的她裝得若有其事，彷彿
床座真的可以移動，而她的丈夫則是「異常驚訝地」對她描繪
他那堅固耐久的手工藝作品的種種細節。作為一個中產階級的
原型，聰明的奧德修斯擁有了嗜好，也就是回味他在分化的財
產關係框架裡早已被排除的手工藝。他樂此不疲，因為他可以
很自由地優游其間，證明他有權力支配那些為了生計而從事該
工作的人們。蕙質蘭心的潘妮洛普由此認出他來，很諂媚地稱
讚他的聰明才智。然而緊接著不無嘲諷意味的諂媚之後，話鋒
卻急轉直下，她把兩夫婦的所有苦難都歸咎於諸神妒忌那只在
婚姻裡才能擁有的幸福，即「生死不渝的概念的證實」[50]：
「他們妒忌我們倆一起歡樂度過青春時光，直到白髮的老年來

50　Goethe, Wilhelm Meisters Lehrjahre. Jubiläumsausgabe. Stuttgart und Berlin o. J.
　　Band I. 16. Kapitel. S. 70。

臨。」[51] 婚姻不只是意味著負擔生計的報酬制度，更是要不離不棄，一起面對死亡。在婚姻裡，和解是環繞著服從而成長的，正如在至今的歷史裡，真實的人性（das Humane）只有在那被人文精神（Humanität）掩翳的野蠻性質上面才會成長茁壯。儘管夫婦間的契約得費好大的力氣才能化解古老的仇恨，白頭偕老的夫婦仍然翩然化為腓利門（Philemon）和包西斯（Baucis）的形象[譯8]，猶如祭壇的熏香蛻變為爐灶上的裊裊炊煙。婚姻無疑是以文明為基調的神話的原始基石。但是婚姻在神話裡的堅實和恆久性則延伸到神話以外，正如蕞爾島國伸向無垠海洋。

　　奧德修斯的冒險最遠的一站，則沒有像這樣的避難所。那就是冥府。在首次「夜行」（Nekyia）的冥府之旅的景象則是看到被太陽神崇拜摒棄的母權象徵。[52] 奧德修斯遇到他死去的母親，強忍悲傷，故意擺出父權的鐵石心腸[53]，而在他母親之後才出現古代英雄。[譯9] 但是母親的形象是無力的，既不注視他也不跟他說話[54]，正如史詩描繪的無言形象，她是

51　Odyssee. XXIII, 210 ff。

52　比較：Thomson a.a.O. S. 28。

53　「我見她時，不由得淚落痛摧心，卻依然強自熬忍，不讓她走近血腥，必待我向狄瑞西亞斯先問訊。」（Odyssee. XI, 87 ff）

54　「我現在看見我故去的母親的魂靈，她在那裡默然端坐，不舉目正視自己的兒子，也不和自己的兒子說話。老人啊，請告訴我，怎樣能使她認出我？」（A.a.o. 141 ff）

個死去的幽靈。為了要讓幽靈說話，無論是枉然的或只是很短
暫地掙脫神話的靜默，就得讓她喝牲血，當作人間記憶的抵押
物。主體唯有認識到形象的空虛性而主宰自己，才能有一絲形
象所無法承諾給予的希望。奧德修斯的應許地不在古老的形象
國度。最後，作為冥府的鬼魂，所有形象對他揭露其真正本
質，也就是幻象。他知道他們都是亡魂以後，以很專橫的動作
不讓他們啜飲牲血，只讓那些願意告訴他有利於其生活的知識
的鬼魂靠近，在那些知識裡，那變調為精神性的神話力量，也
只是個想像的東西而已。各種被奪權的神話角色聚集所在的冥
府遠離其家鄉，他們只能在八荒九垓和家鄉互通訊息。如果根
據喀希霍夫（Kirchhoff）的假設，奧德修斯的冥府之旅是史詩
裡最古老的段落，採擷自真實的民間傳說[55]，那麼，正如奧
斐斯和赫拉克里斯的冥府之旅，這個最古老的段落也意味著非
常堅決地走出神話，而衝破地獄門或消滅死亡的主題，是所有
反 神 話（antimythologisch）的 思 想 的 核 心。 狄 瑞 西 亞 斯
（Teiresias）預言他可能會與海神波賽頓和解，此即包含了反
神話的性質。他要奧德修斯肩背著一只船槳不停地流浪，直到

55　「我不得不相信，第十一卷，除了某些例外……是古老的『歸鄉故事』被
　　誤植的片段，因而是史詩裡最古老的部分。」（Kirchhoff, Die homerische
　　Odyssee. Berlin 1879. S. 226）「如果說奧德修斯的神話裡有什麼原始的東西，
　　那就是冥府之旅。」（Thomson a.a.O. S. 95）

他找到一個異族,「那族人從未見大海滄溟,不知鹽
食」[56]。當他遇見一個行路人,對他說他肩上扛的是一只簸
穀鏟,那麼那裡就是向波賽頓獻和解祭的好地方。預言的重點
在於把船槳誤認為簸穀鏟。對於一個愛奧尼亞人而言,那是非
常滑稽的事。然而這個和解所繫的滑稽故事,卻不是針對那些
族人,而是要演給憤怒的波賽頓看的。[57]該誤會是要引得那
暴躁的原始神發笑,在笑聲當中解消憤怒。那就像是《格林童
話》裡鄰婦告訴母親如何擺脫被偷換的孩子:「鄰居要她把被
偷換的孩子帶到廚房去,擺在爐灶上,點著火,在兩片蛋殼中
放一點水煮沸,好讓他笑,如果他笑了,就可以擺脫
他。」[58]即使笑聲至今始終是暴力的記號,是自然的盲目而
執拗的情緒發作,在它自身卻也蘊含了對立的元素,也就是
說,在笑聲中,盲目的自然卻認識了自己,並且放棄毀滅性的

56　Odyssee. XI, 122 f。

57　他原本是「大地的丈夫」(見:Wilamowitz, Glaube der Hellenen. Band I. S.
112 ff),直到後來才變成海神。狄瑞西亞斯的預言可能影射他的雙重本質。
可想而知,遠離海洋而在內地向他獻和解祭,是以他的地府力量的象徵性
復辟為基礎。該復辟也表現在以農業取代出海捕魚的生活型態:波賽頓和
狄美特的崇拜互相過渡。(見:Thomson a.a.O. S. 96. Fußnote)

58　Brüder Grimm, Kinder- und Hausmärchen. Leipzig o. J. S. 208。自古即有相關的
主題,尤其是關於狄美特的神話。「狄美特流浪到埃勒烏西斯(Eleusis)尋
求被擄的女兒,第掃勒斯(Dysaules)和妻子包玻(Baubo)收留她,但是哀
痛逾恆的她茶不思飯不想,於是女店主包玻掀衣露體,好讓她破涕為笑。」
(Freud, Gesammelte Werke. Band X. S. 399)比較:Salomon Reinach, Cultes,
Mythes et Religions. Paris 1912. Band IV. S. 115 ff。

暴力。笑的歧義性也很類似於名字的歧義性，或許名字只不過是笑聲的凝固成形，就好像某些暱稱當中仍然保存著原始的命名動作。笑和主體性的罪有共謀關係，但是當它所宣布的法律被中止時，其意義就不只是共謀而已。它應許了歸鄉的路。是鄉愁使他開始探險的旅程，而主體性（在《奧德賽》裡描繪了它的史前階段）則是藉此掙脫了原始世界。雖然法西斯主義指鹿為馬，說神話就是家，然而家的概念和神話終究是對立的，其中更蘊涵著史詩最深層的弔詭。在史詩裡沉澱著一段歷史的回憶，即定居生活（那是家的前提）接替游牧生活的時期。如果說隨著定居生活而產生的固定財產制度是人類異化的基礎，在其中，所有鄉愁和渴望都源自那失去的原始狀態，然而家的概念的形成又是奠基於定居生活和固定財產，而渴望和鄉愁則是指向家的概念。根據諾瓦里斯（Novalis）的定義，所有哲學都是鄉愁，而唯有該鄉愁不會在失去的原始狀態的幻境裡煙消雲散，家和自然本身也被表現為首先必須從神話那裡搶來的東西，那個定義才有效。家是一種「逃離」。因此批評荷馬的史詩故事「遠離大地」，其實是對史詩故事的真理的保證。「它轉向人類。」[59]神話變調為小說，正如冒險故事，與其說是歪曲神話，不如說是把神話一起拉到時間裡，揭露那

59　Hölderlin, Der Herbst a.a.O. S. 1066。

把神話隔離於家與和解的深淵。文明對原始世界的報復是很恐怖的，正如荷馬關於墨蘭提奧斯（Melanthios）被肢解的殘忍場景的描繪|譯10|，在報復裡，文明與原始世界並無二致。使文明破繭而出的，並不是史詩所描寫的那些行為內容，而是那在說故事當下使暴力暫歇的自我省思。談話本身，與神話的歌曲對立的話語，能夠以記憶去捕捉那已經發生的不幸，那才是荷馬史詩裡的逃離的法則。顛沛流離的英雄每每以敘事者登場，那是不無道理的。敘事者冷靜的保持距離，把極端殘忍的事講得興味盎然，如此才得以彰顯那在歌曲裡一本正經地混充為命運的暴行。但是言談的暫歇則讓被描寫的事件蛻變為早已發生的過去，而因為如此，文明始終無法完全熄滅的自由，也隱約閃爍一點光亮。在《奧德賽》卷二十二裡提到奧德修斯的兒子如何對那些不貞的宮女行刑。在描寫被絞縊的宮女的下場時，其中筆調沉著冷靜，其冷酷無情唯有十九世紀最偉大的短篇小說家的「無動於衷」（impassibilité）才差堪比擬，並且不帶感情地把她們譬喻為落到圈套的鳩鴿|譯11|，而敘事到此戛然而止，可以說所有其他話語都僵在那裡。詩句接著說，那排成一行的宮女，「但見她們腳兒略一蹬，即便俱安寧」。|60|其描繪之精確已經顯露出在解剖或活體解剖時才有的冷

60　Odyssee. XXII, 473。

酷[61]，如小說般地記錄受刑者的殼觫抽搐，在正義和法律的前提下，她們落入審判者奧德修斯曾經逃脫的死亡國度。荷馬作為一個反思該絞刑的公民，他強調她們只一會兒工夫就死去[62]，以安慰自己和聽眾（實際上是讀者）。但是在「只一會兒工夫」以後，敘事的內在流動就靜止下來。只一會兒工夫嗎？敘事者的客人們如是問，也揭穿其沉著冷靜的謊言。故事陡然中止，讓人無法忘記被處死的宮女們，揭露了宮女們與死亡對抗的瞬間所經歷的難以言喻的永恆痛苦。「只一會兒工夫」沒有任何回響，除了西賽羅（Cicero）的「要多久？」（Quo usque tandem）[譯12]，其後的修辭學家們用以指稱自己的耐心，而不自覺地玷辱了這句名言。然而在描寫那些惡行時，唯一的希望就只是在於那是很久以前的事了。關於史前時代、野蠻和文化的糾葛，荷馬以「從前從前」的回想給予人們撫慰的手，直到作為小說，史詩才過渡為童話。

61　韋蘭莫維茨認為「詩人很愜意地詳細說明」刑罰。（Die Heimkehr des Odysseus a.a.O. S. 67）但是當這位權威的語言學家讚嘆說羅網的譬喻「以優雅……而具現代意義的方式描繪宮女們的屍體的擺動」（a.a.O；比較：a.a.O. S. 76），感到愜意的恐怕是他自己。韋蘭莫維茨的作品也足以證明在德國野蠻和文化的混雜。那也是現代的親希臘主義（Philhellenismus）的基礎。

62　莫瑞（Gilbert Murray）指出該段詩用以撫慰人心的意圖。根據他的理論，文明社會的審查已經把荷馬史詩裡的酷刑場景給刪掉了，只保留墨蘭提奧斯和宮女們死去的部分。（A.a.O. S. 146）

譯注

譯1　博哈特（Rudolf Borchardt, 1877-1945），德國作家、詩人和翻譯家，自稱為「保守派的革命家」，倡議德國文化「創造性的復辟」（schöpferische Restauration）。

譯2　《奧德賽》V, 281-290。

譯3　克拉格斯（Ludwig Klages, 1872-1956），德國生命哲學家、心理學家、化學家，他稱其哲學為「異教的形上學」，主張宇宙是有靈魂生命的，批評自然科學的理性是仇視生命的力量。

譯4　《奧德賽》XVIII, 39 ff。

譯5　《奧德賽》XII, 126-141。

譯6　「一個風騷女人那妖異的秋波，悄悄向我們像波動的月亮／投照在蕩漾的湖面那種白光，當她想浸浴她那慵懶的美色。」（《惡之華·孤獨者的酒》）

譯7　尤維納利斯（Juvenal, 60-140），羅馬諷刺文學家。

譯8　《變形記》說，在弗里吉亞有一對仁慈的老夫婦腓利門和包西斯，他們善心款待宙斯（朱庇特）和赫美斯（墨丘利），因此宙斯讓他們成為祭司守護神殿，他們死後化為橡樹和菩提樹，枝葉纏繞，長在同一棵樹幹上。

譯9　指底比斯的盲眼先知狄瑞西亞斯（Teiresias）。

譯10　「先把他耳鼻纖剴，然後剜出腑腸去餵犬，又將他手足從根斷。」（《奧德賽》XII, 474-477）

譯11　《奧德賽》XII, 465-473。

譯12　西賽羅在譴責喀提林（Catilina）的演說開頭說：「喀提林，你到底還要濫用我們的耐心到多久？」

附論二：
茱麗葉，或啟蒙與道德

Exkurs II: Juliette oder Aufklärung und Moral

　　康德說，啟蒙是「人類走出自己招致的未成年狀態。所謂
未成年狀態，是無他人的指導即無法使用自己的知性」。[1]
「無他人指導的知性」即是依循著理性的知性。那無非是
說，知性以自身的推論，將個別的知識整合為體系。「理性
……以知性及其有效之應用為其唯一對象。」[2]理性「設定
某個集體的統一，作為知性活動的目標」[3]，該統一就是體
系。理性的各種規定，皆在指揮眾多概念的層級結構。對於康
德、萊布尼茲和笛卡兒（Descartes）都一樣，理性是在於「既
上窮更高的屬，也下推更低的種，以得到完全的體系關
係」[4]。知識的「體系」是「所有知識基於單一原理的相互
關係」[5]。就啟蒙的意義而言，思維是指建立統一而科學性
的秩序，並且由原理推論出事實性的知識，無論該原理是任意
規定的公理、本有觀念，或是最高的抽象。邏輯法則在秩序裡
建立各種普遍的關係且定義它們。矛盾律即是具體而微的體
系。知識在於把事物歸類在原理下面。它和那把事物整合到體
系裡的判斷並無二致。任何不以體系為依歸的思考，都是既無

1　Kant, Beantwortung der Frage: Was ist Auklärung? Kants Werke. Akademie-Ausgabe. Band VIII. S. 35。

2　Kritik der reinen Vernunft. Akademie-Ausgabe. Band III. (2. Aufl.) S. 427。

3　同前揭。

4　同前揭：S. 435 f。

5　同前揭：S. 428。

方向而又專斷的。理性的作法無非是體系統一的理念，固定的
概念關係的形式元素。人們想要提出任何內容性的目標作為理
性的洞見，在啟蒙的嚴格意義下，那都只是幻想、謊言或
「合理化」（Rationalisierung），無論個別的哲學家們如何辛苦
地想要擺脫該結論，轉而依賴於民胞物與的情感。理性是
「從共相推論出殊相……的能力」[6]，康德認為，「純粹知
性的圖式」保證了共相和殊相的同質性。那圖式是知性機制的
無意識作用，根據知性把知覺予以結構化。主觀判斷在事物裡
發現的可理解性，在進入自我以前，就被知性烙印了客觀的性
質。如果沒有該圖式，或簡言之，如果知覺裡沒有知性元
素，感覺印象就無法與概念相符，範疇也無法和個例對應，那
麼連思維的統一性都沒了，更不用說什麼收攝一切的體系
了。科學的有意識的任務，就是要建立該統一性。如果說
「所有經驗法則……都只是純粹知性法則的個別規定」[7]，
那麼研究就必須時時記得要讓原理正確地聯繫到事實判斷。
「判斷力……先天地預設自然與我們認知能力的和諧一
致。」[8]那是有組織的經驗的「主要線索」[9]。

6　　同前揭：S. 429。
7　　同前揭：Band IV (1. Aufl.) S. 93。
8　　Kritik der Urteilskraft. Akademie-Ausgabe. Band V. S. 185。
9　　同前揭。

　　體系必須與自然維持和諧；正如體系預言了事實，事實也必須去證實體系。然而事實是屬於實踐的，事實處處在說明個別主體與作為集體對象的自然的接觸：經驗總是真實的施與受。在物理學裡，那可以用來證明一個理論成立的知覺，經常被化約為在實驗器材裡冒出來的電流火花。如果它沒有出現，照例也不會有實踐上的影響，而只會毀了一個理論，或是毀了一個做實驗的研究助理的生涯。然而實驗室的情形是個例外。無法使體系和直觀一致的思維，不僅會擾亂各自獨立的視覺印象，也會和真正的實踐起衝突。該發生的不僅沒發生，不該發生的甚至會紛至沓來：橋樑會塌陷、種子會枯萎、醫療會致病。「電流火花」一語道破體系思維的缺如，以及與邏輯的扞格不入，那不是短暫的知覺，而是突然的死亡。啟蒙所認為的體系，是一種最能處理事實的知識型態，也最能有效支持主體去宰制自然。主體的原則是自我保存。未成年其實就是說沒有自我保存的能力。在奴隸主、自由企業家和行政官員的前後相續的形式裡，中產階級是啟蒙的邏輯主體。

　　理性概念裡的困難，起因於那承載同一個理性的眾多主體彼此其實是對立的，在西方世界的啟蒙裡，那些困難潛藏在其判斷顯著的明晰性裡頭。可是在《純粹理性批判》裡，它們就表現在先驗自我和經驗自我的模糊關係以及其他無法調解的矛盾裡。康德的概念是有歧義的。理性作為先驗且超越個體的自

我，蘊涵了一個人類自由的共同存在的理念，在其中，他們組
成普遍的主體，並且在全體有意識的凝聚裡揚棄了純粹理性和
經驗理性的衝突。全體則表現了真正普遍性的理念，也就是烏
托邦。然而理性同時也是思維的計算機制，它為了自我保存的
目的而調整世界，其功能僅僅是把對象整治成感覺與料，好讓
它成為奴役的材料。圖式從外部去調整共相與殊相，概念與個
別事物，其真正本性最終在當時的科學裡證明為工業社會的需
求。存有被放在加工和管理的層面上去審視。一切都變成可以
重複且替代的程序，僅僅是系統的概念模型的個例，人類尚且
如此，動物就更不用說了。當下的種種環境則預防在管理且物
化的科學或公眾的精神與個體的經驗之間的衝突。感官在有知
覺以前，已經先被概念機器給予規定。中產階級把世界先天地
看成質料，而他們就是以該質料建構自身的。康德早已經直覺
預見好萊塢有意識實現的一切：所有形象在生產當中都要由知
性的各種標準預先審查，決定它們此後如何被看見。公眾判斷
藉以證明自身無誤的知覺，早在知覺以前就已經被該判斷設定
好了。潛藏在理性概念裡的神祕烏托邦，經由主體們的各種偶
然性差異，窺見主體們被壓抑的相同需求，而理性在目的的趨
策下只具有系統科學的功能，則把差異以及共同的需求給平整
化了。除了社會活動的分類以外，理性不承認任何其他規
定。一切皆無異於它生成的目的：作為各種職業和國家團體的

一個有用的、成功或失敗的成員。他是他所屬的地理、心理和
社會類型的一個任意的樣本。邏輯是民主的,在裡頭,強者並
不比弱者佔優勢。前者屬於社會名流,而後者是社會救助的計
畫對象。一般性的科學與自然以及人類的一般性關係,並無異
於個殊的保險理論和生死的關係。無論是誰死掉都一樣,重要
的是事故和保險公司的理賠責任的比例關係。在公式裡重複出
現的是大數法則,而不是個別事件。共相與殊相的一致性,也
不再是潛藏於一個知性裡,在知覺殊相時,該知性總是只把它
當作共相的一個例子,而在知覺共相時,則只是把它當作殊相
的一個側面,在該側面裡,可以把握且支配共相。科學並不會
意識到自身,它只是個工具而已。然而啟蒙是把真理等同於科
學體系的哲學。康德基於哲學的企圖,想要證成這個同一
性,推論出對科學沒什麼意義的概念,因為那些概念不只是根
據某些遊戲規則訂定的操縱指導。知識的自我理解的概念牴觸
了科學自身的概念。康德的工作超越了單純的操作性經驗,為
此,現在的啟蒙根據其自身的原理,把康德的工作視為獨斷主
義而拒絕它。康德的成果是把科學系統證實為真理的型態,由
此思維卻也確認了它自身的無意義性,因為知識是技術的習
作,和其他在系統壓力下的勞動形式一樣,都不曾反思他們自
身的目的。

　　啟蒙的各種道德學說見證了一個無謂的努力,也就是當物

質需求不足時，試圖尋求一個在社會存活的知性基礎，以取代沒落了的宗教。哲學家們作為真正的中產階級，不約而同地實踐他們在其理論裡口誅筆伐的各種權力。理論總是前後一致且堅定的，而道德學說則是陳義甚高而動人心弦，儘管它們聽起來也很嚴格，或者是意識到道德是無法演繹的，因而恣意妄為，正如康德把道德力量視為事實的作法。康德敢於由理性法則推論出彼此尊重的義務，即便在整個哲學史裡仍屬保守，但是在《純粹理性批判》裡卻無法支持它。中產階級的思維經常試圖把尊重（文明沒有它就無法存在）奠基於物質需求以外的東西，它比以前的任何嘗試都要更崇高而弔詭，卻一樣瞬息即逝。基於如康德所說的對於單純律法形式的尊重而放棄其利益的中產階級，不會是啟蒙的，而是迷信的──是個傻瓜。康德的樂觀主義的根柢（根據該理論，只要卑鄙者有善的意圖，那麼道德行為也是理性的），是恐懼退化到野蠻生活。康德在回覆哈勒（Haller）時說[10]，如果這個偉大的倫理力量，互愛和尊重沉沒的話，那麼「（不道德的）虛無會以其血盆大口如一滴水般飲盡整個（道德）存有者的國度」。但是根據康德的說法，在科學理性面前，道德力量和不道德的力量一樣，都是中性的驅力和行為模式，而當它不朝著潛在的可能性發展，反

10　Metaphysische Anfänge der Tugendlehre. Akademie-Ausgabe. Band VI. S. 449。

而與權力和解時，就會馬上翻轉為不道德的力量。啟蒙把差異從理論裡趕出去。它考察欲望，「如同考察線、面和體積一樣」（ac si quaestio de lineis, planis aut de corporibus esset）[11]。極權主義的制度更是變本加厲。人們擺脫了自身的階級桎梏，在那種控制下，十九世紀的商人都必須服從康德所說的尊重和互愛，而法西斯主義以嚴酷的紀律免除了民眾的道德感，甚至再也不必遵守任何紀律。相對於定言令式（der kategorishe Imperativ）甚至與純粹理性更深層的一致性，法西斯主義把人類當作事物，視其為行為模式的中心。統治者願意為中產階級世界防堵在歐洲已經氾濫成災的赤裸暴力的洪流，只因為其時經濟的集中化尚未發展成熟。以前只有窮人和原住民受到失控的資本主義元素的影響。但是極權主義的制度給予計算的思維完全的權力，並且向科學本身求助。血腥殘暴的執行力被它奉為聖典。哲學的手把那聖典寫在牆上，從康德的《純粹理性批判》到尼采的《道德系譜學》；而一個人就巨細靡遺地實踐它。薩德（Marquis de Sade）的作品顯示了「無他人指導的知性」，指的是，豁免於任何監護的中產階級的主體。

　　自我保存是科學的構成原理，是範疇表的靈魂，即使該範

11　Spinoza, Ethica, Pars III. Praefatio。

疇表必須以康德哲學的方式演繹得到。即便是自我、統覺（Apperzeption）的先驗統一，或康德稱為最高點的行為者，它必須擔負整個邏輯|12|，其實既是物質存在的產物，也是其條件。個體為了求生存，發展出「自我」以作為深謀遠慮的反省主體，而幾經世代遞嬗，自我也隨著經濟的獨立性和生產力的所有權的前景而擴充和萎縮。最後，自我由被剝奪財產的中產階級過渡為極權主義的托拉斯主宰，其科學也完全變成被奴役的群眾社會的各種複製方法的典範。而薩德則為它們的規劃意義豎立了早期的紀念碑。對於自馬基維利（Machiavelli）和霍布斯（Hobbes）以降的啟蒙精神而言，統治者藉由堅固的組織加諸人民的陰謀，和中產階級的共和一樣都是可以理解的。唯有在權威無法迫使人們服從時，啟蒙才會仇視權威，而只有當暴力不是既成事實時，啟蒙才會反對暴力。只要人們不問誰在使用理性，那麼理性與暴力的關係並不比與和解的關係更緊密，依個體或群體的不同處境，理性會讓和平或戰爭、寬容或壓迫顯現為既有事實。因為理性的實質目的原來是主張自然對於精神的宰制力量，並且約束其自我立法，所以，正如理性是形式性的，任何自然需求都可以利用它。思考完全成為工具而回復到自然裡。但是對於統治者而言，人類變成了物

12　Kritik der reinen Vernunft. Akademie-Ausgabe. Band III. (2. Aufl.) S. 109。

質，正如對於社會而言，整個自然也只是物質而已。在由中產
階級對弈的自由主義的短暫插曲以後，宰制以法西斯的理性主
義型態，表現為古老的恐怖災禍。弗蘭卡維拉（Francavilla）
的親王在那不勒斯國王斐迪南的一次御前會議裡說：「我們必
須以極度的恐怖統治取代宗教妄想；我們要讓人民擺脫對於未
來的地獄的恐懼，那個恐懼被消滅以後，他們就會為任何東西
而無所不用其極；但是我們必須以嚴刑峻罰取代這種妄想式的
恐懼，當然，刑罰只及於庶民，因為都是那些亂民使國家不安
的：只有在下層階級才會產生反叛者。如果有錢人憑著這個空
洞的假象而有權壓榨那些活在其牛軛下的人們，那麼他們幹嘛
要擔心那個不會套在他們頭上的韁繩的想法呢？在那個階級
裡，只要專制統治實際上不及於他們，你找不到一個人反對被
專制統治的重重陰影籠罩的。」¦ 13 ¦理性是計算和規劃的工
具，對於所有目的都是中立的，理性的元素則是對等關係。在
處處可見合理化的中產階級生活細節裡，知識和計畫的緊密關
係都烙上無法擺脫的合目的性（Zweckmäßigkeit）本質，康德
以先驗的方式去證明它，而早在運動競賽興起的一百年前，薩
德便以經驗的角度去闡釋它。現代競賽的隊伍嚴格規定團隊合
作，讓每個隊員不會懷疑自己的角色，每個替補也都蓄勢待

13　Histoire de Juliette, Hollande 1797. Band V. S. 319 f。

發，這和茱麗葉的性愛團隊如出一轍，在裡頭沒有任何片刻是無用的，沒有任何身體裸露會被視而不見，沒有任何功能是閒置的。在運動和大眾文化的所有其他支系裡，彌漫著緊張且有目的的熙來攘往，而只有完全內行的觀眾才能分辨不同組合的差異，或是那和任意訂定的規則對應的勝負得失的意義。康德體系特有的建築學結構，和薩德的狂歡宴會裡的體操員疊羅漢，以及早期中產階級的共濟會講究原則的性格（《索多瑪120天》裡淫蕩者社會的嚴格體制是對它的譏笑反映），皆預示了那涵蓋了整個生活、卻缺乏實質目的的組織。在如此的公開活動裡，重要的似乎不只是享樂，也包括對享樂汲汲營營的追求，亦即組織，正如在其他被破除神話的史詩裡，在羅馬帝國時期、文藝復興或巴洛克，活動的結構比它的內容更重要。近代的啟蒙讓和諧以及完美的觀念不再於宗教的彼岸裡被實體化，而是作為人類在體系形式裡奮鬥的判準。那曾經給予法國大革命希望的烏托邦，一旦若有似無地被吸收到德國的音樂和哲學裡，那既有的中產階級制度便把理性完全功能化了。理性變成無目的的合目的性（zwecklose Zweckmä-ßigkeit），因而可以套在所有目的上面。理性是就其自身被考察的計畫。極權主義國家操控許多民族。在薩德的書裡，「親王回答說，就這麼辦，政府本身必須整頓老百姓，政府手裡必須有一切工具，當它害怕老百姓時，可以消滅他們，而當它認

為有必要時，也可以增殖他們。而在權衡正義的天秤上，除了
政府的利益或欲望以外，不可以有其他東西，只有那些有足夠
權力增加我們的利益和欲望的人們，他們的利益和欲望才是唯
一的考量。」[14] 親王說出了帝制，作為最可怕的理性型態，
自古以來即採行的道路。「……把你們要奴役的老百姓的上帝
奪走，你們就可以讓他們意志不知所措；只要他們除了你們以
外不能崇拜其他的神，除了你們的倫理以外不能有其他的倫
理，那麼你們就可以永久統治他們……為此你們就讓他們肆無
忌憚的作奸犯科；不要去制裁他們，除非他們把矛頭指向你
們。」[15]

　　因為理性並未設定任何實質目的，也就沒有任何情感可
言。理性僅僅是中立的。理性據以和所有非理性事物直接對立
的原理，正是啟蒙與神話的真正對立的基礎。神話所認識的精
神只是那沉浸於自然的精神，只是一種自然力量而已。對於神
話而言，內在的情感衝動和外在的作用力一樣，是來自神或魔
鬼的有生命的權力。相反的，啟蒙則讓關係、意義和生命完全
撤回到主體性裡，而主體性也只有藉著如此的撤回才真正建構
起來。對於啟蒙而言，理性是化學藥品，吸收事物的真正實
體，自身也揮發為理性的單純自律性。為了擺脫對自然的迷信

14　同前揭：S. 322 f。
15　同前揭：S. 324。

恐懼，啟蒙把一切有客觀作用的事物和型態都揭露為混沌物質的外殼，並且把物質對於人類行為者的影響斥為奴役，直到主體依據理念完全變成唯一的、無限制的、空洞的權威。所有自然的作用力都變成與主體的抽象權力對抗的無差別的阻力。西方世界的啟蒙乃至於喀爾文教派亟欲消滅的個別神話，是天主教關於聖秩（ordo）的信理以及異端的民間宗教，在啟蒙的宰制下，民間宗教反而更流行。讓人類自那些信仰解放出來，是中產階級哲學的目標。然而這個解放超越了它原本的人文主義推動者的初衷。掙脫桎梏的市場經濟同時是理性的當前型態，也是那斲喪理性的權力。浪漫主義的反動派只是說出了中產階級的親身體驗：自由在其世界裡總會趨向有組織的無政府主義。天主教的反革命派對於啟蒙的批評，和啟蒙對於天主教信理的批評同樣有道理。啟蒙堅持其自由主義的承諾。如果所有情感衝動都是等值的，那麼總是主宰著體系型態的自我保存，似乎給予行為最合理的箴規。在自由經濟裡，應該對行為解禁。早期中產階級社會裡深沉陰暗的作家們，如馬基維利、霍布斯、孟德維爾（Mandeville），他們鼓吹自我的利己主義，因而認為社會是破壞性的原理，並且否定和諧，直到高唱入雲的古典主義者才把和諧舉揚為正式的學說。前者宣稱中產階級的全體制度是殘酷的東西，它終究會把共相和殊相、社會和個人糾結在一起。在經濟體系裡，私人團體對於經濟工具的

宰制使人類產生區隔，而隨著該經濟體系的發展，那被理性認同的自我保存，中產階級個體的被對象化的驅力，到頭來卻是個毀滅性的自然力量，而且無異於自我毀滅。它們彼此暗通款曲。純粹理性變成無理性，變成無誤卻也無內容的作業程序。然而那宣告自然與自我的和解的烏托邦，原本潛伏於德國哲學裡，隨著革命的前衛主義而浮現為既理性又非理性的，也就是自由人類的團結的理念，而致使理性自怨自艾。在那樣的社會裡，儘管有可憐的衛道之士鼓吹人性為最合理的工具，自我保存仍然不受那被譏為神話的烏托邦的羈絆。在上位者的狡猾的自我保存，是在爭奪法西斯主義式的權力，對個體而言，則是無論如何都得順服不義。被啟蒙的理性無法評量某個衝動和其他衝動的等級差別，正如它無法替宇宙依序排列諸天體。它固然正確指出自然的等次其實是中世紀社會的寫照，但是其後它試圖證明一個新的客觀的價值秩序，卻是顯然有謊言的性質。在如此虛無的重構裡昭然若揭的非理性主義，幾乎無法抵擋工業社會的理性。儘管如萊布尼茲和黑格爾所說的，在那些還不算是思維的主觀和客觀的表現裡，在各種感受、制度和藝術作品裡，偉大的哲學都能發現對真理的要求，那和啟蒙的餘緒（即現代的實證論）相似處甚多的非理性主義，卻把感性、宗教和藝術孤立於一切所謂的知識以外。非理性主義固然為了直接的生命而限縮了冷酷的理性，卻也讓直接生命變成只

懂得仇視思維的一種原理。在仇恨的表象底下，感性乃至於一切人類的表現，亦即文化本身，都被免除了對於思維的責任，卻因而蛻變為那早已非理性化的經濟體系裡涵攝一切的理性的中性化元素。理性自始即無法只信任自己的吸引力，而以感性的儀式補其不足。理性訴諸該儀式，轉而批判自己的媒介，亦即總是被懷疑為異化的理性的思維。電影裡戀人含情脈脈的傾訴衷曲，已經是對於無動於衷的理論的嘲弄，而在反駁那打擊不義的思維時的濫情論證，更是變本加厲。即使感性被提昇到意識型態，它在現實裡遭受的歧視也不會被揚棄。儘管意識型態把感性捧上天，但是相較之下仍然顯得粗鄙，因而使感性更容易被放逐。在理性被形式化時，便已經作成對於感性的判決。自我保存作為和其他欲望一樣的自然衝動，也都會於心有愧，只有貪婪的營求以及相對應的各種體制，即已經獨立自主的媒介、工具、組織和系統，仍然為它們在理論和實踐上被視為理性而沾沾自喜，而各種情緒也被劃歸其中。

　　現代的啟蒙自始即有基進主義的性質，因而使得啟蒙有別於以前各階段的破除神話。隨著新的社會存在方式，新的宗教和觀點贏得世界史裡的一席之地，此時古老的諸神也和舊階級、部落和種族一樣被棄如敝屣。特別是某些民族，例如猶太人，為了自身的命運而轉型至新的社會生活形式，莊嚴古老的習俗，神聖的活動和崇拜的對象，皆如著魔般地變成可憎的惡

行和作祟的幽靈。現在生活裡的各種恐懼症和異常體質，經常
被蔑視或厭惡的性格特質，都可以被解讀為人類演化的過度進
步的證據。從對於排泄物和人肉的厭惡，到對於狂熱的信
仰、無所事事、精神和物質的貧窮的蔑視，那些行為模式從合
宜且必要的轉變為可憎的，其中皆有跡可循。那既是毀滅的跡
象，也是文明的跡象。每一步都是進步，是啟蒙的一個階
段。然而，儘管有以前一切的改變，從「前泛靈論」到巫
術、從母權文化到父權文化、從蓄奴者的多神論到天主教的品
位，仍然有新的（雖然是啟蒙了的）神話取代舊神話，戰神取
代大地之母，羔羊的崇拜取代圖騰，在啟蒙理性的陽光下，那
以前被認為客觀且實事求是的一切信仰奉獻，都被消融為神
話。一切既有的義務都被判定為禁忌，即使是中產階級生活所
需的，也都難以倖免。中產階級藉以奪權的工具，各種力量的
解禁、普遍的自由、自我規定，簡單說就是啟蒙，當中產階級
作為宰制的體系不得不去鎮壓被統治者時，那工具就被用來對
付中產階級。基於其原則，啟蒙並不畏於限縮那中產階級世界
賴以生存的信仰。它不像舊時的意識型態那樣對於宰制拳拳服
膺。啟蒙的反權威傾向在理性概念裡和那烏托邦暗通款曲，最
後使它既仇視中產階級的既有勢力，也厭惡貴族階級，的
確，中產階級和貴族不多久就結盟了。到頭來，反權威會變成
自己的對立面，變成反對理性本身的行為者：當反權威的原則

擺脫了行為的一切約束，便讓宰制有權訂定且控制對它有利的
各種義務。根據公民道德和博愛精神（啟蒙始終無法替它們找
出什麼好的理由），哲學宣佈權威和階級也是德行，雖然啟蒙
早就證明它們是謊言。但是面對如此的顛倒是非，啟蒙也沒有
什麼論證可以反駁。因為純正的真理相對於曲解，或是合理化
相對於理性，如果它不能證明自己的實踐意義，那麼是沒有什
麼優勢的。隨著理性的形式化，理論本身，如果它不想只是當
作中性的操作程序裡的記號，就會變成無法理解的概念，而思
維也只有放棄意義才會被認為是有意義的。啟蒙始終努力要摧
毀桎梏人類的制度，一旦它被套上生產的支配模式的韁繩，自
己就冰消瓦解了。在流行的啟蒙早期對於「碾碎一切者」
（Alleszermalmer）康德的抨擊裡，便表現出這點。正如康德的
道德哲學限制他的啟蒙性批判，以拯救理性的可能性，無反省
性的啟蒙思維為了自我保存，也總是回頭以懷疑論揚棄自
己，好讓既存的秩序有足夠的空間。

　　相反的，薩德的作品和尼采的作品一樣，是對於實踐理性
的強硬批判，相對於它們，「碾碎一切者」的批判看起來就像
是在推翻自己的思維。薩德的作品把科學的（szientifische）原
理提高到毀滅者的角色。當然，康德早已把自我的道德法則裡
所有他律的（heteronom）信念都摧陷廓清，以致於儘管有康
德的保證，「尊重」仍然只是個心理的自然事實，就像我頭上

的星空是個物理事實一樣。康德稱它為「理性的事實」
（Faktum der Vernunft）|16|，在萊布尼茲那裡，它則叫作
「社會的一個共同本能」（Un instinct général de société）|17|。
但是如果事實不存在，那就無任何意義可言。薩德並不否認它
們的出現。茱絲婷（Justine），兩姊妹裡善良的那個，是倫理
法則下的殉難者。然而，茱麗葉的推論則是中產階級想要迴避
的：她把天主教惡魔化為最新的神話，和整個文明是一丘之
貉。以往投注於聖體聖事的能量，現在卻翻轉到褻瀆的行
為。如此的翻轉也擴及整個團體。茱麗葉自然沒有像天主教對
待印加族那樣的狂熱信仰，她只是以啟蒙的方式，有效率地從
事褻瀆的勾當，而天主教自古以來即有褻瀆的傾向。被文明認
為是禁忌的古老行為模式，背負著獸行的汙名，轉變為毀滅性
的行為，存在於黑暗處。茱麗葉所實現的不再是自然的行
為，而是禁忌的。她補償了對於該行為的負面價值判斷，那樣
的價值判斷是站不住腳的，因為所有的價值判斷都因其對立面
而無法成立。當她重現原始世界的反應時，那就不再是原始
的，而變成獸行。用心理學的話來說，茱麗葉不像《危險關
係》（*Liaisons Dangereuses*）裡的梅德伊（Merteuil）|18|那樣，

16　Kritik der praktischen Vernunft. Akademie-Ausgabe. Band V. S. 31, 47, 55 u.a.m.。
17　Nouveaux Essais sur L'Entendement Humain. Ed. Erdmann. Berlin, 1840. Buch I. Kapitel II. §9. S 215。
18　另見海因利希・曼（Heinrich Mann）在「島嶼版」（Inselverlag）裡的導論。

她並不體現未昇華或退化的原欲（libido），而是體現那對於退化的知性歡愉，「惡魔的知性愛慕」（amor intellectualis diaboli），對於文明以子之矛攻子之盾時的快感。她熱愛系統和推論。她很嫻熟地掌握合理性思維的工具。至於自制，她的指導之於康德的學說，有時候就像是個別的應用和基本原理的關係。康德說：「就德行植基於內在自由而言，也包含一個對於人類的肯定性誡命，亦即他們所有的能力和傾向都要臣服於（理性的）力量，因而臣服於自我宰制，除了禁戒屈服於情感和傾向以外，更要有不動心（Apathie）的義務：因為如果理性沒有掌握駕馭的韁繩，它們就會征服人類。」[19] 而茱麗葉則如是談到犯罪者的自我約束：「首先，花幾天的時間預先評估你的計畫，考慮所有的後果，詳細檢查什麼對你有利……什麼可能出賣你，要冷靜權衡這些東西，猶如你確定會東窗事發似的。」[20] 謀殺者的臉龐必須流露出極度的平靜。「……讓你的表情露出平靜和無所謂的樣子，在這種情況下，要盡可能保持冷靜……如果你沒有把握不會有良心的譴責（只有慣犯才做得到），如果對此不很有把握，那麼我告訴你，你再怎麼裝腔作態都沒有用……。」[21] 對於形式主義的理性而言，免於良

19　Metaphysische Anfänge der Tugendlehre. S. 408。

20　Histoire de Juliette. Band IV. S. 58。

21　同前揭：S. 60 f。

心的譴責和摒棄愛憎一樣是不可或缺的。悔恨把過去定立為存在的東西，而不同於流行的意識型態，對於中產階級而言，過去是沒有任何意義的；對於中產階級的實踐而言，悔恨的唯一證成理由是避免再犯。然而斯賓諾莎卻以斯多噶學派的觀點說：「懊悔不是一種德行，換言之，懊悔不是起於理性；反之，一個懊悔其所作所為的人是雙重的苦惱或軟弱無力。」[22]（Poenitentia virtus non est, sive ex ratione non oritur, sed is, quem facti poenitet, bis miser seu impotens est.）但是他接著又以弗蘭卡維拉的親王的口吻說：「可怕的事莫過於一大群人不知道畏懼。」（terret vulgus, nisi metuat.）[23]而作為忠實的馬基維利主義者，他主張說，謙卑和懊悔就像敬畏和希望一樣，雖然與理性牴觸，卻是很有用的。康德說：「不動心（就其為優點而言）是德行的必要前提。」[24]不同於薩德，康德把他所說的「道德的不動心」和冷漠無情（Fühllosigkeit）區分開來，後者是指對於感官刺激無動於衷。心蕩神馳是不好的。平靜和堅定是德行的優點。「那是道德生活裡的健康狀態，相反的，即使情感（Affekt）是因為善念而生起的，也只是短暫的光輝現

22　Spinoza, Ethica. Pars IV. Prop. LIV. S. 368。
23　同前揭：Schol.。
24　Metaphysische Anfänge der Tugendlehre. S. 408。

象，而留下疲累。」[25] 茱麗葉的女友克蕾薇（Clairwil）對
於所謂的罪惡也有相同的看法。「我的靈魂是剛強的，而我絕
不會捨棄我現在享有的幸福的冷漠而偏好多愁善感
（Empfindsamkeit）。喔茱麗葉……關於那個曾經讓多少笨蛋
自鳴得意的危險的多愁善感，妳或許是在欺騙自己。」[26] 不
動心出現在中產階級歷史的轉捩點，正如它在古代史裡一
樣，面對勢不可擋的歷史潮流，寡福者（pauci beati）明白了
自己的無能為力。那意味著個體的自發性撤退到私領域，而私
領域也藉此成為中產階級真正的生存形式。斯多噶主義也是中
產階級的哲學，它讓在上位者觀察他人的痛苦而更容易正視對
於他們自身的威脅。它把私人生活提昇為抵擋公共領域的原
則，藉此去約束公共領域。中產階級的私領域是上層階級謫降
到世界的文化資產。

　　茱麗葉把科學當作信仰（Credo）。任何無法證明其合理性
的崇拜，她都覺得很可憎：對神和祂死去的兒子的信仰、服從
十誡、好善惡惡，以及罪的救贖。那些被文明的傳說宣告絕罰
的反動，莫不深深吸引著她。她像當前的實證論者一樣操作語
意學和邏輯語法，但是不像最近的政府公務員，她的語言批判
主要不是針對思考和哲學，作為好戰的啟蒙的女兒，她的批判

25　同前揭：S. 409。
26　Histoire de Juliette. Band II. S. 114。

對象是宗教。「一個死去的神，」她說：「沒有什麼比天主教
辭典裡這個沒頭沒腦的詞序更滑稽的：『神，意思是永恆；死
亡，意思就是沒有永恆。』白癡的基督徒，你們要你們死去的
神幹嘛？」|27|那沒有科學證明而被詛咒的東西轉變為值得追
求的，正如那沒有任何證明就被承認的東西轉變為鄙棄的對
象，也就是價值的重新評估，「冒險犯禁的勇氣」|28|而沒有
尼采陰險狡詐的「開始吧！」（Wohlan!），也沒有他的生物學
式的觀念論，那正是茱麗葉所熱中的。「犯罪還需要藉口
嗎？」她的密友女爵波赫絲（Borghese）完全以尼采的口吻問
她。|29|尼采宣告了她們的理論本質。|30|「就讓弱者和失敗
者應該滅亡：此即我們的博愛的第一個命題。我們更應該幫助
他們滅亡。什麼是比任何罪惡的危害更大的？有成就者對於弱
者和失敗者的同情，那就是基督教……」|31|基督教「很奇怪
地總是想要推翻暴政，要他們化約為兄弟關係的原理……藉此
玩起弱者的遊戲。它代表他們，說話也像他們……我們可以相
信，那種同盟其實不只是由弱者提倡的，更是由他們實現

27　同前揭：Band III. S. 282。

28　Fr. Nietzsche, Umwertung aller Werte. Werke. Kröner. Band VIII. S. 213。

29　Histoire de Juliette. Band IV. S. 204。

30　杜倫（E. Dühren）在 "Neue Forschungen"（Berlin 1904. S. 453 ff）有相關的
　　探討。

31　Fr. Nietzsche, Umwertung aller Werte. Band VIII. S. 218。

的，當他們偶然掌握到神職的權力。」[32]茱麗葉的恩師諾瓦瑟（Noirceuil）對於《道德系譜學》倒有些貢獻。尼采不懷好意地歌頌權勢者及其「對外界和異域」的殘暴，也就是對於一切不屬於他們的東西。「他們在那裡享受擺脫所有社會束縛的自由，在曠野裡，他們長期被禁錮且隔離在社群的和諧裡而產生的壓力得到補償，他們回歸到猛獸的純真，作為高聲歡呼的怪獸，或許揚棄了令人髮指的一連串的謀殺、縱火、強暴、酷刑，雖然趾高氣昂，內心卻很平靜，好像只是學生的惡作劇罷了，他們相信很久以後的詩人將會有東西可以歌詠和讚頌的……高貴的民族的『鹵莽』，頑固、荒謬、突然，或是行為的反覆無常和不可思議……他們對於安身立命的淡漠和蔑視，他們對於肆虐破壞的駭人嗜好和對於征服和殘忍的興味。」[33]尼采曾經鼓吹的那種鹵莽，也使茱麗葉深深著迷。「身居險境」也是她的教義：「……大膽去做任何事，不要怕。」[34]世上本來就有弱者和強者，有階級、種族和國家，總有些人要統治，有些人要臣服。維尼爾（Verneuil）大聲疾呼說：「我問你們，證據擺在眼前，有哪個凡夫會笨到主張人類在事實和法理上皆生而平等？只有像盧騷之類的仇視人類者，才會提出如

32　Histoire de Juliette. Band I. S. 315f。

33　Genealogie der Moral. Band VII. S. 321 ff。

34　Histoire de Juliette. Band I. S. 300。

此的詭論，因為軟弱無能的他，看不得別人比他強，就要把他們都拉下來。我問你們，這個四英尺二英寸的侏儒的臉皮要有多麼厚，才敢自詡為體格和力量的典範，而認為自己擁有赫丘力士的力量和外表？那不就像是蒼蠅自比於大象嗎？力量、美麗、體格、口才，那是自有社會以來當威權轉移到統治者時的重要德行。」|35|尼采也說：「要求強者不顯露為強者，不顯露其統治的意志、征服的意志，以及對於敵人、抵抗和勝利的渴望，那就和要求弱者表現為強者一樣的荒謬。」|36|維尼爾說：「一個有犯罪天性的人，無論是因為他的力量過人、身手敏捷，或是因為他那個階級的教育或他的財富，我問你們，你們真的要以那些一切都循規蹈矩的人們的法律去審判他嗎？兩個人都被判處相同刑罰的法律，不是比較公平嗎？對於生性好作亂者，以及一切皆謹慎以對者，一律平等對待，不是比較合乎自然嗎？」|37|

當自然的客觀秩序被貶謫為成見和神話以後，自然就只剩下一堆物質而已。尼采認為沒有任何法則是「我們不僅認識，而且經由我們自己去認識的」|38|。只要那基於自我保存

35　Histoire de Justine. Hollande 1797. Band IV. S. 4。（杜倫亦曾引用，見前揭：S. 452。）

36　Genealogie der Moral. Band VII. S. 326。

37　Histoire de Justine. Band IV. S. 7。

38　Nachlaß. Hollande 1797. Band XI. S. 214。

的標準而成型的知性認知到生命的任何法則，那就是強者的法則。即使它因為理性的形式主義而無法為人類歸結出必然的模式，相對於說謊的意識型態，它仍然有個事實性的優點。尼采的學說主張說，有罪的是弱者，因為他們以其詭詐規避了自然的法則。「危害人類的，是那病態者，不是邪惡者，也不是『禽獸』。那自始即失敗者、被征服者、顛沛流離者，那些弱者，他們才是損害人群生活的人，他們戕害我們對於生命、人類和我們自己的信任，並且質疑它。」[39] 他們把基督教散播到全世界，而尼采和薩德一樣鄙夷且仇視基督教。「……弱者對強者的鎮壓並不符合自然，那是精神上的，而非身體的；弱者要執行如此的鎮壓，需要他所沒有的力量；他得擺出一個他不曾擁有的性格，那多少牴觸了自然。在這個聰明的母親的法則裡，其實是強凌弱眾暴寡的，因為強者要這麼做，只需拿出他擁有的天賦；他不必像弱者那樣以另一種性格去偽裝自己，他只需在行動裡表現出自然賦予他的東西。一切結果都是合乎自然的：他的高壓統治、暴行、殘忍、專制、不義……皆如壓在他身上的掌印那樣的清清楚楚；而且當他執行其欺壓和掠奪弱者的權利，他只是在做一件世界上最自然的事；我們根本不必顧慮是否可以對弱者巧取豪奪，因為犯罪的不是我

39　Genealogie der Moral. Band VII. S. 433。

們，弱者的抵抗和報復才是典型的犯罪。」[40] 如果弱者自我防衛，那麼他就做了不義的事。「所謂的不義是說，弱者踰越了自然埋在他身上的性格：自然創造他，是要他當個貧窮的奴僕，而他不願臣服，那就是他的不義。」[41] 在如此專橫倨傲的演說裡，巴黎最大黑幫的幫主多瓦（Dorval），對茱麗葉反覆說明統治階級的祕密信理，尼采在當時宣告該信理時，則加上怨恨（Ressentiment）的心理學。和茱麗葉一樣，尼采讚嘆「行為的美麗恐怖」[42] 儘管如此，作為一個日耳曼的教授，他因為不同意犯罪行為而與薩德有別，因為犯罪的自我主義「自限於鄙劣的目標。如果目標高尚，那麼人類也會有不同的標準，即使其手段非常可怕，人們也不會就『犯罪』自身去評判它。」[43] 啟蒙了的茱麗葉對於「高尚」還沒有什麼偏好，而那偏好的確是中產階級世界的特色；對她而言，匪徒不會因為他的受害者比較少而沒有教區牧師那麼可愛。但是對日耳曼人而言，數大就是美，而在偶像崇拜正值沒落的時候，他們仍然沒有擺脫理想主義的習慣，讓竊鉤者誅，而竊國者為諸侯。日耳曼的法西斯主義把強者崇拜舉揚為世界歷史的教

40　Histoire de Juliette. Band I. S. 208 ff。

41　同前揭：S. 211ff。

42　Jenseits von Gut und Böse. Werke. Kröner. Band III. S. 100。

43　Nachlaß. Band XII. S. 108。

義，自己因而也嚐到荒謬的結果。作為對於文明的責難，統治者的倫理反過來支持被壓迫者：對於萎縮的本能的厭惡，客觀地揭穿了主人們只有在其受害者面前才會顯露的真正本性。但是統治者的倫理作為霸權和國家宗教，卻完全臣服於文明的掌權者（powers that be）、團結的群眾、怨恨，以及一切曾經與統治者的倫理對立的東西。尼采學說的完成，既反駁了尼采自己，也在他身上開顯了某種真理，那真理儘管是在讚頌生命，卻也敵視現實性的精神。

　　如果說懺悔是違反理性的，那麼憐憫更絕對是個罪惡。向憐憫投降的人，「誤解了一般性的法則：由此推知，那根本不能算是德行的憐憫，一旦它誘使我們去干預自然法則所需要的不平等，就會變成真正的罪惡。」[44] 尼采和薩德都認識到，在理性的形式化以後，憐憫也僅僅是對於普遍與個殊的同一性的感性意識，或是自然化的媒介。於是憐憫變成最偏執的成見，「雖然表面上憐憫好像近似虔誠，」[45][譯1] 如斯賓諾莎所說的：「因為一個人既不依理性的指導，又不受憐憫的感動，就要去幫助他人，簡直可以說是不人道。」[46] 憐憫就其直接形式而言確實符合人性，但它同時「本身是惡，而且沒有

44　Histoire de Juliette. Band I. S. 313。

45　Ethica. Pars IV. Appendix. Cap. XVI.。

46　同前揭：Prop. L. Schol.。

益處」[47]，因為它是男性才能的反面，自羅馬的「德行」
（virtus）[譯2]、梅迪奇家族（Medici）[譯3]，一直到福特企
業標榜的「效率」，「男性才能」始終是唯一真實的中產階級
德行。克蕾薇在炫耀自己的「斯多噶主義」時說，憐憫是屬於
女人和孩子的東西，是「各種激情的止息」，讓她「在處理和
堅持一切事物時都不為所動」[48]。「憐憫根本不是德行，它
是個弱點，源自恐懼和不幸，那是男人尤其必須克服的弱
點，如果他們想要克服神經過敏的毛病的話，而神經過敏和哲
學箴規是不相容的。」[49]「無法抑止的憐憫突然發作」[50]
是女人才會有的事。薩德和尼采知道，他們關於憐憫的罪惡的
說法是古代中產階級的餘緒。尼采提到「強者的時代」、「高
貴的文化」，而薩德則是引用了亞里斯多德[51]和逍遙學派
（Peripatetiker）[52]的說法。在哲學面前，憐憫是禁不起檢驗
的。即便是康德也不例外。憐憫「是軟心腸」，「本身沒有德
行的地位」。[53]然而他忽略了，不同於克蕾薇的理性主義，

47　同前揭：Prop. L.。
48　Histoire de Juliette. Band II. S. 125。
49　同前揭。
50　Nietzsche contra Wagner. Werke. Kröner. Band VIII. S. 204。
51　Histoire de Juliette. Band I. S. 313。
52　同前揭：Band II. S. 126。
53　關於美與崇高的感覺的觀察，見前揭：Band II. S. 215 f。

他試圖以「對於人類的普遍善意」|54|的基本原理去取代憐憫，卻也落入非理性主義的詛咒，就像「善良的情感一樣」，容易引誘人們變成「軟心腸的懶惰蟲」，啟蒙則是不會被誆騙的，對啟蒙而言，普遍的事實並不優先於個殊的事實，涵蓋一切的愛也沒有勝過有限的愛。憐憫變得聲名狼藉。和薩德一樣，尼采也把《詩學》（ars poetica）拿來評論一番。「根據亞里斯多德的說法，希臘人的憐憫更是氾濫成災：因此需要悲劇加以宣洩。我們看到他們對於這種習性也是有些疑慮。它會危害國家，奪走必要的冷酷和紀律，讓英雄們像女人一樣哭哭啼啼的。」|55|查拉圖斯特拉大聲疾呼說：「我看到有多少善良，就有多少軟弱；有多少憐憫和正義，就有多少軟弱。」|56|其實憐憫裡有個環節是與正義牴觸的，不過尼采還是把它們混為一談。它以自己構成的例外去證實不符人性的規則。憐憫認為唯有那捉摸不定的博愛才能揚棄不義，只好相信普遍性的異化法則是不可改變的，而那原本是憐憫想要去緩解的。心存憐憫者，作為個體，固然支持普遍性的主張，也就是生存的主張，而反對拒絕生命的自然和社會的那種普遍性。但是在個體心裡與普遍性的合而為一，卻因為自身的軟弱而證明

54　同前揭。
55　Nachlaß. Band XI. S. 227f。
56　Also Sprach Zarathustra, Werke. Kröner. Band VI. S. 248。

為謊言。憐憫的問題不在於軟心腸，而在於自身的侷限性，它總是太少了。憐憫的對立面，中產階級的冷漠，以斯多噶的「不動心」為模範，原本也想要拋棄普遍性，可是和那已經習慣了全體性的卑鄙的憐憫相比，它對於普遍性更加卑躬屈膝，因此，那些揭露憐憫的短處的，才是消極擁護法國大革命的人。憐憫的畸變為自戀，正如慈善家的趾高氣昂、社福人員的道德自大狂，貧富的差別只是內化到他們的心裡而已。當然，哲學不經意地洩漏對於「冷酷無情」的偏好，卻被那些對於「冷酷無情」最不假辭色的人們玩弄於股掌。法西斯主義的世界統治者把對於憐憫的誹謗轉移到對於政治寬容的中傷，接著鼓吹「緊急狀態法」（Standrecht），於其中，他們和「憐憫的形上學家」叔本華不謀而合。叔本華認為，期望人性的建立，是個狂妄的幻想，那些人大概只能等著不幸接踵而至。鄙視憐憫者不想把人性等同於不幸。對他們而言，不幸的存在是很丟臉的事。由於他們憂國憂民卻無能為力，因而見不得人們被憐憫。絕望之餘，他們的無力感轉為歌頌權力，可是就在權力給他們下台階的機會時，他們又宣告與權力斷絕關係。

　　善意和善行變成一種罪，而宰制和壓迫則變成德行。「所有好事都曾經被認為是壞事；每一種原罪也變成原善。」[57]

57　Genealogie der Moral. Band VII. S. 421。

在新時代裡，茱麗葉則把它付諸實踐，第一次有意識地重新評估價值。在所有意識型態都被打破以後，茱麗葉把被基督教的意識型態鄙視的東西（即使在實踐時不見得反對）舉揚為自己的道德。她是個傑出的女哲學家，始終保持冷靜和反省能力。她沒有任何幻想。克蕾薇提議某個褻瀆的行為時，她回答說：「親愛的，只要我不再信神，妳所渴望的褻瀆就只不過是沒有用處的兒戲……。或許我比妳更堅持不信神；我的無神論是很極端的。妳不必幻想我會需要妳教我那些兒戲去堅定我的立場……我會那麼做，只是要討妳歡心，那純粹只是博君一粲罷了。」美國的女殺手安妮・亨利（Annie Henry）則會說「純屬好玩」。「絕對不要把它當作必然的東西，無論是要用來支持我的想法，或是要說服別人。」|58|儘管她對於同黨的短暫友誼讓她心如懸旌，她仍然堅持其原則。即便是不義、仇恨和破壞，都變成了單純的活動，因為理性的形式化讓所有目標都失去了必然性和客觀性而淪落為騙人的把戲。而魔法則變成了單純的行為、手段，簡言之，就是工業。理性的形式化只是機器生產方式的知性表現而已。手段被盲目崇拜：它吸納了快感。正如古代統治者用以掩飾自己的目標被啟蒙以理論揭露其假象，富裕生活的可能性也讓那些目標失去實踐的理由。統

58　Histoire de Juliette. Band III. S. 78 f。

治化身為經濟形式，變成唯一的目的本身。享樂已經有些不合時宜且不切實際，就像禁欲的形上學一樣。茱麗葉談到犯罪的動機。|59| 她和她的朋友斯伯里加尼（Sbrigani）一樣爭名逐利，但是她卻歌頌禁忌。雖說斯伯里加尼是個循規蹈矩的人，其實他是更前衛的。「生活豐衣足食是最重要的，無法完成該目標是罪大惡極的事；唯有成功致富，才有資格尋歡作樂：在那之前，你必須忘掉那些歡樂。」儘管凡事皆經由理性審度，茱麗葉仍然固執著一個迷信。雖然她知道褻瀆是很幼稚的，卻還是以它為樂。然而每個快樂都透露著一個偶像化：那是對一個他者放棄自己。自然並不知道快樂這件事：一切只是在滿足需要。無論是未昇華的情緒或已昇華的，所有的快感都是社會性的。快感源自於異化。儘管快樂不知道它所牴觸的禁忌是什麼，但是它最初仍然出自於文明，出自於堅固的秩序，那秩序原本是要保護快樂而遠離自然的，而快樂卻是渴望從秩序回歸自然。唯有夢想擺脫工作的制約、擺脫個人對於特定社會功能以及最終對於自我的執著，回歸到沒有羈絆的原始時代，人類才能感受到快樂的魔法。陷於文明桎梏者的鄉愁，社會秩序的一分子的「客觀的絕望」，正是原來對於神和魔鬼的愛的資糧，在崇拜當中，神和魔鬼則蛻變為被神化的自

59　同前揭：S. 126 f。

然。思維源於從可怕的自然解放出來的過程，自然則最終完全
被征服。而快樂則可以說是自然的反撲。在快樂當中，人類拋
棄了思維，遠離了文明。在遠古社會的慶典裡，會有一起回歸
自然的儀式。原始的酒神崇拜是快樂的集體來源。凱伊瓦
（Roger Caillois）|譯4| 說：「慶典所表現的完全狂亂的間奏，
似乎真的要把世界秩序給揚棄了。因此在慶典裡可以盡情放
縱。所有規矩都得被打破，一切都要被顛覆。在神話時期，時
間是倒著走的：人們出生時是個老頭子，而死的時候則是個嬰
兒……因此那保護自然和社會的良善秩序的一切規定，都被有
系統地推翻。」|60| 人們沉醉於各種被神化的力量，但是就被
擱置的禁忌而言，那些舉動都有放蕩和瘋狂的意味。|61| 而隨
著文明和啟蒙的開展，變得強壯的自我和穩固的統治才開始把
慶典視為單純的鬧劇。統治者把快樂當作理性的東西，是要獻
給不完全被馴服的自然的貢品，他們自己則是立即給它消
毒，保存在更高的文化裡，對於臣屬者卻繼續給他們下藥，讓
他們無法完全斷除。快樂變成被操弄的對象，直到它最後在制
度化裡完全殞落。於是原始的慶典演化成假期。「複雜的社會
組織越強勢，就越無法容忍日常生命的停滯。日復一日，一切
如常。風行草偃已經不再可能。動亂的時期已經個體化。假期

60　Théorie de la Fête. Nouvelle Revue Française. Jan. 1940. S. 49。
61　另見：Caillois（同前揭）。

取代了慶典。」|62|在法西斯主義裡，則經由收音機、報紙頭條和興奮劑增加了集體的假酒瘋。斯伯里加尼早有預感。他說他要「在致富之路上」盡情享樂，就當作是度假。而茱麗葉卻仍然想要效法舊體制（ancien régime）。她把罪惡給神聖化。她的放浪形骸仍舊拘泥於天主教思想，正如修女的苦行始終受到異教的影響。

　　尼采知道所有的快樂都仍然帶有神話的性質。當快樂沉醉於自然時，它拒絕了可能性，正如憐憫拒絕去改變整體。兩者都包含有厭離的環節。尼采在每個隱匿處發現快樂的蹤跡，隱居時的自我陶醉、自虐者的沮喪裡的被虐狂快感。「反對所有單純的享樂者！」|63|茱麗葉想要拯救快樂，她駁斥中產階級所謂奉獻的愛，那種奉獻的愛是在反抗中產階級社會在它的上一個世紀裡典型的機關算盡。在愛裡，快樂也使得那授予快樂的人們被神聖化，那愛其實是真正符合人性的情感。最終愛也被貶抑為以性欲為條件的價值判斷。在情侶彼此狂熱的崇拜和無止盡的愛慕裡，女性事實上的奴役狀態不斷被神化。兩性也一再基於對此奴役狀態的承認而彼此妥協：女性似乎坦然接受挫敗，而男性也似乎理所當然地應許她們勝利。在基督教裡，性別的階級，男性的財產體制給女性性格套上的衡軛，被

62　同前揭：S. 58 f。

63　Nachlaß Band XII. S. 364。

神聖化為婚姻裡的心靈相契，也平撫了對於父權社會以前更美好的兩性關係的回憶。在龐大的工業社會裡，愛情被宣告無效。中產階級的財產瓦解，自由的經濟主體的沒落，也波及家庭：家庭不再是以前被歌頌的社會細胞，因為它不再構成中產階級經濟生活的基礎。成人不再以家庭為其生活界限，父親的獨立性消失，接著就是反抗父親的權威。以前，在父系家庭裡被奴役的女孩子心裡會燃起一點熱情，那似乎可以帶給她自由，但是不曾在婚姻或外界實現。當工作的願景為女孩開啟時，愛情卻會對她關上。現代工業社會體系越是無所不在地要求每個人要為它奉獻自己，在所有不屬於「貧窮白人」（white trash）（沒有一技之長的失業者和勞工漸漸就會變成所謂的貧窮白人）的海洋的人們當中，就有更多的人得變成基層的技術專家，變成得自食其力的販夫走卒。已經不合時宜的企業主的獨立性，現在則是轉移到技術嫻熟的工作者，也漸漸擴展到被認可的生產者，以及「在職的」婦女，而成為她們的性格。她們的自尊和她們的可替代性成正比地增長。和家庭對抗已經不是什麼大膽的行為，正如和男友的幽會也不是飄飄欲仙的事。人們對自己的性關係選擇了理性和精明的態度，在茱麗葉那一群啟蒙了的朋黨，則是傳頌已久的古老智慧。精神與肉體在現實裡被分開，正如那些輕浮放蕩的中產階級所要求的。諾瓦瑟以理性主義的態度宣布說：「我重申，對我而言，愛情和

享樂是完全不同的事……，因為溫柔的感覺是對應於善變的情緒和應對得體的各種關係，絕對不是出自於頸子的美麗或臀部的漂亮曲線；那些東西固然可以因為個人的品味而刺激身體的感覺，但是對我來說，卻無法觸動任何精神的感受。總而言之，貝莉絲（Bélize）長得很醜，她四十歲了，整個人一點也不優雅，既沒有穠纖合度的身材，也沒有任何魅力；但是貝莉絲有智慧，性格可愛，她有一百萬個地方可以牽動我的感覺和喜好；我不會想要和貝莉絲睡覺，但是我會非常傾心於她；相反的，對於雅拉敏蒂（Araminthe），我會想要染指垂涎，但是一旦欲望的狂熱止息，我會在心裡厭棄她……。」[64] 笛卡兒把人類區分為思維的實體和擴延的實體時，就已經蘊含了一個無法避免的結論，此時則清楚表現為浪漫主義的愛情的幻滅。那樣的愛被認為是個偽裝，是肉體衝動的理性化，正如貝爾姆（Belmor）伯爵在關於愛情的偉大演講裡所說的，是「一個虛假的、且始終有危險的形上學」[65]。茱麗葉的朋友們儘管放蕩無行，卻認為性愛不同於溫柔，前者是俗世的，後者是天堂的，儘管頗有說服力，卻也太輕描淡寫了。頸子的美麗或臀部的曲線對於性欲的影響並不是沒有歷史背景的自然因素，而是整個社會經驗都被涵攝其中的意象，在該經驗裡蘊藏

64　Histoire de Juliette. Band II. S. 81 f。
65　Histoire de Juliette. Band III. S. 172 f。

著對於自然以外的事物的嚮往，一種不以性關係為限的愛。但是最精神化的溫柔，卻是變形了的性愛，柔荑摩娑秀髮，輕吻額頭，表現出精神上的熱戀，相較於澳洲土著在交媾時又打又咬，也只是比較溫和的形式而已。其中的區分是很抽象的。貝爾姆說，形上學曲解了事實狀態，它讓情侶看不到對方的樣子，它源自於巫術，它是一層面紗。「我不該扯掉你們眼前的面紗嗎？那是軟弱……是膽怯。當快樂離開以後，我們要分析它，那個曾經使我們盲目的女神。」[66] 愛情本身是個不科學的概念：「……錯誤的定義總是誤導我們，」多爾蒙榭（Dolmance）在《臥房裡的哲學》（la Philosophie dans le Boudoir）重要的第五對話裡解釋說：「我不知道『心靈』是什麼東西。我只是用來指稱精神的軟弱。」[67]「且讓我們花一點時間看看盧克萊修（Lucretius）所說的『生命的背景』，」也就是冷酷的分析，「我們就會發現，情人眼裡出西施，或是任何浪漫的感覺，都經不起分析……我愛戀的只有肉體，而我哀傷的也只有肉體，雖然我隨時都可以重獲它。」[68] 對於愛情的分裂的洞察，前衛的作品，是這一切當中真實不妄的。那種分裂把快感給機械化，並且把渴望扭曲為欺騙，因而侵襲到

66　同前揭：S. 176 f。

67　Edition privée par Helpey. S. 267。

68　Histoire de Juliette. S. 176f。

愛情的核心。放蕩的茱麗葉從歌頌生殖器的、變態的性愛轉向到斥責不自然的、非物質的、幻想的性愛，因而和一種規範牽扯不清，那規範所限縮的不只是柏拉圖式的愛情的洋溢，也包括肉體的快感，既是最高的幸福，也是最底層的快感。像茱麗葉那樣從不心存幻想的放蕩者，藉由性教育、心理分析師和荷爾蒙生理學家，使自己蛻變為心胸開闊的務實男人，把他對於運動和保健的信仰延伸到性愛生活。茱麗葉的批評和啟蒙本身一樣都有不一致的地方。以前總是和中產階級革命結合的違法犯禁，只要它沒有被就地合法化，就會和崇高的愛情一起存續著，服膺於下一個烏托邦，在那個烏托邦裡，所有人都有權享受肉體的快樂。

　　使我們執著某個個人為唯一的救主的「可笑的狂熱」，以及在愛情裡對女性的崇拜，都可以溯源到在基督教以前的父權社會。「……誠然，我們如騎士般求歡的精神，很可笑地讓我們效忠於一個原本只是用來滿足我們的需求的對象，如此的精神源自我們的祖先對於女性的敬畏，因為她們在許多城市和國家擔任女先知的工作；因為恐懼，便由嫌惡轉為崇拜，而騎士精神便從迷信裡誕生。但是那敬畏並不存在於自然裡，在那裡尋覓它只是在浪費時間。性別的歧視早已根深柢固，讓我們找不到足夠的動機去尊重另一性，而出自盲目的敬畏的愛情，和

敬畏一樣都只是偏見而已。」[69]社會階級最終還是以暴力為
基礎，儘管它披上合法性的外衣。對於自然的宰制也在人類身
上如法泡製。基督教文明以保護身體上的弱者的觀念去支持他
們對於強壯的奴隸的剝削，卻從未讓歸信的人們完全心悅誠
服。愛的原理總是被銳利的知性以及基督教統治者更尖銳的武
器給拋棄，直到路德教派把刀劍和鞭子當作福音的本質，藉以
廢除了國家和信理的對立。那原理把精神性的自由直接等同於
肯定現實性的壓迫。但是女性卻被烙上軟弱的印記，而基於軟
弱，她們變成少數團體，雖然她們在數量上勝過男性。正如在
以前的國家裡被征服的原住民，正如殖民地的土著，他們的組
織和武器都落後於征服者，正如在雅利安人統治下的猶太
人，女性的無力自衛變成她們被壓迫的合法理由。薩德的說法
正是史特林堡（Strindberg）的反省的雛形。「我們無法懷疑，
男性和女性有個明確且重要的差異，正如人類和森林裡的猴子
的差異。我們或許也有理由否認女性和我們同種，正如我們否
認猴子是我們的弟兄。我們仔細檢視一個裸體的女性和同年齡
的男性，就會因為兩者在結構上的顯著差異（除了性徵以
外），而相信女性只是比男性低等的生物。差異同樣也存在於
體內，非常仔細地觀察兩者的解剖，就會發現該真相。」[70]

---

69 同前揭：S. 178 f。
70 同前揭：S. 188-99。

基督教嘗試以對於女性的敬畏去補償在意識型態上的性別鎮
壓，並且昇華對於古代的記憶而不只是去壓抑它，如此的努力
卻因為他們仇視地位提高的女性以及在理論上被解放的快樂而
被抵銷。和鎮壓的行為相對應的情緒是鄙視而不是敬重，在基
督教的世紀裡，潛伏在對於鄰人的愛背後的，是對於某個對象
的隱藏的、不自由主的憎恨，那對象不斷讓我們想起徒勞無功
的努力：也就是女性。女性為了聖母崇拜付出的代價是她們被
認為會變成巫婆，那是對於記憶裡基督教以前的女先知的報復
行為，也暗地裡質疑被神聖化的父權統治體制。女性激起那崇
拜她們卻信仰不堅定的男性的野蠻憤怒，正如弱者會讓那表面
上的文明化強者恨入骨髓，雖然強者本應該照顧弱者的。薩德
讓人們意識到那仇恨。羅馬警察頭子齊基（Ghigi）伯爵說：
「我從不相信從兩個肉體的結合會產生兩個心靈的結合。在肉
體的結合裡，我看到強烈的蔑視它的動機……鄙夷的動機，但
是我看不到愛情的動機。」[71]當一個女孩被宰相聖方慈
（Saint Fonds）威嚇而掉淚時，宰相大呼：「我就是喜歡女人
這個模樣……。我為什麼不能用一句話就讓她們統統還原到這
種狀態！」[72]男性統治者拒絕把女性個體化以示尊敬。就社
會而言，個體的女性是種屬的一個例子，是她所屬的性別的代

71　Histoire de Juliette. Band IV. S. 261。
72　同前揭：Band II. S. 273。

表，完全由男性的**邏輯**去理解，她代表自然，是**觀念**永無止盡的歸納的基底，也是現實裡永無止盡的臣服的基底。作為所謂的自然生物，女性是歷史對她們變化氣質的結果。但是極度渴望毀滅的意志卻指向一切體現自然魅力的東西，生理的、生物的、民族的、社會的弱勢者的魅力，那樣的意志證明基督教的嘗試是失敗的。「……總歸一句話，一切我辦不到的事，就讓它們回到現狀。」要把那可憎卻沛然莫可禦的回歸自然的誘惑完全根除，那其實是源自失敗的文明的殘暴，那是野蠻的心態，也是文化的另一面。「一切！」因為毀滅不要有例外，毀滅的意志是極權主義的，而極權主義則正是源自那毀滅的意志。茱麗葉對教宗說：「我已經可以像提庇留（Tiberius）那樣說：真希望所有人類都只有一顆腦袋，好讓我享受一刀就人頭落地的樂趣。」[73]無力的預感、躁進而不協調的舉動、生物本能的恐懼、群眾的騷動，都在煽動屠殺的欲望。只要解釋了對於在心智和身體的力量上都居於弱勢的女性（她們前額上有統治者的烙印）的仇恨，也就可以解釋對猶太人的仇恨。人們從女性和猶太人身上可以看出他們有幾千年不曾宰制世界。雖然他們原本可以被消滅，但他們存活下來，他們的恐懼和弱勢，他們因為長久被壓迫而更加親近自然，那正是他們的生存

73　Histoire de Juliette. Band IV. S. 379。

元素。強者的力量的代價是與自然日益隔絕，並且必須不讓自
己心生恐懼，那樣的生存元素正好激起他們盲目的憤怒。他們
自己不可以吶喊，卻讓他們的受害者哭喊千萬倍，在《阿麗娜
和瓦爾古》（*Aline et Valcour*）裡，布拉蒙總統（Blammont）寫
到女性時說：「我真是喜歡看她們在我手裡焦躁不安的樣子！
她們是獅子嘴裡的羔羊。」[74] 他在同一封信裡說：「那就像
是攻打一座城市。我們得先佔據山丘，設立制高點……然後才
可以攻城掠地而不必擔心任何抵抗。」[75] 處於卑下處者容易
招致攻擊：落井下石是最快樂的事。在高處者的危險越少，供
他驅策的虐待的快感就越肆無忌憚：只有受害者走投無路的絕
望才能讓統治變成好玩的事，並且趾高氣揚地廢除統治者自己
的原則，也就是紀律。當人們不必擔驚受怕時，就會縱情大
笑，那正是在集體裡放蕩不羈的個體冷酷無情的表現。響亮的
笑聲總是在指控文明：「自人類嘴裡的火山口迸出的所有岩漿
裡，歡笑的危害最大，」雨果（Victor Hugo）在題為「人類的
風暴比海洋的暴風雨更可怕」的章節裡[76] 如是說。茱麗葉諄
諄告誡說[77]：「人類的惡意所有的重量都要盡可能落在災難

74　Aline et Valcour. Bruxelles 1883. Band I. S. 58。

75　同前揭：S. 57。

76　Victor Hugo, L'Homme qui rit. Band VIII. Kapitel 7。

77　Histoire de Juliette. Band IV. S. 199。

上面；為苦難者掉下的眼淚銳利到可以猛然搖醒我們的神經質……。」|78|快樂捨棄溫柔，而與殘暴結盟，而性愛也變成尼采經常說的：「性愛的手段是戰爭，而它的基礎則是兩性的極度仇恨。」|79|動物學也告訴我們：「『愛情』或是性的吸引力最初都主要是『虐待狂的』；施加痛苦無疑也是性愛的一部分；它和飢餓一樣殘酷。」|80|因此，最後的結果是，文明回歸到可怕的自然。薩德在作品裡經常描繪的致命的愛情，以及尼采所謂厚顏無恥地渴望的高尚情操（不計一切代價不讓窮苦者被羞辱）：對於殘暴和高尚情操的傲慢，在戲劇和想像裡虐待人們，就像現實世界裡的德國法西斯主義。然而儘管真實存在的無意識的巨人，無主體性的資本主義，盲目地大肆破壞，而陷於妄想的叛逆主體也樂見毀滅的實現，而把人類物化的冷酷態度，也擴及於變態的愛，它在事物的世界裡取代了直接的愛。病態變成療癒的症候。妄想者在美化犧牲者時才能相信它們被侮辱了。他自擬於無法以身體去征服的宰制巨獸。殘暴的想像試著要去頂住殘暴的考驗。羅馬諺語說，殘酷才是真正的快樂，那並不是要鞭策奴隸工作而已。其實那也表現了體制無解的矛盾，該體制把它應許的快樂變成拙劣的摹仿作

78　另見：Les 120 Journées de Sodome. Paris 1935. Band II. S. 308。
79　Der Fall Wagner. Band VIII. S. 10。
80　R. Briffault, The Mothers. New York 1927. Band I. S. 119。

品，只有被它剝奪的快樂，才能產生真正的快樂。儘管薩德和尼采延續了這個矛盾，他們卻也讓人們了解它。

　　對於理性而言，向被膜拜的受造物獻祭就是偶像崇拜。而偶像破壞的必然推論就是查禁神話，正如猶太人的一神論所頒布的律法，而其俗世化的形式就是啟蒙，它極力批判思想史裡不斷更替的崇拜對象。在始終作為蒙昧的基礎的經濟世界解體時，也釋放了各種特別的否定性力量。而基督教卻在鼓吹愛：對耶穌的純粹崇拜。基督教把婚姻神聖化，藉以舉揚盲目的性愛，正如他們試圖以天國的榮光使晶瑩剔透的律法臨到人間。基督教以受十字架苦刑的神的教義，倉促換得文明與自然的和解，但是那和解對於猶太人和啟蒙的嚴格主義仍然是很陌生的。摩西和康德都不曾宣示過那種情感：在他們冷漠的律法裡，既沒有愛也沒有獻祭的柴堆。尼采對於一神論的抨擊，重創的是基督教而不是猶太教的教義。他當然也唾棄律法，但是他自認為屬於「更高的自我」|81|，那不是自然的自我，而是多於自然的。他要以超人（Übermensch）取代神，因為以殘破的基督教為形式的一神論顯然已經變成神話。正如那服事於「更高的自我」的舊時禁欲理想被尼采讚許為「基於統治力量的形成」|82|的自我超越，那「更高的自我」結果證明是拚命

81　Nachlaß. Band XI. S. 216。
82　同前揭：Band XIV. S. 273。

要拯救已死的上帝，只是康德的翻版，他把神的律法變形為自律性（Autonomie），以拯救歐洲文明，它在英國懷疑論裡放棄其精神。康德的原理「一切行為皆出於意志箴規，而該意志能夠以作為普遍立法者的自身為對象」[83] 也就是超人的祕密。他的意志既是獨裁的也是定言令式。兩者的原理的目標都是要獨立於各種外在力量，也就是被定義為啟蒙的本質的絕對成熟狀態（unbedingte Mündigkeit）。然而，對於謊言的恐懼，一種即使是最清醒時的尼采都斥其為「唐吉訶德般的行為」[84] 的恐懼，以自我立法取代了律法，一切皆顯然變成唯一的、被揭穿的巨大迷信，變成啟蒙自身，甚至是被偶像化的各種形式的真理，於是我們明白，「即使是我們現代的智者、無神論者、反形上學者，仍然薪盡火傳，承襲了一千年以前的古老信仰，基督教的信仰，或即柏拉圖的信仰，那就是相信神即真理，或者說真理是神聖的。」[85] 即使是科學，也會招致和形上學一樣的批評。在否認上帝當中，包含了無法揚棄的矛盾，也就是否定了知識本身。薩德並沒有把啟蒙的思想推論到這個轉折點。對科學的反省，啟蒙的良知，則留給了哲學，也

83　Grundlegung zur Metaphysik der Sitten. Kants Werke. Akademie-Ausgabe. Band IV. S. 432。
84　Die Fröhliche Wissenschaft. Band V. S. 275。另見：Genealogie der Moral. Band VII. S. 267-71。
85　Die Fröhliche Wissenschaft. Band V. S. 275。

就是德國哲學。對於薩德來說，啟蒙與其說是精神性的現
象，不如說是社會性的。他倡言親情的瓦解（尼采則以觀念論
的角度認為可以經由更高的自我去超越它），批評與社會、組
織、家庭的團結 | 86 | ，甚至宣告無政府主義。他的作品揭露了
文明在宗教以後所奠基的原理的神話性格：十誡、父權、財
產。那正是一個世紀後拉普雷（Le Play）所開展的社會理
論 | 87 | 的倒置。在形式主義的理性的審判席前面，十誡的每一
條都被宣判為虛無（Nichtigkeit）。應茱麗葉的要求，教宗親自
為一宗謀殺案辯護。| 88 | 對他而言，把不合乎基督教精神的行
為予以合理化，比起以自然理性去證成那些認為該行為是魔鬼
行徑的基督教原則，似乎還要容易些。「身為主教的哲學家」
（philosophe mitré）在為謀殺案辯護時，不像邁門尼德斯
（Maimonides）和聖多瑪斯（Thomas Aquin）在譴責謀殺時那
樣需要很多的詭辯。羅馬的理性與其說支持普魯士人的神，不
如說是站在更強盛的軍隊那邊。但是律法已經被廢黜，而原本
應該使律法人性化的愛，也被揭穿是回歸到偶像崇拜。科學和
工業不僅指摘浪漫主義的性愛是形上學，它們也批評所有的
愛，因為在理性面前，一切皆站不住腳：妻子對丈夫的愛、情

86　另見：Nietzsche, Nachlaß. Band XI. S. 216。
87　另見：Le Play, Les Ouvriers Européens. Paris 1879. Band I. S. 133 ff。
88　Histoire de Juliette. Band IV. S. 303 ff。

侶的愛、父慈子孝的愛，都一樣經不起檢驗。布朗吉公爵（Blangis）對性奴們宣告說，所有與規定有關的人，女兒和妻子，對待她們都要比對待外人更嚴苛，「這樣做正是為了讓妳們看清，妳們認為我們或許放不下的親情，我們視如糞土。」|89| 女性的愛和男性的愛一樣都要被廢除。由聖方慈告訴茱麗葉的放蕩者的規定，應該是及於所有女性的。|90| 多爾蒙榭則以唯物論的角度對親情除魅。「父母的親情是源自父母親擔心老來被拋棄，他們在我們孩提時表現的自私的關心，只是期望他們衰老時也可以得到相同的照料。」|91| 薩德的論證和中產階級一樣古老。德謨克里特（Demokrit）就已經批評說人類的親情純粹是利益考量。|92| 薩德卻對那作為文明基礎的異族通婚也予以除魅。他認為沒有理性的理由去反對血親相姦|93|，而科學的昌明也推翻了以前基於健康因素的反對理由，更加肯認了薩德的冷靜判斷。「……沒有任何證據顯示，亂倫所生的孩子特別容易罹患呆小症、聾啞症、佝僂症等疾病。」|94| 如果家庭不以浪漫的性愛維繫，而以母愛去支撐

89　Les 120 Journées de Sodome. Paris 1935. Band I. S. 72。

90　另見：Histoire de Juliette. Band II. S. 234（釋）。

91　La Philosophie dans le Boudoir. S. 185。

92　另見：Demokrit. Diels Fragment 278. Berlin 1912. Band II. S.117 f。

93　La Philosophie dans le Boudoir. S. 242。

94　S. Reinach,"La prohibition de l'inceste et le sentiment de la pudeur,"in: Cultes, Mythes et Religions. Paris 1905. Band I. S. 157。

（那是所有溫情和社會情感的基礎）|95|，和社會本身即有所
衝突。「不要妄想只要把那原本屬於整個社會的孩子隔離在家
庭裡，就能夠建立一個美好的共和國……既然讓孩子在家庭裡
埋首於與國家利益大異其趣的東西有百害而無一利，那麼不讓
他們碰那些東西就有極大的好處。」|96|基於社會的理由，
「夫妻的關係」必須被毀掉，孩子被「絕對禁止」（absolument
interdite）認識他們的父親，他們是「僅僅屬於祖國的孩子」
（uniquement les enfants de la patrie）|97|。而薩德在對抗律法
時所宣告的無政府主義和個人主義|98|，最後也歸屬於普遍者
或即共和國的絕對統治。正如被廢黜的神復辟為更頑固的偶
像，古老的中產階級糜爛的國家也以法西斯的集體主義暴力借
屍還魂。薩德洞察了國家社會主義，而聖茹斯特（St. Just）和
羅伯斯比（Robespierre）在剛起步時就失敗了。如果說中產階
級把他們最忠誠的政客送上斷頭台，那麼他們也把最坦率的作
家放逐到國家圖書館的地獄去。茱絲婷和茱麗葉如生產線般製
造出來的醜聞，其風格是十九世紀的低俗小說（Kolportage）
以及二十世紀的大眾文學的前身，而那樣的醜聞正無異於褪去

95　La Philosophie dans le Boudoir. S. 238。
96　同前揭：S. 238-49。
97　同前揭。
98　Histoire de Juliette. Band IV. S. 240-44。

最後的神話外衣的荷馬史詩：思想史成為宰制的工具。思想看到自己在鏡子裡的形象大吃一驚，才轉而去看形象背後的東西。使薩德的作品成為救贖的槓桿的，並不是和諧社會的理想（即使是薩德也都隱隱期待那樣的社會：「保衛你們的邊疆，並且待在你們的國家裡。」）[99]，甚至不是札梅（Zamé）的故事裡所開展的社會主義烏托邦[100]，而是薩德沒有讓他的敵人們被啟蒙嚇壞。

　　「黑暗」的中產階級作家並不像中產階級的辯護者那樣試圖以和諧主義的教義去扭曲啟蒙的結論。他們沒有佯稱形式主義的理性和道德的關係要比和荒淫的關係更緊密。「光明」的作家否認理性與暴行、中產階級社會與宰制之間解不開的糾葛以保護它，而黑暗的作家卻是毫不留情指出那駭人聽聞的真相。「……老天爺讓那些財主們落到沾染了殺妻弒子、雞姦、屠殺、嫖妓的手裡；為了賞報我的劣跡惡行，他讓我去役使他們，」克蕾薇在回顧她的兄弟一生時如是說。[101] 她的說法太誇張了。以暴易暴並不一定是對於邪惡統治的合理正義。但是只有誇張才是真實的。原始時代的本質正是鉅細靡遺地表現最殘暴的行為。在集體屠殺中蒙難者的統計數字（其中包括基

99　La Philosophie dans le Boudoir. S. 263。
100　Aline et Valcour. Band II. S. 181 ff。
101　Histoire de Juliette. Band V. S. 232。

於憐憫的處決）會抹滅了屠殺的本質，唯有精確描繪例外的情況，最可怕的凌虐，才能彰顯該本質。在殘暴的世界裡的幸福生活，僅僅因為那世界的存在便被卑鄙地否認了。那世界變成本質，而幸福生活則是微不足道的。在中產階級的年代裡，殺死自己的孩子和妻子，嫖妓和雞姦，對於在上位者而言，並不如那些因襲舊時統治者的倫理的被統治者那麼常見。然而如果是為了爭奪權力，即使是最近的幾個世紀，也是屍橫遍野。和大權在握的法西斯主義統治者的心態與行為相比，對於布里薩貼斯塔（Brisa-Testa）的激情描繪（那些統治者當然是認可的）也就算不了什麼。在薩德和孟德維爾的作品裡，個人的罪惡是先於極權主義時代的公眾德行的歷史編寫。人們無法自理性推論出反對謀殺的基本論證，而薩德和尼采不僅不掩飾它，甚至向全世界宣告，是可忍孰不可忍，就連現在的改革者都要對他們口誅筆伐。不同於邏輯實證論，薩德和尼采對於科學信守奉行。他們比邏輯實證論者更加堅持理性，其隱藏的目的是要讓諸如康德的理性概念的一切偉大哲學裡的烏托邦理想能夠撥雲見日。符合人性的烏托邦既不再被扭曲，也就不需要偽裝了。拒絕憐憫的學說主張宰制和理性的同一性，其實比中產階級的假道學更加悲天憫人。「你們最大的危險在哪裡？」尼采曾經問說，「在憐憫裡」[102]。對於人性的堅定信任被所

102　Die Fröhliche Wissenschaft. Band V. S. 205。

有撫慰人心的保證日復一日地出賣，尼采否定了**憐憫**，卻拯救
了那個信任。

譯注

譯 1　原文為：「恐懼是起於心靈的軟弱無力，對於理性沒有什麼裨益。憐憫也
　　　是這樣，雖然表面上憐憫好像近似虔誠。」
譯 2　virtus 原義為「男性作風」。
譯 3　梅迪奇家族，13-17 世紀義大利佛羅倫斯的望族，該家族出了三位教宗，以
　　　及法國和英國王室成員。該家族以銀行業崛起，曾經是歐洲最富有的家族，
　　　對於文藝復興亦頗多貢獻。
譯 4　凱伊瓦（Roger Caillois, 1913-1978），法國社會學家和哲學家。

文化工業：
作為群眾欺騙的啟蒙

Kulturindustrie, Aufklärung als Massenbetrug

　　社會學家認為，社會失去客體性的宗教[譯1]的支點，在
資本主義以前的最後餘緒也銷聲匿跡，再加上技術以及社會的
分化和專門化，就演變為文化的混沌現象，但是如此的觀點日
漸站不住腳。現在的文化讓一切事物看起來都很相似。電
影、廣播、雜誌，構成一個系統。每個領域自身都是一致
的，而且也和其他領域如出一轍。即使是政治敵對者，他們的
美學宣言也都主張同樣冷酷的節奏。裝飾性的工業管理大樓和
展示場所，在獨裁國家和其他國家裡幾無二致。到處高聳入雲
的鮮明紀念建築，炫耀著全國性的企業集團意味深長的計畫
性，如脫韁野馬的企業系統正向它們飛奔，而黯淡的城市外圍
的荒蕪住宅和商店正是企業的紀念碑。鋼筋水泥的市中心四周
的老房子看起來像是個貧民窟，城郊新建的平房和國際商展臨
時搭蓋的建築一樣，都在讚美技術的進步，並且要求使用者如
易開罐一般隨用隨丟。都市計畫原本應該把個體視為相同的自
主體，把他們永久安置於衛生的小公寓裡，卻只有讓個體更澈
底地屈服於他們的敵人，也就是資本的極權力量。正如作為生
產者和消費者的居民為了工作和娛樂而糾集於市中心區，一間
間斗室也堅固地結晶為組織完整的住宅區。微觀宇宙和宏觀宇
宙的顯著統一性向人類演示他們的文化模式：共相和殊相的虛
假同一性。所有在市場壟斷下的大眾文化都是同一的，而它們
的骨架，亦即壟斷所編織的概念結構，也開始顯現。指揮者再

也不想掩飾其結構，他們越是粗暴地承認它，他們的權力就越大。電影和廣播再也不需要冒充為藝術。它們只不過是商業的這個事實，被他們拿來當作意識型態，去合理化他們故意生產的那些廢物。他們自稱是工業，而他們公布其總裁的收入數字，也消除了人們對於其產品的社會必要性的懷疑。

利益團體喜歡以科技的角度去解釋文化工業。他們說，數以百萬計的從業人員使得大量複雜的流程不得不以標準化的產品去供應各地的相同需求。少數的生產中心與分散各地的收貨點在技術上的對立，需要管理者的組織和計畫。而標準原本即出於消費者的需求：所以他們才會無異議地照單全收。其實，在市場操作與回應性的需求之間的循環裡，系統的統一性漸趨緊密。但是祕而不宣的是，那技術賴以宰制社會的基礎，正是經濟強權對社會的宰制力量。到了現在，技術的理性就是宰制的理性本身。那是自我異化的社會的強迫症性格。汽車、炸彈和電影，直到它們共同的元素對於它們原本所服事的不義宣示其力量，才會開始構成一個整體。在那期間，文化工業的技術僅止於標準化和大量生產，而犧牲了作品的邏輯與社會體系的區別。但是要怪罪的不是技術自身的運動定律，而是它在現在的經濟裡的功能。那原本可以擺脫中央控制的需求，現在卻淪於個體意識的控制。從電話到廣播的發展，清楚區分了不同的角色。電話很自由主義式地讓使用者扮演主體的

角色。而廣播則很民主地讓所有人都變成聽眾，藉此不同的電台可以很獨裁地對他們播送一成不變的節目。他們沒有設置答辯的機制，而私人廣播也被剝奪其自由。他們自限於「業餘者」的偽經（apokryph）領域，而且是由上而下被歸類的。大眾廣播的聽眾的一舉一動，都會被星探、才藝競賽和各種甄試的活動匯集到專業的揀選。有才能者早在他們表演以前就已經屬於整個活動：否則他們也不會如此汲汲於配合。名副其實地迎合文化工業體系的大眾心態本身就是體系的一部分，而不是體系的什麼藉口。如果一門藝術的創作方法和沒有任何媒介與材料的藝術沒什麼差別；如果「肥皂劇」廣播的戲劇情節變成解說如何克服技術困難的教學範例，無論是爵士樂的「即興演奏」（jam）或是最高潮的技巧掌握；或是如果貝多芬的樂句被隨意「改編」，就像是托爾斯泰的小說被拍成電影一樣，那麼所謂「應大眾要求」的說法也只是空洞的託辭而已。以技術和人員的配備考量去解釋，或許比較接近事實，所謂的配備則是被理解為經濟的挑選機制的一部分。此外，對於那些不符合他們的評量表的、不符合消費者或更好說他們自己的概念的東西，究竟是要放棄生產或是要放行，在執行者當中必須有個約定或至少是共同的決定。

　　如果說現代客觀的社會趨勢化身為總裁私底下的主觀企圖，那麼一開始會是影響力最大的若干工業部門，鋼鐵、石

油、化學。和它們相較之下，文化的市場壟斷既不成氣候也不
夠自主。它得加緊腳步，跟上真正的當權者，好讓它在大眾社
會的活動領域（其特有的產品類型仍然和安步當車的自由主義
以及猶太裔的知識分子牽扯不清）不致淪為掃蕩圍勦的對
象。即使是最大的廣播公司也都得依賴於電子工業，而電影也
得依賴於銀行，此即構成整個領域，其中個別的部門的利益互
相糾結。它們聚集得太緊密，使得知識集中化的容積溢出公司
名稱和技術部門的分野線。文化工業冷酷無情的統一性見證了
政治山雨欲來的統一性。A 級片和 B 級片的嚴格區分，或是不
同價格等級的雜誌裡所刊載的短篇故事，與其說是源自事
實，不如說是因應對於消費者的分類、組織和掌握的需求。對
於每個人而言，總有某個東西是擬定好的，好讓他們一個都躲
不掉；他們被灌輸和宣傳各種區分。以不同的性質層級的產品
供應閱聽大眾，只是更澈底地量化那層級而已。每個人的行為
皆應自動符合以各種指標預先規定的「等級」，並且採用為他
的類型大量生產的產品範疇。消費者變成研究機構的量表上面
的統計資料，和政治宣傳的群眾再也沒有什麼差別，他們被劃
分為不同的所得族群，紅色區、綠色區和藍色區。

　　所有機械性區分的產品最終都一個模樣，由此也可見整個
流程的結構。克萊斯勒和通用汽車的差異終究只是個假象，每
個熱中於那種差異的孩子早就知道了。而行家夸夸其談的性能

優缺點，只是用來支撐競爭力和嚴選產品的假象。由華納兄弟
或是米高梅公司出品，並沒有什麼差別。但是在同一家公司
裡，最昂貴的和最廉價的產品類型的差異也一直在縮減，就汽
車而言，差異縮減至汽缸數、排氣量、零附件的專利細節，就
電影而言，就是明星陣容、在技術上的龐大花費、製作和服
裝，或是套用最新的心理公式。價值的統一標準就在於「炫耀
性產品」（conspicuous production）的量級，也就是對於影片的
投資。文化工業裡預算編列的價值差異，和實際的差異或產品
的意義一點關係也沒有。各種技術的媒介也相繼淪陷到那永不
饜足的齊一性裡。電視的目標在於整合廣播和電影，而因為利
益團體尚未取得共識，才會暫緩整合，而隨著無限的可能
性，那樣的整合卻會讓美感材料的貧瘠化如江河日下，所謂工
業化的文化產物的統一性原本還遮遮掩掩的，明天一覺醒來卻
已經大張旗鼓，很諷刺地實現了華格納的總體藝術
（Gesamtkunstwerk）的夢想。現在的文字、繪畫和音樂的一致
性比《崔斯坦和依索德》更加完美，因為那無異議地記錄表層
的社會世界的感官元素，原則上是根據相同的技術流程被生產
出來的，而它們所表現的統一性也正是它們本有的內容。該流
程整合了所有的生產元素，從那對著電影暗送秋波的原著概
念，到最後的音效。那是被挹注的資本的勝利。讓被剝削的應
徵者相信資本的全能也正是資本家的全能，那是所有電影的意

義，無論他們擬定讓哪個導演來拍。

────────────

　　即使是業餘者也得遵循生產的統一性。在康德的先驗圖式論裡，統一的工作是主體的事，也就是把感性的雜多和根本的概念聯結在一起，現在卻由工業取代了主體的角色。工業以圖式作為對顧客的第一線服務。康德認為，心靈裡應該有個神祕機制在作用，會把直接感覺與料準備好嵌入純粹理性的體系。這個祕密現在被揭開了。經由與料的提供者的規劃，由於那雖然理性化卻還是不理性的社會的惰性，而被強加於文化工業，儘管如此，那規劃的災難性傾向在商業掮客的轉手時卻蛻變為學乖了的意圖。對於消費者而言，任何無法預先嵌入產品的圖式的東西，就沒辦法分類。不做夢的大眾藝術實現了那耽於夢想而河漢斯言的唯心論。唯心論說萬法唯心，而馬勒布朗雪（Malebranche）和柏克萊（Berkeley）則認為萬物皆源自神，而在大眾藝術裡，一切皆出自俗世的生產管理。流行歌曲、明星、肥皂劇的各種類型一成不變地輪替循環著，不僅如此，戲劇的個別內容看似推陳出新，其實也只是從那些類型演繹出來的。至於各種橋段則可以隨意拼湊互換。流行歌曲裡琅琅上口的副歌，主角們「有雅量」（good sport）的搞笑演出，

男明星無傷大雅地賞給女朋友一個耳光，或是對驕縱的富家女不假辭色，和所有其他橋段一樣，都是到處可見的陳腔濫調，完全根據其目的去決定要套用哪一種圖式。那些橋段的存在價值，就是拼湊出所要的圖式。在電影裡，從一開場就可以知道結局是什麼，誰會有好下場、誰會得到報應、誰會被忘記；在輕音樂裡，已經習慣了的耳朵從流行歌曲的第一個小節就可以猜到後面的旋律，而當旋律果然若合符節時，他們就會心滿意足。即使是脫稿演出、噱頭和幽默，也都是依據其架構計算過的。它們都有個別的專家在管理，即使如此單調貧乏，也要在辦公室裡澈底分類歸檔。文化工業的發展是藉助於對於作品的顯著的效果、確實的執行和技術細節的掌握，原本作品還承載著理念，但是都被文化工業給摧陷廓清了。細節被解放了以後，就變得很頑固，從浪漫主義到表現主義，就自詡為跌宕不羈的表現，以及向制度抗議的工具。在音樂裡，和聲的細節效果抹滅了對於整體形式的意識；在繪畫裡，顏色的講究取代了構圖；在小說裡，心理世界的窺視掩蓋了佈局結構。文化工業以極權的方式把這一切劃上句點。儘管它只注重效果，卻壓抑了效果的反叛性，讓它們臣服於那取代了作品本身的公式。它同樣粉碎了整體和部分。整體和部分變得彼此漠不相關，有點像是一個成功者，其生涯裡一切原本用來證明其成功原因的事件，結果卻只是一堆誤打誤撞的蠢事。所謂的指

導性理念，原來只是個檔案夾，只能歸類而無法建立任何關係。整體和細節既沒有對立也沒有關聯，卻有相同的形貌。它們預先應許的和諧嘲諷著中產階級的偉大藝術作品辛苦獲致的和諧。在德國，即使是最輕鬆的民主影片，也籠罩著獨裁的死寂。

　　整個世界都得經歷文化工業的過濾。電影觀眾走出電影院，覺得在街上的經驗像是接續對於剛離開的銀幕的知覺，因為電影就是要完全複製日常的知覺世界，於是那樣似曾相識的感覺便成為電影製作的準繩。製作的技術越是天衣無縫地複製經驗的對象，就越容易讓人誤以為外在世界只是在銀幕看到的世界絲絲入扣的延展。自從有聲電影的異軍突起，機械性的複製對於該目的幫助非常大。隨著技術的潮流，生活和有聲電影照理說就再也沒有區別了。比起幻景劇場（Illusionstheater），電影更不讓觀眾有想像和思考的向度，既讓他們在電影情節裡流連忘返，又可以心蕩神馳而不致於錯失情節的線索，藉此讓任其擺佈的觀眾把它直接等同於現實世界。現在文化消費者的想像力和自發性的萎縮，並不需要化約為心理機制的因素。產品本身（其中最具代表性的就是有聲電影）的客觀性質就足以癱瘓那些能力。由於產品的性質，觀眾需要思考敏捷、觀察入微，而且如數家珍，才能夠充分理解它們，但是如果觀眾不想錯失浮光掠影的情節，就不容他們有思考的活動。並不是所有

細節都需要如此的全神貫注，但是它會壓抑想像力。如果人們非常陶醉於電影的世界，姿態、形象和文字，以致於無法增補任何可以構成那個世界的東西，那麼他們就不一定要因為演出時的個殊機械效果而呆若木雞。在他們欣賞過的其他電影和文化產品裡，都會很熟悉那種專注投入的要求，所以會自然而然地全神貫注。於是工業社會的暴力一舉灌輸到人類心裡。文化工業的產品正是在人們心不在焉的時候照樣可以專心消費的東西。但是任何產品都是龐大的經濟機制的一個模型，無論在工作或是和工作很類似的休閒裡，都會從一開始就讓人屏息以待。隨便什麼有聲電影或廣播，都可以看到某些東西，它們單獨地看或許沒有什麼意義，但是整個來看，卻可以說是一種社會效果。文化工業的每個個別表現都難免會以人類的整體形象去複製他們。而所有的機構，從製片到婦女團體，都得提防單純的心靈複製擴大到整個心靈。

　　藝術史家和文化評論者抱怨歐洲的風格創造力的衰竭，但是令人吃驚的，那樣的抱怨其實是無的放矢。把所有東西（即使是沒有想像過的）都習慣性地翻譯為機械性複製的圖式，那已經踰越了每個真正風格的嚴謹性和有效範圍（倡言教養者以風格的概念把資本主義以前的社會美化為有機的整體）。帕勒斯特里納（Palestrina）的風格[譯2]在排除即席而未加分解的不和諧音時，也不會像爵士樂的編曲者那麼純粹主義

式地（puristisch）排除任何不符合「行話」（jargon）的樂句。
如果他以爵士樂風格演奏莫札特，那麼他不僅要改編那些太困
難且嚴肅的部分，只要曲子的和聲不同於現在的習慣都得改
掉。中世紀的建築業主在審查教堂玫瑰窗和雕塑的主題時，也
不會像在排版廠的神父那樣滿臉狐疑地檢查巴爾札克
（Balzac）或雨果的一段故事情節，然後才核發印刷許可證。
教士會（Kapitel）在依照神愛的品位排列地獄亡魂的各種苦相
和刑罰時，也不會像電影製作人那樣小心翼翼地決定大卡司的
電影裡男主角被拷問或是女主角裙襬揚起的場景。被查禁或准
許的作品的外顯或內隱的、通俗或祕義的範疇無遠弗屆，以致
於它不僅界定准許的範圍，而且控制該範圍。再瑣碎的細節都
得根據那範疇去模塑。正如其死敵，也就是前衛藝術，文化工
業經由查禁、以語法和詞彙很實證地確定了它自己的語言。他
們總是不由自主地追求新效果，卻又緊抱著舊有的範疇，變成
了附帶的法則，只會讓個別效果努力所要擺脫的傳統力量倍
增。一切現象都被牢牢蓋上戳記，只要沒有預先套一點「行
話」，或是乍看來不像是會獲准的，那些現象就不可能顯現。
而所謂真正的大牌，無論是生產者或複製者，是那些能夠輕鬆
寫意地說出行話來的人們，好像那些行話是他們真正的語
言，只是很久沒講而已。那是在專業裡對於「自然」的理
想。完善的技術越是降低產品和日常生活的緊張關係，那個理

想就更加傲慢自大。被戲稱為「自然」的日常生活的弔詭，在
文化工業的所有說法裡到處都可以聽到，有些還很露骨。當一
個爵士樂手在演奏一段嚴肅的音樂，例如貝多芬的小步舞
曲，他會不由自主地切分節拍，以紆尊降貴的微笑開始打拍
子。如此的「自然」，隨著特別的媒體處處可見而又誇張的要
求更加複雜，於是構成一種新的風格（Stil），也就是「一種非
文化（Nicht-Kultur）的體系，我們可以承認它有某種『風格
的統一性』，如果所謂『符合某種風格的粗鄙』是有意義
的。」[1]

　　這種風格化的普遍約束力已經不只是官方的規定和禁令而
已。現在的流行歌曲，如果它沒有遵守三十二小節的曲式或者
九度音的音域，人們倒是不以為意，他們反而比較在意那些最
隱蔽的旋律或和聲細節是否踰越了「習慣用法」
（Idiom）[譯3]。奧森・威爾斯（Orson Welles）再怎麼牴觸行
家的慣例都沒關係，因為那些衝突被認為是可預期的戲謔舉
動，只會更加熱切地強化體系的有效性。演員和導演必須把那
以技術為條件的習慣用法當作「自然」去製作，甚至國家也利
用那樣的習慣用法，其調性的細緻不亞於前衛藝術作品的細膩
構思，而不同於流行歌曲，前衛藝術是服事真理的。一絲不苟

1　Nietzsche, Unzeitgemäße Betrachtungen. Werke. Großoktavausgabe. Leipzig 1917. Band I. S. 187。

地履行文化工業所有領域裡關於「自然性」（Natürlcihkeit）的
習慣用法的要求，如此奇怪的能力也變成專業技術的標準
了。就像邏輯實證論一樣，他們要說什麼以及怎麼說，都必須
經得起日常語言的驗證。製作人都是專家。習慣用法需要有驚
人的生產力讓它去吸收和剝削。它很惡毒地讓文化保守主義關
於真正的風格和做作的風格的區別變得不合時宜。如果某種風
格自外部被烙印在形象的阻抗衝動上，那就可以稱為「做作
的」。但是在文化工業裡，材料乃至於一切元素都源自像行話
那樣的相同機制，藝術專家和贊助者以及審查者關於完全不可
信的謊言所完成的交易，與其說是在證明美學內部的緊張關
係，不如說是利益的分歧。專家們的聲望是最後一點實際的自
主性的庇護所，它卻與教會或製造文化產品的企業集團的經營
政策有衝突。但是那些材料就其本質而言，在代理人的衝突以
前就具體化為可流通的。在柴納克（Zanuck）以聖女伯爾納德
（heilige Bernadette）的故事拍攝電影以前，為聖徒作傳的作家
就認為她是所有相關企業的最佳廣告。|譯4| 形象的衝動最後
就變成這個樣子。於是，那再也沒有阻抗的材料需要去克服的
文化工業的風格，同時也就是對風格的否定。普遍者和個殊者
的和解，對象的規則和個別要求的和解（唯有如此，風格才能
找到表現的形象）都化為虛無，因為再也沒有兩極的緊張關
係。相接的兩極過渡為曖昧不清的同一性，個殊者可以取代普

遍者，反之亦然。

　　然而，對於風格的這種諷刺卻足以說明以前真正的風格。所謂「真正的風格」的概念，在文化工業裡便顯現為權力在美學裡的同義語。把風格視為美感的規律性，那是浪漫主義的懷舊幻想。無論是在基督教的中世紀或是文藝復興時期，在他們所謂風格的統一裡所表現的是社會威權的各種結構，而不是被統治者隱藏著共相的模糊經驗。偉大的藝術家絕不會在作品裡完美無瑕地體現出風格，他們在作品裡採用風格，是要堅決反對那混亂的痛苦呻吟，也就是把風格視為否定性的真理。在作品的風格裡，表現得到了力量，如果沒有那個力量，存有者也會默默無聞地煙消雲散。在諸如莫札特的音樂的所謂的古典藝術裡，都蘊含著客觀的傾向，也就是想要拋棄他們所體現的風格。及至荀貝格（Schönberg）和畢卡索（Picasso），偉大的藝術家們已經不再信任風格，在決定性的環節上，他們更重視的是事物本身的邏輯。表現主義者和達達主義者極端地主張風格本身的虛假，但是在低吟歌手（Crooners）的演唱技術裡，在電影明星熟練的丰采裡，甚至在關於農夫的簡陋農舍的經典攝影作品裡，風格都大獲全勝。在每個藝術作品裡，風格都是個承諾。被表現者經由風格而被吸收到普遍性的主宰形式裡，也就是音樂、繪畫和言辭的語彙裡，因而試圖要和真正的普遍性概念和解。藝術作品應許

要把它們的形象塑造成社會傳承的形式，藉此去實踐真理，那
樣的承諾既是必要的，卻也很偽善。作品預告要在它們的美學
產物裡頭實現承諾，因而把既存者的現實形式視為絕對的東
西。就此而言，藝術的要求始終也是一種意識型態。與傳統的
衝突沉澱於風格裡，而唯有在那衝突裡，藝術才找到表現痛苦
的方法。藝術作品當中藉以超越現實的那個環節，其實並沒有
被風格取代；但是它並不在於完成的和諧，也不在於形式和內
容、內在和外在、個體與社會的有問題的統一，而存在於蘊含
著差異的每個特質，存在於對同一性的渴求的必然挫折裡。在
那樣的挫折裡，偉大的藝術作品的風格總是否定它自己，而劣
等的作品不想遭受挫折，因此總是依賴於和其他作品的類似
性，也就是同一性的代替品。文化工業終於把模仿視為絕對的
東西。文化工業和風格也沒差到哪裡去，因而洩漏了風格的祕
密，也就是對於社會階級俯首稱臣。現在美感的粗鄙已經構成
對於精神產物的威脅，自從人們把那些產物彙集且中性化為
「文化」。只要談到文化，就總會和文化有所牴觸。所謂「文
化」的總稱實際上就包含了編列、範疇化和分類，藉此把文化
引進管理的領域。唯有工業化的、澈底的歸納，才完全符合文
化的概念。文化把各種精神產物都歸屬於同一個目的，也就是
佔據人類的感官，它們晚上離開工廠大門，早上打卡上班時被
送達，都帶有那個日以繼夜的工作流程的痕跡，因此該文化很

諷刺地實現了「統合文化」（die einheitliche Kultur）的概念，
而強調個人價值的哲學家卻以那個概念去反對個性的被抹煞
（Vermassung）。

　　因此，那文化工業，也就是最頑強不屈的風格，證明是自
由主義的目標，而自由主義卻被批評為欠缺風格。文化工業的
範疇和內容都源自於自由主義的層次，無論是在被馴化的自然
主義，或是輕歌劇（Operette）和歌舞劇（Revue），不僅如
此，現在的文化聯合企業是個經濟區域，在那裡，隨著對應的
企業類型，那原本要解體的交易層次暫時存續下來。只要人們
不要執著於自己的利益，而能夠順應它們，就可以游刃有
餘。那抗拒的人們，唯有讓自己適應才能夠生存下去。一旦他
們被貼上偏離文化工業的標籤，他們和文化工業的關係就會像
土地改革者和資本主義的關係。現實主義取向的異議成為那些
要販賣新觀念者的註冊商標。在現在社會的輿論裡，指控的聲
音是不會被聽見的，即使它們被聽到，聽覺敏銳者也可以察覺
到那些異議者準備要和解的某些重要暗示。合唱團和指揮之間
的鴻溝越是深不可測，指揮就更加有空間以有計畫的特立獨行
去宣示其優位性。據此，文化工業也殘存著讓有才華者不受拘

束的自由主義傾向。為有才幹者敞開文化工業的大門，始終是處處管制的市場的一個功能，在市場景氣時，藝術的市場自由無異於愚者的捱餓自由。文化工業體系會發軔於自由主義的工業國家，不是沒有理由的，正如它特有的那些趾高氣昂的媒體，尤其是電影院、廣播、爵士樂和雜誌。而它的進步當然也源自資本的普遍法則。高蒙（Gaumont）和百代電影公司（Pathé）、烏爾斯坦（Ullstein）和胡根堡（Hugenberg）出版社跟隨國際潮流，其實是塞翁失馬焉知非福；二次大戰後歐陸對美國的經濟依賴以及通貨膨脹都是其推手。人們所謂文化工業的野蠻行徑是「文化呆滯」（cultural lag）的結果，是美國對於科技現狀的畏縮遲疑，那其實完全是空穴來風的。在法西斯主義崛起以前的歐洲也對於文化壟斷的傾向很猶豫。但是也多虧了如此的猶豫不前，精神保有了一絲獨立性，其詮釋者也仍然有一點窮困的存在空間。在德國，民主控制下的生命的困塞有很弔詭的影響。有很多地方倖免於那在西方國家如脫韁野馬般的市場機制的染指。德國的教育體制，包括大學、符合藝術標準的戲劇院、大型管弦樂團和博物館，皆得到保護。政府、國家和地方城鎮，自專制政權那裡承襲如此的體制，而他們和十九世紀的國王和諸侯一樣，也給予那些體制一點相對於市場支配關係的獨立性。它使得後來的藝術更勇於對抗供給和需求的法則，並且把它的抗爭升高到實際的保護範圍以外。在

市場上，對於那些不能被剝削或交易的藝術性質的讚賞被轉化為購買力：如此一來，正直的圖書和音樂出版者便可以資助那些大概只有行家才會青睞的作者。直到藝術家們不斷被威脅以鑑賞家的身分屈就於商業活動，他們才不得不就範。以前，如康德和休姆，會在信末自稱「最忠實的僕人」，他們卻顛覆了王權和教會的基礎。現在，人們直呼政府首長的名字，卻像藝術的衝動那樣臣服於不識字的長官的判斷。托克維爾（Tocqueville）在一百年前的分析，已經完全得到證實。在私有的文化壟斷的專制下，「身體任其自由，心靈卻受奴役。主子不再說：『你得照我一樣想，不然你就得死。』他只是說：『你可以自由思想，與我想得不同，保有你的生命財產和一切所有物，可是從今起，你在你自己的人中卻是一個外人了。』」[2] 不願隨波逐流者，則被譏為經濟無能者，讓人聯想到那些怪人的精神失能狀態。他們被排除於主流以外，很容易就被判為無能者。雖然現在的供需機制已經在物質生產裡被瓦解，但是該機制在上層結構裡仍舊是統治者的控制手段。消費者是那些勞工、雇員、農夫和小市民。資本主義的產物緊緊禁錮他們的身體和靈魂，讓他們俯首貼耳地服從任何指令。正如被統治者總是比統治者自己更加謹守統治者所頒布的訓

2　A. de Tocqueville, De la Démocratie en Amérique. Paris 1864. Band II. S. 151。

論，現在被欺騙的群眾也比那些成功者更加熱中於成功的神話。他們也有他們的宏願。他們堅持那奴役著他們的意識型態。平民百姓對於所受的暴虐的「危險的愛」（die böse Liebe），更勝於統治當局的詭詐。那種危險的愛比海斯辦公室（Hays Office）|譯5|的嚴格主義更加可怕，正如在某些偉大的時代裡，權力更大的當局，法庭的恐怖統治，也不得不出來鎮壓他們。百姓要的是米奇・魯尼（Mickey Rooney）|譯6|而不是悲劇性的葛麗塔・嘉寶（Greta Garbo），他們要唐老鴨而不是貝蒂（Betty Boop）。工業向他們自己操縱得到的投票結果俯首稱臣。公司與過氣的明星所簽的合約因為無利可圖而造成意外的成本（faux frais），對於整個體系而言，是合理的成本。體系認可對於廢棄物的需求，而開始了完全的和諧。鑑賞力和專業被貶抑為那些自認為優於他人者的貢高我慢，相反的，文化將其特權很民主地分配給所有人。由於意識型態的停戰，顧客的墨守成規，正如他們所支持的製造商的寡廉鮮恥一樣，也都習以為常了。他們都很滿足於舊瓶新裝的不斷複製。

　　他們相對於以前也總是一樣因循泄沓。與後期的自由主義相比，大眾文化時期的新事物就是排斥新事物。其機制只是原地打轉。儘管它早已經定義了消費是什麼，卻把任何未經試用的東西視為風險而排斥它們。電影片商不相信任何不是根據暢銷書改編的電影劇本。此即為什麼人們總是在談論「點子」、

「新穎」和「驚訝」，談論那既似曾相識卻不曾出現的東西。
對他們而言，節奏和動能是最重要的。一切不能維持老樣
子，必須不斷地轉動。因為唯有機械性的生產和複製的節奏大
獲全勝，才能夠保證一切都不會改變，才不會出現不合時宜的
東西。要在檢驗合格的文化庫存清單裡推陳出新是異想天開的
事。被冰凍的藝術類型，例如速寫、短篇小說、問題電影
（Problemfilm）、流行歌曲，都是強迫成為規範的後期自由主
義的平庸口味。強勢的文化經紀人像管理者一般，和任何現成
交易來的或出身自學院的人們合作無間，他們早已經承認且合
理化那客觀的精神。就好像有個無所不在的當局在檢視材
料，並且核發文化產物的標準型錄，簡要列舉准予發行的各批
產品。理型被鐫刻在文化的天國裡，而柏拉圖已經規定其數
目，是的，其數目不增不減。

　　娛樂性以及文化工業的所有元素，在有文化工業以前就已
經存在了。現在它們俯拾皆是，並且完全現代化。文化工業總
是自誇可以把藝術經常很笨拙的變調到消費層次提升為原
則，可以褪去娛樂裡討厭的素樸性，改善商品的樣式。文化工
業越是無遠弗屆，就越加無情地讓每個局外人破產或淪為犯罪
集團，它自己卻更加精緻高尚，其結果即是貝多芬和巴黎歌舞
廳（Casino de Paris）的綜合體。它的勝利有雙重意義：被它視
為外面的真理而消滅者，可以在內部任意複製為謊言。作為消

遣娛樂的「輕」藝術本身並不是頹廢的形式。指摘它背叛了純粹表現的理想的人們，其實是對於社會存有幻想。中產階級藝術的純粹性，被實體化為與物質實踐對立的自由王國，自始即是以排除下層階級為條件購得的，而藝術擺脫那些虛偽的普遍性目的，藉以忠於其職責，也就是真正的普遍性目的。有些人讓生存的困窘和壓力嘲弄嚴肅性，有些人明明有閒暇的時間，卻仍然喜歡營營碌碌，他們是被嚴肅藝術拒絕的。輕藝術有自主性藝術作為影子陪伴。輕藝術是自主性藝術覺得有愧於社會的地方。自主性藝術因為其社會前提而錯失某些真理，給了輕藝術一種實質正當性的假象。它們的分裂本身就是真理：它至少表現了由兩個領域共同組成的文化的否定性。無論是輕藝術將嚴肅藝術合併或者反之，至少都能夠讓對立和解。但是那正是文化工業嘗試要做的。對於社會而言，馬戲團、蠟像館和妓院的荒誕怪異和荀貝格或卡爾·克勞斯（Karl Kraus）並沒什麼兩樣。於是，爵士樂大師班尼·古德曼（Benny Goodman）不得不和布達佩斯弦樂四重奏（Budapester Streichquartett）一起登台，比業餘的豎笛演奏者更加賣弄節奏，而布達佩斯弦樂四重奏的演出則猶如隆巴多（Guy Lombardo）|譯7|一般的濃膩而單調。粗魯沒教養、愚昧或未加雕琢，那都不重要。文化工業灌注自身的完美，禁止且馴化業餘者，藉此雕琢以前的劣質品，雖然它自己不斷出現粗糙的

紕漏，而如果沒有那些紕漏，我們就無法想像那高尚的水準是
什麼東西。然而不同以往者在於文化、藝術和娛樂無法和解的
各種元素，盡皆臣服於目的，而共有一個虛偽的性質：文化工
業的全體性。該全體性在於不斷的重複。它所特有的創新充其
量只是大眾產品的改善，而該事實和體系本身不無關聯。無數
的消費者的興趣當然有理由緊盯著科技，而不是那呆板重複
的、空洞的、快要報廢的內容。相較於由短暫的內容擔保的陳
舊乏味的意識型態，科技導致的無所不在的刻板印象，更有力
地證明了觀眾所崇拜的社會力量。

　　然而，文化工業終究是娛樂事業。它對於消費者的控制即
以娛樂為媒介；最終會瓦解它的，不是那赤裸裸的獨裁，而是
娛樂原理所蘊涵的、對於一切比自身更豐富的事物的憎恨。由
於文化工業的所有趨勢因為社會歷程而具體化為群眾的性情癖
好，市場在產業裡的倖存者就更加助長那些趨勢。需求尚未被
單純的服從給取代。電影工業在第一次戰前大規模的改組，其
擴張的物質條件，其實是有意識地配合票房反映出來的大眾需
求，而在電影的拓荒時期，觀眾需求幾乎不被認為是必須考慮
的東西。現在電影工業的船長尤其作如是想，他們總以多少有
些另類的賣座電影為例去印證，而謹慎地略去其反例，亦即真
理。生意就是他們的意識型態。文化工業的力量在於與被創造
出來的需求的統一，而不在於與它的直接對立，更不用說全能

與無力的對立了，就此而論，他們是對的。在後期的資本主義底下，娛樂是工作的延長。那些想要逃避機械化的工作流程的人們，總會找一點娛樂，好讓他們能夠重新去對付它。但是機械化卻也宰制著閒暇者及其愉悅，澈底決定娛樂商品的生產裝配，使得他們只能經驗到工作流程的餘像。假託的內容只是漸淡的前景；唯一留下印象的，是標準作業的自動化程序。唯有在閒暇時也配合工廠和辦公室裡的工作流程，才能夠逃避它。此即所有娛樂的不治痼疾。自從娛樂可以不勞而獲，並且完全依循著早已磨損的聯想軌跡，娛樂就僵化為無聊。觀眾不可以有自己的思想。產品預先規定了一切的反應，但並不是藉由其實際的關聯性（那是經不起思考的），而是藉由各種符號。任何預設心智能力的邏輯關係都被謹慎地規避掉。各種劇情發展都盡可能延續自先前的情況，而不是來自整體的理念。任何情節都無法阻擋編劇的刻意自單一場景榨取最大的效果。只要無意義性是可以接受的，它都能夠給一個意義關聯性，無論再怎麼薄弱，因而連整個架構都岌岌可危。根據既有架構所需的角色和主題的劇情，經常被任意刪掉。相反的，下一個橋段取決於編劇對於某個情境想到什麼最有效果的點子。挖空心思的無聊插曲把電影劇情搞得支離破碎。對於諸如卓別林和馬克斯兄弟（Marx Brothers）的通俗藝術、鬧劇和丑角表演而言，單純的滑稽突梯原本是合理的一部分，在比較粗

俗的藝術類型裡，產品尤其容易流於無聊的胡鬧。儘管葛麗亞・嘉遜（Greer Garson）和貝蒂・戴維斯（Bette Davis）｜譯8｜的電影仍舊看得到基於社會心理學的個別案例去推論出一致的情節要求，但是在搞怪歌曲（novelty song）的歌詞、推理電影和卡通裡面，那種趨勢已經完全接管了。思想本身就像漫畫或恐怖片裡的人物一樣被屠殺或肢解。搞怪歌曲總是以嘲弄意義取勝，他們既是精神分析的先驅也是其後繼者，把意義化約為單調的性愛符號。在推理片和冒險片裡，現在的觀眾再也沒有機會參與查明真相的歷程。即使是在不以嘲弄為樂的電影裡，也必須湊合著加上若干不甚相關的驚悚情境。

特效電影曾經是與理性主義作對的幻想的代言者。他們讓那些藉由科技而讓人瞠目結舌的野獸或怪物得到正義，它們在被大卸八塊以後還能夠復活。現在，那些電影只是見證科技理性如何戰勝真理。幾年前，它們還會有完整一致的情節，經由抽絲剝繭的追查，在最後幾分鐘才真相大白。它們的程序很像以前的鬧劇（slapstick comedy）作法。但是現在時間順序卻有了轉移。在特效電影的序幕裡就會宣告情節主題，才能夠藉題發揮而大肆破壞：隨著觀眾歡樂的起鬨，主角像破爛一樣被拋來拋去。有計畫的娛樂效果的「量」，搖身一變為有計畫的殘酷野蠻的「質」。電影工業自己推選出來的審查委員，他們的共犯，則負責審查那延伸為獵捕的殘暴行為的時間長度。詼諧

打斷了那看到擁抱的情景應該有的愉悅，把快感的滿足延後到大屠殺的那一天。特效電影在感官的習慣以外加上了新的節奏，因而提醒所有腦袋一個古老的教訓，亦即不斷的磨擦消耗，瓦解一切個體的阻抗，是在這個社會裡生存的條件。卡通裡的唐老鴨以及現實世界裡的不幸者都被痛毆一頓，好讓觀眾習慣他們自己受到的鞭笞。

　　在表現者身上經驗到的暴力快感則會轉變為對於觀眾的暴力，娛樂變成非常費力的事。專家設想出來的一切刺激，都不會被疲倦的眼睛忽略，面對表演者的詭詐，人們任何時候都不可以被證明是一個笨蛋，每個人都得跟上且模仿在影片裡賣弄的小聰明。於是，文化工業是否如它們自稱的具有休閒消遣的功能，就變得很有問題了。如果大部分的廣播電台和電影院都歇業，消費者大概不會覺得有什麼損失。反正他們到電影院去再也不會覺得身處夢境，而一旦那些設施的使用不再是他們的生存所需，就不會覺得非有它們不可。因此，把它們關閉也不會是什麼反動的「機器破壞」｜譯9｜。蒙受損失的反正不是電影迷，而是那些凡事吃虧的弱勢者。對於家庭主婦而言，儘管電影讓她們更加融入社會，但是電影院的黑暗也提供她們一個庇護所，在裡頭坐一兩個鐘頭而沒有人管她們，就像以前她們可以在週末待在家裡眺望窗外風景。在有空調的電影院裡，都市裡的失業者也可以找到一個冬暖夏涼的地方。除此以外，根

據現有的標準來看，那自我膨脹的娛樂業並沒有讓人類的生活更有尊嚴。所謂「開拓」既有科技的一切可能性，或是充分利用能夠讓審美的大眾去消費的各種生產力，其實都是經濟體系的一環，而當談到消除飢餓的時候，該體系是拒絕充分利用生產力的。

　　文化工業不斷以許諾欺騙它的消費者。由情節和化妝開出去的娛樂支票被無限延期：那其實構成整個演出的許諾，很幸災樂禍地告訴我們事實根本不是那麼一回事，顧客看菜單就要當作吃飽了。觀眾被光鮮亮麗的名字和偶像激起了渴望，但端上來的卻是在歌頌他們亟欲擺脫的殘酷現實。當然，藝術作品不會是性愛博覽會。但是它們把禁欲表現為否定性的東西，因而撤銷了對於欲望的貶抑，並且拯救了作為媒介而被放棄的東西。此即美感昇華的祕密：以缺憾去表現願望的實現。而文化工業沒有昇華作用，它只會潛抑。文化工業不斷地展示欲望的對象，汗衫底下的胸部，體育明星裸露的上半身，它只是撩撥未被昇華的原始情欲，那原始情欲早就因為禁欲的習慣而被扭曲為被虐待狂。任何性愛情境的影射和撩撥都會明白告知說現實世界絕對不至於如此。海斯辦公室只是證實了文化工業終究得上演的儀式：坦塔羅斯（Tantalus）的儀式|譯10|。藝術作品既是禁欲而又淫蕩無恥的，而文化工業則是色情卻一本正經的。文化工業把愛情化約為羅曼史（romance）。而一旦被化約

了，一切就肆無忌憚，即使是放蕩無行，也都變成奇貨可居的專業，被貼上「勇敢大膽」（daring）的商標。大量生產的色情產品自動執行它的潛抑。由於人們崇拜的電影明星無所不在，因而自始即是他自身的複製品。現在，每個男高音聽起來簡直像是卡羅素（Caruso）的唱片，而德州女孩的自然臉孔就像是好萊塢和她們一個模子印出來的模特兒。美的機械性複製（反動的文化狂熱份子對於個體性有計畫的推崇使得它更加無法避免），讓那與美的實踐息息相關的無意識的偶像崇拜不再有任何空間。幽默，對於一切剝削的幸災樂禍，完全征服了美。因為沒有什麼可笑的，才會有笑聲。在恐懼結束的一瞬間，總會伴隨著笑聲，無論是妥協的或很不舒服的笑。那意味著一種解脫，無論是擺脫身體的危險或是邏輯的困窘。妥協的笑是對於掙脫權力宰制的回響，惡意的笑則是向那些讓人恐懼的東西投降，藉此克服恐懼。它是對於那無法掙脫的權力的回響。玩笑是一種藥浴。娛樂工業不斷開出如此的處方藥。它讓笑變成詐騙歡樂的工具。歡樂的片刻和笑聲是不相容的，只有輕歌劇以及其後的電影才會在哄堂大笑聲中表現性愛。然而波特萊爾和賀德林（Hölderlin）一樣沒有幽默。在虛假的社會裡，笑是會侵襲歡樂的病症，並且把歡樂捲入社會的卑鄙的全體性裡。取笑某事終究是一種嘲笑，而柏格森（Bergson）所謂足以突破桎梏的生命力，其實是粗鄙行為的闖入，是一種自

我主張，在社交場合裡炫耀自己不為禮教所束縛。訕笑者們是對於人性的東施效顰。他們是沉醉於肆無忌憚的快樂裡頭的單子，隨時準備犧牲別人，並且有大多數人們為其奧援。他們所營造的和諧其實是對於凝聚力的諷刺。嘲笑之所以可憎，在於它唯妙唯肖地模仿那最美好的事物，也就是和解。然而「真正的快樂卻是很嚴肅的事」（res severa verum gaudium）。修道院的意識型態認為，真正放棄可能得到的幸福的，不是苦行，而是性行為，但是把一生寄託在短暫片刻的情侶們的嚴肅態度，卻否定了該主張。文化工業以愉快的捨棄取代了在狂歡和苦行裡都會有的痛苦。其最高法則是，顧客絕對不能得到他們想要的，而且他們必須在被剝削中感到心滿意足。文明所要求的永遠的捨棄，在文化工業的每一次演出裡，屢試不爽地施加且展現於受害者身上。他們既被給予也被剝奪了某些東西。激情的性行為也是如此。正因為它不被許可，所以一切東西都繞著交媾打轉。在電影裡，沒有讓不倫關係裡的犯罪者受到制裁，絕對是一大禁忌，比讓百萬富翁未來的女婿加入勞工運動更加嚴重。不像自由主義時期的文化，工業文化和民族主義文化容許對於資本主義的不滿，但是不容許廢除閹割的威嚇。閹割的威嚇即構成其本質。即使倫理對於著制服者的要求放寬，先是在為他們生產的歡樂電影裡，接著在現實世界裡，但是那樣的威嚇卻持續存在。現在具決定性者不再是清教主義

（儘管它仍然殘存於某些婦女團體裡），而是體系裡蘊含著的必要性，亦即絕對不可以讓任何消費者脫離掌握，任何時候都不可讓他們察覺到抵抗的可能性。根據該原則，儘管文化工業必須對個體表現為有能力實現他們的一切需求，但是那些需求得預設個體在需求裡只能經驗到自己是個永恆的消費者，是文化工業的客體。它不只要說服他們說它的詐欺行為是在滿足他們；它更要他們明白，無論它給他們什麼東西，都得心滿意足。文化工業的所有部門都設法應許他們逃離現實世界，但是那更像是美國漫畫裡誘拐少女的情節：父親自己在黑暗中扶梯子。文化工業把同一個現實世界呈現得如天國一般。逃亡和私奔一樣，自始即註定要回到原點。娛樂事業只是勸說那些意圖在其中忘記自己的人們認命而已。

　　完全不受約束的娛樂事業，應該不只是藝術的對立面，而是有共同點的兩端。馬克・吐溫式的荒謬（文化工業時而會和它眉目傳情），或許意味著一種藝術的調整措施。藝術越是嚴肅地執意與現實存在對立，就更加像它的對立者（現實存在）那樣嚴肅：它越是努力以自身的形式法則去開展，就得花更多的力氣去讓人理解它，然而它原本就是要否定那個負擔的。在某些時事諷刺片（Revuefilme）裡，尤其是滑稽故事和漫畫，可以一窺該否定的可能性。當然，否定是不可能被實現的。完全沉醉於繽紛的聯想和歡樂的嬉鬧的純粹娛樂，被流行

的娛樂給刪除了：它被一個意義融貫的代用品給瓦解了，文化
工業執意以該意義去支持各種產品，卻又偷偷濫用那些產
品，以作為介紹明星登場的台詞。傳記和其他寓言故事把嬉鬧
的碎片縫綴成很低能的情節。叮噹作響的，不是小丑的鈴鐺帽
子，而是資本主義理性的鑰匙串，它甚至在電影裡操縱對於成
功的欲望。在時事諷刺片裡的每一個吻，都必須是有助於前程
似錦的拳擊手或歌星的事業。所謂的詐騙，並不是說文化工業
為娛樂服務，而是說文化工業的商業頭腦執著於自我整肅的文
化的意識型態口號，因而濫用趣味。倫理和品味把放蕩不羈的
娛樂視為「幼稚」（「幼稚」的評語和「主知主義」一樣差）
而封殺它，甚至限制它的技術潛力。文化工業確實是墮落
了，但它不是萬惡淵藪，而是高尚歡樂的主教堂。它的各個層
級， 從 海 明 威（Hemingway） 到 路 德 維 希（Emil
Ludwig）│譯11│，從《忠勇之家》（*Mrs. Miniver*）到《獨行俠》
（*Lone Ranger*），從托斯卡尼尼（Toscanini）到隆巴多，藝術和
科學所套用的精神都沾染了虛偽。在文化工業猶如馬戲團一般
的種種形象裡，在騎師、雜耍和小丑固執而不知所謂的技術
裡，在「身體藝術相對於精神藝術的辯護和合理化」│3│，仍
然可窺見一點懷瑾握瑜。但是不帶任何感情的藝術技巧（它代

3　Frank Wedekind, Gesammelte Werke. München 1921. Band IX. S. 426。

表著人性與社會機制的對立）的各個避難所，卻被有計畫的理性很無情地挖掘出來，那樣的理性要求一切都必須根據意義和效果去證明自己。它讓無意義性自藝術作品的底層完全消失，正如意義在其上層也煙消霧散。

　　現在文化和娛樂的融合不只是肇因於文化的墮落，也在於娛樂不得不然的高度精神化。人們只能經由複製品，經由電影的攝影或廣播的錄音才能經驗到娛樂，該事實即可為證。在自由主義擴張的時期，娛樂的存在是由對於未來牢不可破的信仰支撐的：一切將會一如往昔而且更好。而現在該信仰則更加精神化，它變得如此模糊，以致於看不到任何現實的目的，而只有在現實事物背後投射出來的黃金背景。該信仰由意義的各種語調組成，不同於現實生活，那些語調在戲裡頭被用在英雄人物、工程師、能幹的女孩，或者是裝酷的冷漠、休閒運動，乃至於汽車和香菸，即使娛樂不是直接算在廠商打的廣告上，而是在宣傳整個系統。娛樂本身變成一種理想，用一種比私人產業的廣告詞更陳腔濫調的方式不斷重複群眾各種更高的價值，藉此驅散那些價值並取而代之。內在世界、以主體為限制的真理形式，總是比它自己所想像的更加受制於外在的統治者。文化工業把它妝扮成厚顏無恥的謊言。現在它變成只能在宗教暢銷書、心理片和女性連續劇裡出現的高談闊論，變成很尷尬的調味料，其作用只是讓群眾在現實生活裡更能夠控制其

情緒。就此而論，娛樂只是在洗滌情緒，猶如亞里斯多德所謂
悲劇的作用，或如現在的阿德勒（Mortimer Adler）所謂電影
的作用。文化工業不只彰顯了風格的真理，也彰顯了滌清作用
（Katharsis）的真理。

────────

　　文化工業的立場越是堅固，對於消費者的需求的處理就越
加草率隨便，它可以生產、操縱和訓練其需求；它甚至可以撤
除整個娛樂：對於文化的進步而言，是沒有任何限制的。但是
該趨勢是內在於娛樂本身的原則裡，亦即中產階級啟蒙的原
理。如果說工業大量創造對於娛樂的需求，以其題材推銷作
品，以所描繪的美食推銷石版畫，或者反過來以布丁的造型推
銷布丁粉，那麼在娛樂那裡早就可以看到商業的促銷、推銷語
言和市場小販的叫賣聲。商業和娛樂的原始親緣關係就顯現在
娛樂本身的意義裡：作為社會的正式辯護。娛樂意味著同
意。娛樂要成為可能，就必須和全體社會歷程隔離，裝瘋賣
傻，並且自始即很荒謬地放棄任何作品都不可避免的主張，即
使那是很空洞的主張：亦即在限制裡反映全體。娛樂總是意味
著不必再傷腦筋，忘記痛苦，即使它正在上演。究其極，它是
無力的。娛樂其實是一種逃遁，卻不是如它所謂的逃離惡劣的

現實世界，而是逃避任何想要抵抗現實世界的念頭。娛樂所承
諾的是擺脫作為一種否定的思考。厚顏無恥的委婉問題「人們
想要什麼？」其實是在於它所訴求的「人們」正是亟欲戒斷自
身的主體性的思考主體。即便群眾對娛樂工業頗有怨言，也可
以看到娛樂工業如何有計畫地把群眾灌輸成毫無抵抗力。然而
現在它越來越難以駕馭群眾了。愚民化的進程絕對不能落後於
知識同時間的進步。在統計學的年代裡，群眾都太聰明了，而
不會把自己認同於銀幕上的百萬富翁，而他們也太遲鈍了，因
而不會偏離大數法則。意識型態就藏身於機率的計算裡。幸運
不會臨到每個人的，而只會臨到中獎者，或是被有權當局指定
的人（娛樂工業經常表現出不斷要發掘天才明星的樣子）。被
星探發掘且在片場裡捧紅的明星，總是新興獨立的中產階級的
理想類型。剛出道的女演員理應象徵女雇員，當然她得穿著飄
拂的晚禮服，這點就和現實世界的女雇員有所不同。那不僅是
對女性觀眾說她有可能出現在銀幕上，也更讓她們確定自己和
電影演員的距離。只有一個人會中獎，只有一個人會雀屏中
選，而即使在數學上每個人的機會都相同，但是機會都一樣渺
茫，因此可以略而不計，並且祝福別人，儘管那個人有可能是
自己，卻從來都不是。文化工業固然繼續引誘人們幼稚地認
同，卻同時否定了它。每個人都沒什麼好輸的。以前，電影觀
眾在看到別人的婚禮時會想到自己的婚禮。現在，銀幕上的幸

福佳偶固然和每個觀眾一樣，都是同一個種屬的個例，但是在所謂的相同裡，卻定立了無法跨越的人性元素的區別。完全的相似性是絕對的差異。種屬的同一性禁止個例的同一性。文化工業很挖苦地體現人類的種屬本質。每個人的存有都可以被其他人取代：每個人都是可以取代的，只是一個樣本而已。作為一個個體，他是絕對的可替代者、純粹的虛無，而一旦時間剝奪了他們的相同性時，他們馬上就會察覺到了。如此一來，流行宗教的內在結構就有所改變（不然就得極力維護）。「經由坎坷的路通往星辰」（per aspera ad astra），那樣的路原本預設著困塞和艱難，然而現在卻漸漸由獎品取而代之。在例行決定哪一首歌要成為主打歌、哪個臨時演員要成為女主角時的盲目性元素，則受到意識型態的讚揚。電影紛紛強調偶然性。那意識型態為各個角色（除了惡棍以外）賦予本質上的相似性，甚至於排除任何不適合的臉型，例如像嘉寶那樣的臉型，看起來就不像會有人跟她打招呼說「小姐妳好」，因而讓觀眾開始覺得生活可以輕鬆一點。他們被保證說，他們不需要換一個長相，而他們不必勉強去做自己做不到的事也可以成功。但是他們也被暗示說，他們再怎麼努力也沒有用，因為中產階級的幸運和他們的工作可預計的結果再也沒有任何關係。他們明白那個暗示。基本上，每個人都承認偶然性（他們有時候會有好運氣）是計畫的另一面。正因為社會傾全力朝著理性開展，彷彿

每個人都可以當工程師或經理人，社會究竟要訓練誰或信任誰擁有這些功能，就變成完全非理性的事了。偶然和計畫變成同一的，因為人類的相似性，使得個體的幸與不幸完全失去經濟意義。偶然本身也被納入計畫；這不是說偶然會影響到哪一個人，而是人們相信偶然的宰制。對於計畫者而言，偶然是一個不在場證明，給人們一個印象，以為由生活蛻變而成的交易和手段的網路仍然留有自然而直接的人際關係的空間。在文化工業的各種媒體裡，平庸個案的隨意挑選正象徵著這種自由。某家雜誌為幸運獲勝者舉辦一次不怎麼豪華的旅遊，其中特別包括一個女速記打字員，她可能是因為和某個地方政要的關係而獲勝，而在關於該旅遊的翔實報導裡正好反映出每個人的無力感。群眾似乎只是一堆材料，主事者可以把其中一個人捧上天，然後把他扔掉：去他的權利和辛勞。工業對於人類的興趣只在於把他們當作顧客和雇員，而把整個人性，正如其個別的元素一般，都用這一句露骨的話來表達。意識型態端視於當時哪一個面向比較重要，而去強調計畫或偶然、技術或生活、文明或自然。作為雇員，人們會被提醒理性組織的存在，而被要求以常識去適應它。作為顧客，他們對於個人的事件，無論是在銀幕或在報紙上，都享有選擇的自由以及不受約束的誘惑。但無論如何，他們都是客體。

　　文化工業必須承諾的東西越少，它對生命可以提出的有意

義的解釋越少，它所散播的意識型態必然就越空洞。即使是社
會的和諧和慈善的抽象理想，在一切都是廣告的年代裡，都顯
然太具體了。人們尤其習慣把抽象物（Abstracta）認定為廣
告。完全以真理為依據的語言，只會讓人很不耐煩地要看看它
真正要謀求的商業目的是什麼。任何不是作為手段的話語都是
無意義的，而其他的話語則都是虛構的故事，是不真實的。價
值判斷不是被當作廣告，就是被當作廢話。由此向含混的無約
束性趨近的意識型態，卻沒有變得更透明或更薄弱一些。它的
含混性，亦即近乎科學主義的拒絕認定一切未經驗證的東
西，成為統治的工具。意識型態變成對於既定狀態強力且有計
畫的宣告。文化工業傾向於作為政令宣導，並由此成為對於既
存事實的無法反駁的預言。文化工業忠實重複那暗昧不明的現
象（由於現象的不透明性，阻礙了一切洞見，並且把無所不在
且密不透風的現象視為理想），而藉此在顯然的錯誤報告的暗
礁以及公開的真理之間恢恢乎游刃有餘。意識型態分裂成執拗
的存在的寫真攝影以及關於該存在的意義的赤裸謊言，那謊言
並沒有明白說出來，而只是暗示性地灌輸給人們。諷刺地絮絮
叨叨那現實的東西，就足以證明它的神性了。這種光學式的證
明固然不怎麼有說服力，卻非常動人心魄。現在如果還有誰懷
疑單調無聊的威力的話，那人肯定是個笨蛋。文化工業掃除了
一切對它以及它無意間複製出來的世界的批評。人們只能選擇

附和它或是隱遁深山：那些反對電影和廣播而緊抱著永恆的美以及業餘劇場的斗篷之徒，早在大眾文化追尋其政治立場之前就已經表態了。大眾文化早已千錘百鍊，對於老舊的願望的夢、父親的典型、無條件的情感或意識型態，足以視情況需要而嘲諷它們或是淋漓盡致地表現它們。新的意識型態把世界本身當作對象。它自我滿足於以盡可能精確的描繪把悲慘的生活提昇到事實的國度，藉此充分利用對於事實的崇拜。經由如此的轉譯，生活本身變成了意義和正義的替代品。照相機所複製的一切都是美的。人們幻想自己或許是那個贏得環遊世界的大獎的雇員，儘管如此的希望落空，卻可以藉由關於那些旅遊景點讓人失望的精確攝影而得到補償。他們提供的不是義大利，而是關於它的存在的證據。電影可以把巴黎拍成一片荒蕪，好讓年輕美國女孩止息她的渴望，因而毅然決然回到在家鄉可能認識的聰明美國男孩的懷抱。生活畢竟會繼續下去，而體系即使在最後的階段裡仍然會繼續複製那些構成該體系的人們的生活，而不是直接把他們打發掉，因此該體系在帳面上仍然被視為有意義和貢獻的東西。生活的繼續，體系的不斷複製，就被用來證成體系的盲目持存以及不變性。能夠重複的，就是健康的，無論在自然的循環或是工業裡都是如此。雜誌裡的嬰兒永遠笑得賊忒忒的，爵士樂點唱機永遠砰砰作響。儘管表演技術的進步，儘管有一切的規則和專業分工，儘

管大家熙來攘往，席不暇暖，文化工業餵食人們的麵包卻總是陳腔濫調的石頭。它以循環為食，靠理所當然的驚奇過活，驚奇於母親總是會生小孩，輪子總是轉個不停。由此更加堅定了各種狀態的不變性。在卓別林諷刺希特勒的電影終了|譯12|，穗浪起伏的麥田否認了那反法西斯主義的自由主張。那麥田就像德國少女的一縷縷金髮，她們在夏日微風裡的野營生活被「世界電影公司」（Ufa）|譯13|以攝影機捕捉下來。社會的統治機制把自然理解為社會的有療效的對立物，因而把自然吸收到不可救藥的社會裡，並且把它賤價出售。畫面對我們保證樹木的蓊鬱，天空的湛藍，雲朵的飄移，其實就已經把它們變成工廠煙囪和加油站的密碼。反之，輪子和機器零件總是璀璨耀眼，卻被貶為如綠樹和雲朵般的靈魂的載體。如此，自然和科技都被動員去防霉除菌，也就是偽造的自由主義社會的回憶景象，彷彿以前的人們總是在潮濕的絲絨房間裡閒晃，而不像現在的人們習慣徜徉在無邪的曠野，他們總是得忍受老舊的賓士車款經常的拋錨，而不像現在的人們無論要去哪裡，總是如火箭一般立即到達。大型集團戰勝企業的創始者，被文化工業歌頌為企業創始者的永垂不朽。他們要對抗的是已經被打敗的敵人，也就是思考的主體。在德國的《逐日者漢斯》（*Hans Sonnenstößer*）|譯14|裡厭惡市儈的漢斯的復活，以及《妙爸爸》（*Life with Father*）|譯15|裡父親的頑固，兩者的意義並無

二致。

────────

　　但是有一點卻是那個空洞的意識型態不開玩笑的：每個人都必須得到供給。「沒有人應該捱餓受凍；誰不服從這點就到集中營去。」希特勒的德國的這一則笑話或許可以如文化工業的大門的規箴一樣的熠熠生輝。文化工業既天真又狡猾地預設了最近的社會特有的狀態：它很清楚到哪裡去找它的支持者。每個人都被保證擁有形式的自由。沒有人必須在職務上為他心裡所想的事情負責。於是每個人都發現自己很早就被納入一個由教會、社團和其他關係組成的體系裡，那些團體都是社會控制的最敏感的工具。不想被毀掉的人，就得小心不要在那些工具的天秤上顯得斤兩不夠。否則他會在生活裡落後，最後則一蹶不振。在每個職場裡，尤其是自由業，專業知識裡經常包括了符合職業倫理的心態，因而讓人誤以為只要有專業知識就夠了。社會只會或多或少地複製其忠實成員的生活，這其實是這個社會的非理性計畫。生活標準的層級完全對應於階級以及個體與體系的內在關聯性。經理人可以被信賴，即使是小職員如白大梧（Dagwood）|譯16|，無論是在漫畫或在現實世界裡，都是可以信任的。但是如果有人捱餓受凍，尤其是他曾經

前途無量，那麼他就會被作記號。他是個局外人（Outsider），撇開某些重罪不談，成為局外人是最嚴重的罪行。在電影裡，他充其量只是個怪胎，是被惡意取笑的對象；他經常扮演反派角色，早在他登場的時候，早在任何情節發展以前，如此才不會讓人誤以為社會背棄了好人。事實上，現在已經實現了一種更高層次的福利國家。人們為了保住自己的職位，必須維持商業的活絡，而由於科技的快速提昇，原則上在國內作為生產者的群眾早已經過剩了。根據意識型態的假象，勞工原本是真正的供給者，卻必須仰食於作為被供給者的企業主。因此個人的職位變得很不安定。在自由主義裡，窮人被視為懶惰的，現在則自動成為嫌犯。那些在外頭沒有被照顧到的人，就該到集中營裡頭去，不然就到最低賤的工作和貧民窟的地獄去。但是文化工業卻反映了對於被管理者的正面和負面的照顧，那是在勤奮工作者的世界裡的人們的直接凝聚力。沒有人會被忘記，到處都是鄰居、社工人員、吉萊斯皮醫生（Dr. Gillespie）｜譯17｜，以及心臟位置沒有錯的空想哲學家，他們善意的面對面介入，使得社會持存的不幸變成了可以療癒的個案，除非因為案主個人的墮落而受阻。每個工廠為了增加產能，在管理上都會照顧其員工，在社會控制下帶給他們最後一點個人的感動，因為它在表面上讓生產中的人際關係變得親密直接且回到個人領域。早在如此的照顧從工廠擴充到整

個社會以前，這種心靈的雪中送炭就已經在文化工業的視聽領域裡留下和解的影子。然而那些救主和大善人（他們的知識成就總是被劇作家嘲弄為出於同情的行為，硬要從裡頭找到什麼虛構的個人動機），他們被當作民族領袖的替身，最後即下令廢除任何同情的行為，消滅最後一個癱瘓病人，以預防憐憫心的傳染。

　　強調仁慈的心，是社會藉以承認它所製造的苦難的方式：大家都知道自己再也無法在體系裡自力救濟，而意識型態則是難辭其咎。文化工業不以即興的同袍友誼去掩飾苦難，反而以其企業的驕傲勇於正視那苦難，並且以不屈的態度去承認它。無入而不自得的情操合理化了世界，這個世界顯然很需要它。生活就是這樣艱難，但是正因為如此，它才顯得如此美妙而健康。即使是面對悲劇，謊言也毫不畏縮。正如社會並不去消除其成員的苦難，而只是記錄和規劃它，大眾文化也是如此處理悲劇。於是它頑固地抄襲藝術。藝術提供了悲劇的實體，而那是大眾文化需要卻做不到的，如果它要堅持忠於精確複製現象的原則的話。作為被納入計算且肯定的世界環節的悲劇，對世界而言是一個恩賜。它讓人們不必被指責說他們既掩蓋真相，卻又很諷刺且惋惜地利用真相。它讓被嚴密審查的單調快樂變得有趣，並且讓趣味性方便使用。對於曾經見識過文化黃金時代的人們，悲劇提供了荒廢已久的深刻性的替代

品，對於那些電影院常客，它則提供某些文化的餘緒，以滿足
他們的虛榮。它安慰所有人說，堅強且真實的人類命運現在仍
然是可能的，而毫無保留地描繪它則是不可避免的事。密不透
風的存在（現在的意識型態無非其複製品），越是被澈底灌注
那必然的苦難，就越加顯得偉大、莊嚴而雄渾有力。悲劇呈現
了命運的面向。它被貶損為威脅要毀滅任何不肯合作的人，儘
管它的弔詭意義曾經是指對於神祕力量的威脅的絕望抵抗。悲
劇的命運過渡為正義的懲罰，而那正是中產階級美學所渴望的
轉變。大眾文化的道德是昨日的童書的廉價版道德。在第一流
的產品裡，反派角色大抵都是歇斯底里症的女性患者，她以看
似精確的臨床研究，試圖要毀掉更忠於現實世界的對手的幸
福，而她自己卻不怎麼戲劇性地死去。當然，只有頂尖的作品
才會有如此科學性的情節。等而下之者就沒有這種陣仗了。它
們不用到社會心理學，就可以折斷悲劇的牙齒。正如任何正
派的匈牙利和維也納輕歌劇在第二幕總會以悲劇為終場，而剩
下的第三幕只是在澄清誤會，文化工業照例也會給予悲劇一個
永久職位。一個藥方的明顯存在，就足以消除悲劇是否仍然不
受管束的顧慮。一個家庭主婦把戲劇的公式描述為「惹了麻煩
再解決它」（getting into trouble and out again），可以涵攝整個
大眾文化，從很弱智的女性電視連續劇（women serial）到頂
尖的作品。即使那原本立意良好的最糟糕的結局，也都肯認既

存秩序而收買了悲劇，無論是因為行為不檢的情婦為了短暫的歡愉而賠了性命，或是因為電影裡的悲傷結局反而更加彰顯現實生活的堅固不壞。悲劇電影真的變成了道德教養所。因為生存在體系的壓力下而懷憂喪志的群眾，以無法抑制的行為模式去表現文明，因而處處透顯出頑固和難以駕馭，他們應該看看殘酷的生活以及那些人的典範行為，藉此讓自己循規蹈矩。文化自始即以管束叛逆和野蠻的本能為己任。工業化的文化則更加推波助瀾。它很熟悉哪些條件可以讓人們熬過殘酷的生活。覺得受夠了這一切的個體，應該利用它作為一種動力，讓他沉溺於那原本讓他厭煩的集體力量。那些在日常生活拖垮電影觀眾的漫長絕望處境，不知怎的，經由複製而變成一種承諾，告訴人們說，他們可以繼續活下去。人們只需要察覺到自己的虛無，承認自己的失敗，就已經是其中的一份子。社會是由絕望者組成的，因而是各種考驗的犧牲者。在法西斯主義以前的時期少數的德國重要小說裡，例如《柏林亞歷山大廣場》（*Berlin Alexanderplatz*）|譯18| 和《小子，怎麼樣》（*Kleiner Mann, was nun*）|譯19|，那種傾向赤裸裸地顯現，就像在平庸的電影和爵士樂的演奏方式裡一樣。基本上，它們都是人的自我嘲諷。成為經濟主體、企業家或地主的可能性已經完全被排除。甚至是食品雜貨店，獨立的企業（中產階級家庭及其家長的職位都是以經營和繼承該企業為基礎）也都淪於絕望的依

賴。所有人都成為雇員,而在雇員的文明裡,父親原本就很有疑問的尊嚴也蕩然無存了。個人對於考驗的態度,無論是作生意、職業或政黨,無論是被錄取以前或以後,無論是領袖在群眾前面的姿態,或是情人在被求婚者前面的姿態,都具有很特別的被虐待狂的性質。所有人都被迫接受某種態度,藉以一再證明他們符合社會的道德要求,這讓我們想起男孩在部落裡的入會禮,在祭司的鞭笞之下,他們微笑著轉圈圈。在後期資本主義裡的生活是一個持續的入會禮。每個人都必須證明自己毫無保留地認同於那個鞭打著他們的權威。它就存在於爵士樂的切分音(Synkope)原理裡,既嘲笑跌跌撞撞的節拍,又把它提昇為規範。收音機裡低吟歌手如閹宦般的歌聲,風流寡婦的情夫穿著晚禮服跳到游泳池裡,他們都是任體系擺佈的樣本。每個人都可以像全能的社會一樣,每個人都可以很快樂,只要他們俯首貼耳,放棄自己的快樂主張。社會在他們的弱點裡重新認識它自己的優點,也分給他們其中一些優點。正因為他們任憑擺佈,他們才夠資格當個可信賴的新兵。於是悲劇就被廢除了。以前,個體與社會的對立是悲劇的實體。悲劇讚美「情感在面對強敵、崇高的橫逆、讓人恐懼的難題時的勇氣和自由」[4]。而今,悲劇被溶解到那個社會和個體的錯誤

4　Nietzsche, Götzendämmerung. Werke. Band VIII. S. 136。

同一性的虛無裡去，那個同一性的恐怖在悲劇的空洞假象裡仍然經常可見。但是，那統合一切的奇蹟，管理者接納那些強忍其固執而任憑擺佈者的這種慈善行為，其中都意味著法西斯主義。那種法西斯主義總在人道主義裡驚鴻一瞥，正如德布林（Döblin）讓他的主角畢柏可夫（Biberkopf）找到藏身處，而我們也可以在有社會主義觀點的電影裡窺見一斑。那逃亡或藏身的能力，忍受自身的沉淪的能力，取代了悲劇，深植於新的世代裡。他們什麼都能做，因為工作流程讓他們和任何人都扯不上關係。這讓我們想到那些沒有被戰爭打敗而解甲歸田的士兵們，以及那些最後加入幫派或準軍事組織的臨時工，他們總是有著很可悲的柔韌性。悲劇的冰銷瓦解證實了個體的放逐。

　　個體在文化工業裡成為幻夢泡影，不只是因為生產方式的標準化。個體唯有無條件地認同普遍者，他們才能夠被容許存在。從爵士樂裡標準的即興演奏，到標新立異的電影人物，他們都得劉海覆額，才能讓人們認識他們，這其中充斥著虛假的個體性（Pseudoindividualität）。所謂個體性的特質，無非說共相可以大肆嘲諷偶性，說偶性就是那副德行。倔強的拘謹沉

默，或是個人在表演時華麗登場，就像彈簧鎖那樣幾乎沒有差異地連續生產出來。自我的獨特性是受社會制約的專賣品，卻被偽裝為自然的東西。那種獨特性被化約為小鬍子、法國腔、風塵女子低沉的聲音、劉別謙風格（Lubitsch touch）[譯20]：正如在其他方面都大同小異的身分證上面的指紋，所有個人，從電影明星到嫌犯，他們的生命和臉孔都因為普遍者的力量而變形為指紋。要捕捉悲劇且去除其毒害，就得以虛假的個體性為前提：只有當個體什麼也不是，而只是共相的各種趨勢的交會點，才能夠順利地回歸到共相那裡。於是大眾文化揭露了自中產階級時期以來的個人形式所顯示的虛構性格，而只有當它為共相和殊相如此無聊的和諧而自鳴得意時，它才犯了錯誤。個體性原理自始即充滿了矛盾。以前，個體化（Individuation）根本就不曾實現。階級形式的自我保存把每個人都限制在種屬的層次。中產階級的每個性格，儘管有所偏離，卻也正因為如此的偏離，都表現了同一個東西：充滿競爭的社會的殘酷無情。那支撐著社會的個體，背負了社會的恥辱；儘管他們看起來很自由，他們其實只是經濟和社會工具的產物。權力要尋求臣屬者的支持時，總是訴諸當時最盛行的權力關係。同時，中產階級社會也助長了個體的發展。而科技也把人類從小孩變成大人，雖然那並非其操縱者所願。然而，個體化每一次的進展總會犧牲了它假借其名義出現的個體性，其

結果也只是各自決意競逐其目的。人民的生活分裂為生意和私生活，他們的親密關係分裂為抑鬱的婚姻共同體以及單身的苦澀慰藉，並且和自己以及他人格格不入，那樣的人幾乎就是既狂熱又憤憤不平的納粹，或者是現在的都會居民，在他們的想像裡，友誼只是「社會接觸」（social contact），而無法觸及內心世界。唯有如此，文化工業才能夠如此成功地操弄個體性，因為在文化工業裡自始不斷複製社會的分裂性。在電影主角和路人甲以雜誌封面為樣本而一成不變的臉孔上面，假象正漸漸溶解掉，反正也沒有人相信它，而個體化的努力終於被更加令人窒息的模仿給取代，對此的內心快慰也促使他們瘋狂愛慕明星模特兒。如果我們期待那充滿矛盾而分裂的人格不會持續多少個世代，體系裡的心理分裂性格最終一定會打破它自己，人們也終究會受不了偷梁換柱地以刻板印象取代個體，那麼我們的希望難免要落空。自莎士比亞的哈姆雷特以降，人格的統一性始終被視為空想。現在合成生產的人相學（Physiognomie）也忘記曾經有人類生命那一回事了。幾個世紀以來，社會就只是在為維克多‧麥丘（Victor Mature）|譯21|和米奇‧魯尼鋪路。他們終於實現那被他們毀滅了的個體性。

　　平庸者的英雄化是把廉價品偶像化的一部分。對於默默無聞的商品而言，最高片酬的明星本身就像廣告一樣。他們從眾

多的廣告模特兒當中脫穎而出，不是沒有道理的。而流行品味的典範都是源自廣告以及商品化的美感。蘇格拉底所謂「美即是有用的」終於很諷刺地實現了。電影把文化企業集團當作一個全體來宣傳，在廣播裡也個別地推銷產品（那是文化商品存在的目的）。花五十塊銅板就可以看一場耗資數百萬的電影，花十塊錢就可以嚼一片口香糖，而那片口香糖的生產要用到世界所有的財富，當然它的銷售會讓有錢人更有錢。儘管不在現場，但是經由公民表決，人們可以審核軍隊的資產，當然在國內賣淫是被禁止的。世界最好的管弦樂團（並沒有那樣的樂團）可以免費傳送到家裡。這一切都很嘲諷地模仿那流奶與蜜之地，正如民族共同體（Volksgemeinschaft）很拙劣地模仿人類共同體一樣。每個人都被侍候到。一個鄉下人參觀柏林大都會劇院以後，說他很驚訝有錢真的能使鬼推磨，而文化工業早已深諳此道，並且提昇到產品的本質。每個產品不僅總是伴隨著凱旋般地吹噓它是如何成為可能的，尤有甚者，產品本身就是歌功頌德。所謂「表演」（show），就是秀出他擁有什麼，能做什麼。表演到現在仍然是一個集市，不過被文化給嚴重傳染了。被集市叫賣的攤販吸引的人們，在攤子裡頭大笑以壓抑他們的失望，因為他們無論如何早就預期會這樣，同樣的，電影院的觀眾對於放映設施也頗能諒解。但是由精品大量複製的廉價品以及它們的補充品，它們無所不包的騙局，改變了藝術

的商品性格。那性格不是什麼新玩意兒：只因為現在它有意地承認自己的商品性格，而藝術也宣誓放棄其自主性，趾高氣昂地躋身於消費性商品之列，才顯現出新穎的魅力。藝術自始即唯有作為中產階級的藝術，才可能擁有獨立的領域。雖說藝術是對於那充斥於市場的社會目的性的否定，但是即使是藝術的自由，本質上也受限於商品經濟的預設。純粹的藝術作品遵循著自己的法則，因而否定了社會的商品性格，但是它們本身始終也是個商品：直到十八世紀，贊助者一直保護藝術家們不受市場影響，於是藝術家們反而臣服於贊助者以及他們的目的。現代偉大的作品的無目的性則仰賴於市場的匿名性。市場的要求有太多的調停者，使得藝術家或多或少可以豁免於某些不合理的要求，因為在整個中產階級的歷史裡，藝術家們被容許擁有的自主性總是摻雜了虛假的元素，而終於開展為藝術的社會性整肅。病危的貝多芬把史考特（Walter Scott）|譯22| 的一本小說扔掉且大吼說：「這傢伙為了錢寫東西。」然而他在處置晚期的四重奏作品時（它在市場慘遭滑鐵盧），卻活脫像個經驗老道而固執的生意人，對於中產階級藝術裡市場和自主性的「對立的統一」而言，那是最佳寫照。那些沉迷於意識型態的人，正是隱藏矛盾的人，而不是像貝多芬那樣把矛盾消化為對於自己的產品的意識：他即興作出隨想迴旋曲《丟了十分錢的狂怒》（*Die Wut um den verlorenen Groschen*），並且從女管

家的催討月薪演繹出形上學的「非如此不可」（Es Muß
Sein）｜譯23｜，嘗試挑起世界的重擔，藉以在審美的層次上揚
棄世界的束縛。德國觀念論的美學原理，「無目的的合目的
性」（Zweckmäßgikeit ohne Zweck），反轉了中產階級藝術在社
會層次上所服從的結構：市場所宣告的「為了各種目的的無目
的性」（Zwecklosigkeit für Zwecke）。而在娛樂和消遣的要求
下，目的終於把無目的性消耗殆盡。但是由於藝術的市場化要
求無所不在，文化商品的內在經濟結構也即將轉移。人們在對
立的社會裡期望於藝術的實用性，其實本身就足以證明無用性
的存在，它只是因為藝術完全屈服於實用性而被廢黜。由於藝
術作品汲汲於迎合需求，而騙走了人們擺脫實用性原則的機
會，雖然它原本應該那麼做。我們所謂在承襲文化資產時的
「使用價值」，已經被「交易價值」給取代，臨場性和資訊取
代了欣賞的愉悅，沽名釣譽取代了鑑賞能力。消費者變成了娛
樂工業的意識型態，他們完全無法逃脫它的各種體制。每個人
都一定會看《忠勇之家》，正如每個人也都會訂閱《生活》
（Life）和《時代雜誌》（Time）。所有事情都只會著眼於是否
對於其他事物有用，無論這個「其他事物」有多麼模糊。一切
事物唯有可以交易才有價值，而不是因為自身而有價值。在消
費者看來，藝術的使用價值和存在只是一種盲目崇拜，而如此
的盲目崇拜，亦即藝術的社會評價（它被混淆為藝術作品的等

級），變成它唯一的使用價值，是消費者唯一享受到的性質。於是藝術的商品性格因為完全實現反而傾塌瓦解。藝術變成一個商品種屬，被修整改造成工業產品，可以出售和交易，但是藝術這種商品，其存在的目的是既要出售卻又不準備出售，一旦生意不只是它的目的，甚至成為它唯一的原理，那麼它就會變成偽善的非賣品。托斯卡尼尼透過廣播的演出，在某個意義下是非賣品的。人們可以免費聆聽，而交響曲的每個音符都被附上崇高的廣告，告訴人們該交響曲不會被廣告中斷：「本演奏會為您公共播放。」只要聯合汽車和肥皂工廠能夠獲利（廣播電台靠他們的贊助維持營運），製造收音機的電子工業的銷售增加，就已經間接達到欺騙的目的。作為大眾文化的改革派後起之秀，廣播一直作出某些結論，而電影的假市場（Pseudomarkt）目前仍然拒絕那樣的結論。商業廣播電台的技術結果讓它不受自由主義的偏離的影響，而電影工業在其領域裡仍然容許那樣的偏離。它是私人企業，自身即代表有主權的整體，就此而論，它相對於其他個別的集團是有些優勢的。柴斯特菲（Chesterfield）只是國內的香菸，而廣播卻是它的傳聲筒。在文化產品完全同化到商品領域時，廣播卻不想把它的文化產品當作商品去供應。在美國，它並不對大眾收費。於是它贏得了無私的、超黨派的權威的虛偽形式，而和法西斯主義正好是一丘之貉。在法西斯主義的國家裡，廣播成了

領袖無所不在的嘴巴；在街上的擴音器裡，他的聲音就像是賽倫女妖預言恐慌的鬼哭神號，當然現代的競選宣傳也不遑多讓。納粹黨自己也知道，廣播成了他們的主張的化妝師，正如報紙之於宗教改革。宗教社會學所發明的領袖的形上學似的奇里斯瑪（Charisma），原來只是無所不在的廣播演說而已，是對於聖靈的全在（Allgegenwart）的東施效顰。他的演說滲透到每個地方，這個巨人般的事實取代了演說的內容，就像托斯卡尼尼的廣播演出的慈善行為取代了廣播的內容，也就是交響曲。聽眾無法把握演說的真正脈絡，反正領袖的演說也都是謊話。把某人的話語當作絕對的，猶如假誠命一般，是廣播的內在傾向。推薦也變成了命令。相同的商品換個品牌來推銷，播音員在《茶花女》（La Traviata）和《黎恩濟》（Rienzi）的序曲之間以圓潤的聲音播報有科學基礎的瀉藥廣告，因為實在荒唐可笑而站不住腳。總有一天，那看似有選擇機會的產品的「大獨裁者」，也就是特定的廣告，可能會變成領袖公開的命令。在法西斯主義甚囂塵上的社會裡，他們都同意應該提供哪些社會產品以滿足人民的生活所需，但是要他們推薦使用某種肥皂粉，則顯得不合時宜。領袖只會以更現代而開門見山的方式，直接命令進行大屠殺，或是供應劣質品。

現在藝術作品和政治口號一樣，經過文化工業的包裝，降價推銷給不情願的大眾，那些作品就像公園一樣，每個人都可

以享用。但是它們真正的商品性格的瓦解並不意味著它們在自由社會的生活裡被揚棄了，而是說保護文化資產免於貶值的最後一道屏障也倒塌了。以清倉拍賣的方式廢除受教育的特權，並沒有帶領人們到他們以前不准進入的地方，反而是在既存的社會條件下助長了教育的墮落，到處充斥著粗鄙而漠不相關的東西。在十九、二十世紀之交，若是有人花錢去看戲或聽音樂會，那些表演至少會和讓他付錢一樣贏得他的尊敬。希望得到某些回饋的市民，或許也會想和作品建立某種關係。關於華格納的音樂劇（Musikdrama）所謂的入門書以及《浮士德》的注釋作品就可以證明這點。它們首先轉向作品的傳記外層，以及影響現代藝術作品的其他慣例。即使在藝術市場方興未艾的時候，交易價值也沒有把使用價值當作附屬品拖著走，而是把它當作自己的預設去發展；從社會的角度去看，這對藝術作品有好處。只要藝術一直是昂貴的，就會帶給市民某些限制。但是那已經是過去的事了。現在既沒有什麼限制，也不必花錢，藝術和消費者的零距離卻助長了彼此的疏離，他們打著志得意滿的物性（Dinglichkeit）的標語彼此模仿。在文化工業裡，尊敬和批評一樣銷聲匿跡：批評被機械專業給取代，而尊敬則讓位給健忘的明星崇拜。對於消費者而言，不再有任何昂貴的東西。但是他們隱約知道，東西的價格越低，就越不像是禮物。人們把傳統文化視為意識型態，而把工業文化

視為騙局，這雙重的不信任彼此摻雜著。墮落的藝術作品被當作附加物，媒體把它比喻為廢物，而被消費者在心裡厭棄。他們應該很高興自己看了這麼多，聽了這麼多。的確，他們可以擁有一切。電影院裡的抽獎遊戲和雜耍、聽短曲猜歌名的競賽、夾報刊物、某些廣播節目贈與聽眾的獎品和禮物，都不只是附帶項目，而是文化產品本身的延續。交響曲變成收聽廣播的獎賞，而如果科技有自己的意志的話，電影早就會效法廣播傳送到公寓裡去。它會趨向「商業廣告體系」。電視暗示著一條發展道路，很容易就可以把華納兄弟推向那無疑不受他們青睞的小劇場和文化保守派的立場。但是在消費者的行為裡早就反映出獎品的本質。由於文化被表現為一種對個人和社會無疑都有益處的紅利，因此文化的薰陶就變成純屬僥倖的事。他們爭先恐後，生怕錯過了什麼。儘管不清楚那是什麼東西，但是唯有不放過它，才有機會。然而法西斯主義卻伺機把那些受文化工業訓練的接收禮物者整編為它的正規黨眾。

————————

　　文化是一個弔詭的商品。它完全受制於交易法則，以致於不再被交易；它盲目地同化於使用，因而再也無法被使用。於是它和廣告融合在一起。廣告越是顯得毫無義意義地受壟

斷，文化就越無所不能。它的動機都是經濟考量。大家都很清楚沒有整個文化工業也可以活得下去，它讓消費者們太厭膩而反感了。而文化工業無法靠自己去扭轉局勢。而廣告則是它的救命仙丹。但是文化工業的產品不斷把它承諾為一種商品的樂趣化約為單純的承諾，於是最後因為它的貧乏無趣而和廣告趨於一致。在競爭的社會裡，廣告負責社會性的服務，引導市場裡的購買者，讓選擇簡單一些，幫助更有效率卻籍籍無名的供應商把他們的商品提供給正確的人。廣告不僅不會耗費勞動時間，反而可以節省它。現在既然沒有所謂的自由市場了，系統的宰制就躲在廣告裡頭。它努力鞏固消費者和企業集團的關係。唯有那些能夠持續支付廣告代理商（尤其是廣播）的離譜費用的人，唯有那些經由銀行或企業資本的決定而身處其中或被籠絡進去的人，才能夠以賣家的身分進入假市場。廣告的支出最後還是會流回企業集團的口袋裡，卻可以省下打壓那些討厭的局外人的麻煩工作；他們保證說權威人士都是他們的同夥；就像是在極權國家裡以經濟會議去控制企業的開設和持續經營。現在的廣告是一種否定性的原理，是一個障礙設施：任何沒有它的通行戳記的東西，在經濟上都是不正當的。要讓人們認識選擇有限的商品種類，並不一定需要無所不在的廣告。它只會間接幫助銷售。某一家公司撤掉一則流行的廣告，那意味著它喪失了聲望，實則意味著牴觸了首領對他的黨

羽訂定的教條。在戰時，已經停止供應的商品卻**繼續**打廣告，那只是要宣示工業的力量而已。在那個時代，對於意識型態的媒體的資助比名字的重複出現更重要。每個產品在系統的壓力下都得利用廣告技術，於是廣告技術大舉入侵文化工業的慣用語和「風格」。它鋪天蓋地的勝利也使得它在關鍵的地方不再那麼顯著：大企業的宏偉建築，聚光燈下的石板廣告，都稱不上是廣告，只是在大樓塔頂很簡潔地閃耀著公司的縮寫字母，也不需要怎麼自吹自擂。相反的，十九世紀留下來的房子，其建築仍然很丟臉地看得出以居住為目的的實用性消費品性格，現在卻從一樓到頂樓都覆滿了海報和標語，風景也只是看板和符號的背景。廣告完全變成了藝術，誠如戈培爾（Goebbels）│譯24│有先見之明地把它們劃上等號，「為藝術而藝術」（l'art pour l'art），為廣告而廣告，變成社會力量的單純展現。在美國權威雜誌《生活》和《財星》（*Fortune*）裡，走馬看花的廣告圖片和文字，幾乎和社論的部分沒什麼分別。所謂的社論無非關於明星的生活習慣和美容保養煽情且免費的圖文報導（此舉還可以為他們贏得更多的影迷），而廣告頁則以非常專業且生動的攝影和報導為基礎，甚至表現出原本應該是社論要追求的資訊理想。每一部電影都是下一部的預告片，相同的男女主角在相同的異國情調的太陽下再次相遇：遲到者也搞不清楚那是預告片或是電影開演了。文化工業的蒙太奇性

格，其產品的合成和控管的生產方式，不只是攝影棚像工廠一樣，低俗的傳記編輯、報導性小說、流行歌曲，也都在刻意模仿廣告：任何個別情節都可以刪除、替換，甚至抽離其意義脈絡，因而也可以獻身於作品以外的其他目的。電影效果、特技，孤立而可以重複的個別演出，自始即和以廣告為目的的商品展示共謀，現在每個電影女明星的特寫都變成了她的名字的廣告，每一首流行歌曲也變成歌曲旋律的插播廣告。廣告和文化工業無論在技術或經濟層面都融合在一起了。在廣告和藝術裡，到處都看到相同的東西，同一個文化產品的機械性重複已經變成它的宣傳口號的重複。基於效果的需求，技術變成心理技術，以操控人類行為的程序。它們也同樣強調顯著而熟悉、簡單而引人注意、老生常談卻簡單明瞭的規範；在廣告和藝術裡，一切都是要用來征服心不在焉或抗拒的消費者。

　　消費者藉由他們所說的話語，也助長了文化的廣告性格。語言越是被溶解到溝通裡，話語就越容易從實質的意義載體變成缺乏性質的符號，話語越是單純而透明地傳達它們的意思，就會同時變得越不透明。語言的破除神話，作為整個啟蒙歷程的元素，卻往回擺盪到巫術裡去。在以前，話語和內容是彼此有別且不可替換地結合在一起。概念就像悲傷、歷史（是的，生活）一樣，都在話語裡被認識到，話語突顯且保存它們。話語的形態既建構且反映它們。而兩者的斷然決裂，把

語詞本身解釋為純屬偶然，把語詞和對象的指派關係解釋為任意性的，因而排除了語詞和事物的迷信混淆。在既定的語音序列裡，如果踰越了相關關係（Korrelation）|譯25|而暗示著被意指的事件，就會被斥為語焉不詳或是「語詞的形上學」。如此一來，只有指稱作用（bezeichnen）而無法意謂（bedeuten）任何事物的語詞，便完全固著於對象，以致於僵化為慣用語。而語言和對象同樣都受到影響。純粹化了的語詞不僅無法讓人經驗到對象，甚至把對象顯露為抽象的環節，而一切其他的東西，基於嚴酷的明確性要求而被迫放棄的語詞用法，也逐漸在現實裡凋萎。足球的左邊鋒（Linksaußen）、黑衫軍（Schwarzhemd）、希特勒青年團（Hitlerjunge），以及諸如此類的語詞，都不再是當時所指稱的意思。如果語詞在理性化以前所解禁的不只是渴望，還包括謊言，那麼在理性化以後，它所禁錮的與其說是謊言，不如說是渴望。與料（Daten）本身的盲目和闇啞（實證論把世界化約為與料）過渡到那自限於記錄與料的語言本身。於是符號本身變得難以捉摸，它們得到一種衝力，一種附著和排斥的力量，使它們類似於它們的對立物，也就是咒語。它們的作用又回到某種巫術習俗，無論是在攝影棚裡根據統計的經驗編造女主角的名字，或是以禁忌的語詞如「官僚」或「知識分子」去轉移福利政策的焦點，或是以國家之名掩飾卑鄙的行為。在以前，巫術總是和名字有關，而

現在的名字卻經歷了一次化學變化。名字蛻變為任意的、可操
弄的符號，它們的作用固然是可以計算的，但正因為如此，它
們就像古代的名字一樣武斷專橫。古老而被廢棄了的名字，無
論是被套用到廣告的品牌（電影明星的姓氏也變成名字），或
是被集體標準化，因而一時蔚為流行。相反的，中產階級的姓
氏聽起來很過時，它們並沒有變成商品的品牌，卻因為突顯了
他們的出身而使他們個體化。這讓某些美國人很不自在。為了
掩蓋個人彼此之間很不舒服的距離，他們稱自己為巴伯
（Bob）或哈利（Harry），就像球隊裡隨時可以被替換的隊
員。這種大學生的習慣稱呼把人類的關係化約為運動員之間的
兄弟關係，讓他們迴避真正的兄弟關係。語義是語意學容許語
詞的唯一功能，它卻在記號裡完全實現了。語言模式藉以自上
而下流通的便捷性，更加增強了它的記號性格。如果說民歌被
稱為上層階級沉澱下來的文化資產，無論是否適當，它們的元
素也必須經過漫長的經驗中介歷程才能成為現在流行的形
態。相反的，流行歌曲的傳播卻是一下子就發生的。美語裡所
謂會傳染的「時尚」（fad）（由高度集中的經濟力量點燃的），
即指稱該現象，它早在極權的廣告主管為各自的文化主軸定調
以前就存在了。如果德國法西斯主義者有一天透過擴音器散佈
「難以忍受」（untragbar）這個詞，翌日整個民族就都會說
「難以忍受」。而循著相同的模式，受到德國閃電戰

（Blitzkrieg）攻擊的國家，也會把它當作他們的術語。某個措施的名稱到處重複，立刻就會讓人熟悉它，如在自由市場的年代裡，每個人都琅琅上口的商品名稱會增加它的銷售。被指定的語詞盲目而快速的散播重複，把廣告和極權主義的口號結合起來。讓語詞變成說話者的語詞的經驗層次被掏空了，而在不假思索的使用當中，語言漸漸變得冷酷，那種冷酷只有在現在的廣告柱或報紙廣告欄上面才看得到。無數人使用語詞和習慣用語，不是根本再也不清楚其意義，就是只根據行為主義式的功能去使用，就像商標一樣，它的語言意義越是模糊不清，就越加強迫性地附著於商品。大眾宣傳教育部長很無知地談論「動力」（dynamische Kräfte），流行歌曲不停地唱著「幻想曲」（rêverie）和「狂想曲」（rhapsody），把它們的流行附著在無法理解的東西的魔術上面，彷彿是對於更高的生命的敬畏。其他諸如「回憶」（memory）的陳腔濫調，人們雖然還有點懂它的意思，卻已經和真正的經驗脫節。它們像飛地（Enklaven）一般闖進日常語言裡。在弗列西（Flesch）和希特勒的德國廣播裡，可以聽出來播報員裝模作樣的標準德語腔，他們用數百萬人們的家鄉腔調說「各位聽眾再見」、「這裡是希特勒青年團空中廣播」甚至「領袖」。在這些用語裡，沉澱的經驗和語言最後的關係被切斷了，那個關係在十九世紀的方言裡還有一些和解的作用。而在藉著柔軟身段當上納粹時

期的主編（Schriftleiter）的編輯手裡，德語已經僵化成外國語。我們可以看到每個字被法西斯主義的「民族共同體」惡整到什麼程度。當然，這種語言已經漸漸變得無所不在而且極權專制。人們在語詞裡再也聽不到它們所遭受到的暴力。廣播播報員不再需要裝腔作勢地講話；是啊，如果他的腔調不同於他所設定的聽眾，那麼他根本不可能當上播報員。但是正因為如此，聽眾和觀眾的語言和姿勢的調性（至今沒有任何實驗方法可以探討），比從前更加嚴重地被文化工業滲透。現在，文化工業承襲了拓荒者和企業家的民主的遺產，他們對於文明的脫軌的感受也不很細緻。每個人都可以自由跳舞自娛，正如自從宗教失去對於歷史的影響以後，每個人都可以自由加入無數教派之一。但是意識型態的選擇自由（它總是反映出經濟的束縛）到處都被證明其實是選擇「一成不變」的自由。少女基於義務接受出去約會，在電話裡和親密場合裡的聲調，在談話時的遣詞用字，根據大眾化的深層心理學範疇去分類的內心生活，都證明我們試圖把自己變成足以成功的工具，在本能深處正好符合文化工業表現出來的模式。人類最親密的反應已經完全被物化，以致於關於他們的特質的觀念變成極端的抽象性：對他們而言，人格無非意味著閃亮潔白的牙齒，以及可以免於狐臭和各種情緒的自由。這是文化工業裡的廣告的勝利，消費者不由自主地模仿那些同時被他們識破了的文化商品。

譯注

譯1　宗教就主體性層面而言，是人類有承認對於神的依賴的天性，就客體性而言，則是經由敬拜的行動的自願承認。所謂客體性的宗教，即指一切發自主體性宗教情感的敬拜行動。

譯2　帕勒斯特里納（Palestrina, Giovanni Pierluigi Da, 1524-1594），文藝復興時期義大利作曲家，為宗教複調音樂的代表人物。

譯3　習慣用法（Idiom）也指藝術裡的風格和派別。

譯4　柴納克（Darryl Francis Zanuck, 1902-1979），好萊塢著名製片、編劇和導演。聖女伯爾納德（Bernadette Soubirous, 1844-1879），法國南部盧德（Lourdes）的牧羊女，聖母對她顯聖八次，1864年入修院，1879年去世，1933年榮列聖品。柴納克擔任製片經理時，以聖女伯爾納德的故事出品《聖女之歌》（The Song of Bernadette, 1943）。

譯5　海斯辦公室（Hays Office）：美國於1920年代因為教會和衛道人士的壓力而組成電影製片發行協會（MPPDA），以改變製片廠的形象，1922年任命海斯為負責人。1930年，海斯頒布電影製片法規，嚴格規定電影拍攝的內容和題材必須符合觀眾的道德標準。該法規於1967年廢除。

譯6　米奇・魯尼（Mickey Rooney, 1922-2014），好萊塢諧星。

譯7　隆巴多（Guy Lombardo, 1902-1977）：加拿大籍爵士樂團指揮和小提琴家。

譯8　葛麗亞・嘉遜（Greer Garson, 1904-1996），二次大戰期間著名英國演員，代表作有《傲慢與偏見》、《萬世師表》。貝蒂・戴維斯（Bette Davis, 1908-1989），美國電影明星和歌星。

譯9　機器破壞：工業革命初期，工人們以為造成自己貧困的原因是機器而破壞之。

譯10　坦塔羅斯（Tantalus），宙斯之子，盜取神饌和神酒去招待凡間的朋友。為了試驗諸神是否無所不知，殺死其子皮洛普斯給諸神作菜。諸神懲罰他的惡行，讓他在地底深淵受飢渴之苦，即使河水和果樹到了嘴邊，仍然飢渴難耐，因為只要他一靠近，河水和果樹就會消失不見。

譯11　路德維希（Emil Ludwig, 1881-1948），德國著名傳記作家。

譯12　指《大獨裁者》（The Great Dictator）。

譯13　世界電影公司（Universum Film AG, Ufa），德國威瑪時期到二次大戰期間最大的製片廠。

譯14　《逐日者漢斯的地獄之旅》（Hans Sonnenstößer Höllenfahrt, 1931），Paul Apel的廣播劇，由Gustaf Gründgens改編（1937）。詩人漢斯因為愛情的困

　　境而逃遁到夢的世界裡，在那裡，一切事物都有自己的邏輯，漢斯最後明白到，現實世界也有其美好的地方。

譯 15　《妙爸爸》（*Life with Father*, 1936），美國作家 Clarence Day 的自傳故事，其後被改編為百老匯戲劇（1939）以及電影和電視影集（1947）。他的父親是一個狂熱粗野的華爾街掮客，要求他的家庭必須遵守他的嚴厲標準，因此鬧出許多笑話。

譯 16　白大梧（Dagwood），漫畫《白朗黛》（*Blondie*）裡的男主角。

譯 17　吉萊斯皮醫生（Dr. Gillespie），美國電影《打電話叫吉萊斯皮醫生》（*Calling Dr. Gillespie*, 1942）裡的主角。

譯 18　《柏林亞歷山大廣場》（*Berlin Alexanderplatz*），德國表現主義作家德布林（Alfred Döblin, 1878-1957）的小說（1927）。

譯 19　《小子，怎麼樣》（*Kleiner Mann, was nun*, 1933），德國新寫實主義作家法拉達（Hans Fallada, 1893-1947）的小說。

譯 20　劉別謙風格（Lubitsch touch），劉別謙（Ernst Lubitsch, 1892-1947），著名德裔好萊塢喜劇導演，人稱其明快的城市喜劇風格為「劉別謙風格」。

譯 21　維克多‧麥丘（Victor Mature, 1913-1999），美國演員，大多演正派角色。

譯 22　史考特（Walter Scott, 1771-1832），蘇格蘭歷史小說家，生前名聞全歐洲。

譯 23　「非如此不可」（Es Muß Sein），貝多芬弦樂四重奏（no. 16, op. 135）最後一個樂章的標題。

譯 24　戈培爾（Joseph Goebbels, 1897-1945），納粹德國宣傳部長，以激情的反猶太人主義演說聞名，戰敗後與妻子一起自殺。

譯 25　相關關係（Korrelation），指兩個語音序列之間的系統關係。

反閃族主義的元素：
啟蒙的各種限制

Elemente des Antisemitismus.
Grenzen der Aufklärung

一、

　　現在的反閃族主義對某些人而言是攸關人類命運的問題，而對另一些人而言則只是一個藉口。對於法西斯主義者而言，猶太人不是一個少數民族，而是敵對的種族，是否定性的原理本身；如果要世界幸福，就必須消滅他們。而和它極端對立的命題，則是主張說，猶太人擺脫了國家和種族的特徵，是一個僅僅由信仰和宗教構成的團體。猶太人的特質則和東正教的猶太人有關，而且僅僅指尚未被同化的猶太人。兩者的學說既真且偽。

　　第一個說法為真，是在於法西斯主義讓它為真。猶太人無論在理論或實踐上，都是一個很容易招惹毀滅意志的團體，那樣的毀滅意志是出了錯的社會秩序自己產生的。他們被絕對的惡貼上絕對的惡的標籤。因此，他們的確是被揀選的民族。儘管人們不再為了經濟而需要統治權，猶太人仍然被定義為統治的絕對客體，只是為了被統治而存在。勞工當然是他們主要的目標，因此不會被指著臉那麼說；黑人必須待在他們所屬的地方；但是猶太人卻必須從地球上被清除掉；而在所有國家可能的法西斯主義者心裡，都可以聽到把猶太人當作害蟲予以消滅的回聲。當種族主義者在世界面前樹立猶太人的形象時，就表現出他們自己的本質。他們所渴求的是絕對的佔有、剝削、無

限制的權力，無論任何代價。猶太人背負著他們的罪，被嘲笑為統治者，被他們釘在十字架上，不斷重複著他們自己也無法相信其力量的獻祭。

而另一個自由主義的命題為真，在於它只是個理念。它包含一個社會的想像，在其中，憤怒不再自我複製或尋求發洩的性質。但是自由主義的命題假設著人類的統一在原則上已經實現，因此被用來為現狀辯解。試圖以少數族群政策和民主策略去轉移迫在眉睫的威脅，就像僅存的自由主義中產階級的防衛策略一樣模稜兩可。他們的軟弱招致了仇視軟弱者的敵人。猶太人的存在和現象以不充分的適應力去和既存的普遍性妥協。他們一成不變地堅持自己的生活秩序，讓他們和流行的生活秩序處於一種不確定的關係。他們期待那種生活秩序能夠照顧他們，卻不必臣服於它。他們和統治者的民族的關係摻雜了貪婪和恐懼。但是每當他們放棄與統治者的差異時，這些發跡了的猶太人換得的是冷漠而憤世嫉俗的性格，而那正是現在社會強迫人們接受的性格。啟蒙和權力之間辯證性的交織糾結，暴行和解放的進程的雙重關係，猶太人在偉大的啟蒙者和民主的群眾運動那裡已經有深刻的領悟，也在被同化者的本質裡突顯出來。順服的猶太人以啟蒙的自我克制去壓抑記憶裡寄人籬下的痛苦烙痕，那就像第二次割禮一般，如此的自我克制讓他們走出自己剝蝕傾圮的社區，毫無保留地迎向現代的中產

階級，而中產階級也一瀉千里地墮落為單純的壓迫，並且重新組織為完全排他的種族。種族不是像民族主義者所說的直接而自然的個殊體。相反的，它是被化約為自然的東西，化約為單純的暴力，褊狹的排他主義，而那樣的排他主義在現狀裡卻是普遍的現象。現在所謂的種族是被併到野蠻的集體裡的中產階級個體的驕矜自大。自由派的猶太人所信仰的社會和諧，最後變成了納粹的民族共同體。他們認為是反閃族主義扭曲了秩序，但是其實如果秩序不扭曲人性，就不可能存在。迫害猶太人和所有其他的迫害一樣，都和這種秩序密不可分。其本質就是現在昭然若揭的暴力，儘管它在以前隱藏得很好。

二、

　　反閃族主義作為一種群眾運動，總是像它的發起者在抨擊社民黨時所說的：一竿子打翻一船人。沒有命令權力的人，他們的下場沒有比老百姓好到哪裡去。從德國的公務員到哈林區的黑人，貪婪的鑽營者心裡都知道，他們終究會一無所獲，除了看到別人同樣一無所有而幸災樂禍以外。猶太人屬性的雅利安化反正只對在上位者有好處，它給第三帝國的群眾帶來的福祉，還沒有比哥薩克騎兵在猶太人社區洗劫到的微薄戰利品來得多。真正的好處應該是那似懂非懂的意識型態。證明種族主

義的藥方無益於經濟，那並不會削弱它的吸引力，反而會增強它，這個事實則指出其真正的本質：它對人類並沒有幫助，反而刺激了人類的毀滅衝動。種族主義者真正的獲利，是由集體批准他們的憤怒。他們在其他方面越是徒勞無功，就越會拒絕認清事實，而執著於他們的運動。主張說反閃族主義並無裨益，對於它似乎沒什麼影響。對於老百姓而言，它其實是個奢侈品。

　　反閃族主義對於統治者的好處則非常明顯。它被用來轉移焦點，當作卑劣的貪污工具和恐怖主義式的殺雞儆猴。體面的人掩護它，而聲名狼藉的人則是去執行它。然而，在反閃族主義裡突顯出來的精神形態，無論是社會的精神或個人的精神，以及反閃族主義極力要擺脫的原始社會和歷史的糾結，卻始終很模糊。如果知識無法解釋那深植文明裡的苦難，那麼個人也無法透過知識去平息它，儘管他和受難者都很樂意那麼做。形形色色的理性的、經濟的、政治的解釋和反駁，儘管它們的說明都沒有錯，卻仍然無法給人們慰藉，因為和統治結合的理性就隱藏在那苦難裡。無論是盲目的侵害或是盲目的防衛，迫害者和受害者都在同一個悲慘的循環裡。當被炫惑且被剝奪主體性的人們被當作主體而釋放的時候，就會引起反閃族主義的行為模式。對於當事人而言，他們的行為是致命的卻沒有意義的反應，而行為主義者只能指認它，卻無法解釋為什

麼。反閃族主義是一個反覆演練的結構，是的，它是一個文明
的儀式，而對猶太人的大屠殺則是真實的活人祭。他們證明了
那些曾經可能羈絆他們的東西的軟弱無力：反省、意義以及真
理。在殺人的幼稚消遣裡，彰顯了人們習以為常的單調生
活。

　　有人把反閃族主義解釋為某種出氣孔，而反閃族主義的盲
目和無目的性則讓這種解釋多少有點道理。憤怒發洩在那惹人
注目而又手無寸鐵的人身上。而受害者則根據排列順序不停地
輪替：流浪民族、猶太人、基督新教徒、天主教徒，他們都可
以取代凶手，也都有一樣盲目的殺人欲望，只要他們覺得自己
有權力訂定規範。世界上並沒有真正的反閃族主義者，當然也
沒有天生的反閃族主義者。以要求猶太人的血的呼聲為第二天
性的成年人，和引起流血事件的年輕人一樣不知道理由何
在。而知道內幕的高層的教唆者，他們既不憎恨猶太人，也不
愛他們的群眾。而在經濟或性愛方面始終得不到回報的群
眾，卻懷著無止盡的仇恨；他們不能忍受仇恨的緩和，因為他
們不知道滿足為何物。因此，那鼓舞著有組織的強盜殺人
的，其實是一種動態的觀念論。他們四處劫掠，並且為此編造
了冠冕堂皇的意識型態，佯稱要拯救家庭、祖國和人類。但是
他們終究是被欺騙者，而他們也早就隱約感覺到了，他們原本
要用來合理化其劫掠行為的卑鄙動機，便完全銷聲匿跡了，而

合理化的企圖也就事與願違。黑暗的本能自始即比理性更對他
們的胃口，於是完全控制了他們。理性的小島被淹沒了，而殊
死抵抗者現在則成了唯一捍衛真理的人，每個角落都需要改革
的地球的重建者。所有活著的東西，都成了他們所討厭的義務
的材料，而那樣的義務也更加肆無忌憚。行為變成了目的本
身，正好掩飾自己的無目的性。反閃族主義一開始總是喊著要
絕對實現任務。反閃族主義和極權主義自始就是一丘之貉。盲
目籠罩了一切，因為它什麼也不懂。

　　自由派准許猶太人擁有財產，但是不給他們行使指揮
權。所謂人權的意義只是在於，即使沒有給予權力，也能夠承
諾幸福。因為被欺騙的群眾隱約察覺到，儘管這個承諾是普遍
性的，但是只要有階級存在，就始終是個謊言，於是義憤填
膺；他們覺得被嘲弄了。他們必須不斷壓抑對於那種幸福的想
法，即使只是可能性或理想，那個想法越是近在眼前，他們就
越是極力否認它。每當它在萬念俱灰裡似乎要實現的時候，就
會被重複壓抑，而那壓抑正是他們自己的渴望。無論那重複壓
抑 的 動 機 是 什 麼 ， 無 論 它 多 麼 不 幸 ， 亞 哈 隨 魯 王
（Ahasver）[譯1]和迷孃（Mignon）[譯2]、讓人想起應許之地
的異國情調、讓人想起性愛的美、因為雜交的聯想而讓人反感
的野獸，都一再讓文明社會生起毀滅的欲望，而他們也始終無
法完全實現痛苦的文明歷程。飽受折磨的自然向那些不由自主

地想要控制它的人們很挑釁地映現出「沒有權力的幸福」的假象。沒有權力的幸福的想法叫人難以忍受，因為那種幸福根本不是幸福。人們懷疑貪婪的猶太銀行家資助布爾什維克黨其中必定有什麼陰謀，那其實是與生俱來的無力感的徵象，而所謂好的生活也成了幸福的徵象。其中更摻雜了知識分子的形象，他們似乎總是在思考別人不敢想的東西，而不必揮汗辛勤勞動。銀行家和知識份子、金錢和靈魂、各種循環指數，都是那些被權力給殘害的人們所否認的一廂情願的形象，而權力則以這些形象讓自己永垂不朽。

三、

　　在現在的社會裡，原始的宗教情操、新興教派以及各種革命的餘緒，都在市場上叫賣，法西斯主義的領袖則在密室裡出賣國家和民族的生命，而被收音機哄騙的群眾則幫忙算錢，即使是揭發社會真相的言論，也只是為了要加入某個政治活動而已，在現在的社會，政治不只是一個生意，甚至生意就是整個政治，這個社會對於猶太人落伍的叫賣嘴臉感到憤怒，把他們稱為唯物論者，說他們錙銖必較，說他們會屈服於那些把生意奉為圭臬的狂熱者。
　　中產階級的反閃族主義者則有個殊的經濟理由：在產品裡

掩飾其宰制。如果說，在以前的時代裡，統治者是直接的高壓統治，好讓他們不只是役使臣民而已，並且宣布賦役是始終必須服從的屈辱，那麼在重商主義裡，絕對的專制就蛻變為那些最大的工廠老闆。產品也可以登上大雅之堂。最後，就像中產階級一樣，老闆們也脫掉他們五顏六色的長袍，換上平民的衣服。他們說勞動並不可恥，如此他們才能更理性地剝削別人。他們把自己列為生產者，卻仍然像以前一樣，只是個掠奪者。工廠老闆也像巨商富賈或銀行家一樣的投機謀利。他們會計算、採購、買入、賣出。他們在市場上和那些將本求利的商賈競爭。然而他們掠奪的地方不只是在市場，也在市場的源頭：作為整個階級的小吏，他們要負責讓勞動成果不虞匱乏。勞工必須盡可能地大量生產。就像真實世界裡的夏洛克（Shylock）|譯3|，他們堅持其契約。就因為擁有機器和原料，他們役使別人生產。他們自稱是製造者，但是他們和大家都心知肚明。資本家們的生產工作，無論他們把獲利解釋為企業經營的報酬，就像自由主義者所說的，或者是現在集團總裁的薪水，都是一種意識型態，企圖隱藏勞動契約的本質以及經濟體系的掠奪性格。

　　此即為什麼人們要指著猶太人大喊：「攔住那個小偷！」猶太人其實是替罪羊，那並不是個別的戰術或陰謀，而是要把整個階級的經濟罪惡都歸咎於他們。工廠老闆在工廠裡監控他

的債務人，也就是勞工，並且在給錢以前先查核他們的績效。直到他們發現用那些錢可以買什麼東西的時候，他們才會明白到底發生了什麼事：規模再小的企業鉅子掌握的服務和貨物，也都多過以前的統治者；而勞工則得到所謂的文化的最低薪資。他們已經從市場裡體驗到他們可以分配到的東西少得可憐，但是這還不夠，業務員繼續推銷他們負擔不起的商品。只有在工資和物價的相對關係裡才能看出勞工被剝奪了什麼。隨著他們的工資，他們必須接受合理報酬的原理。商人對他們出示他們簽給工廠老闆的匯票。商人是整個體系的執行官，把對別人的非議都攬在身上。所謂通貨領域要為剝削負責，其實是社會的必然假象。

猶太人並不是唯一盤踞通貨領域的民族。但是他們沉陷得太久了，以致於無法在其結構裡反映那對於該領域的仇恨。不像他們的雅利安族同夥，他們總是無法得到附加價值的來源。他們歷經艱難，直到後來才獲准擁有生產工具。當然，在歐洲歷史甚至德意志帝國裡，領洗的猶太人在政治和工業方面都很有成就。但是他們必須以加倍的奉獻、勤奮不懈和固執的克己自制，才能夠證明他們的成就。他們必須以行動默認那些對於其他猶太人的判決，才能夠被接受：此即施洗的意義。猶太先賢們的所有偉大事蹟，都不足以讓歐洲民族接納猶太人，人們不讓猶太人落地生根，卻又因此罵他們是沒有根的民

族。他們一直是被庇護的猶太人，臣屬於國王、諸侯或專制國家。猶太先祖曾經在經濟上領先那些落伍的民眾。由於他們可以利用猶太人當作中間人，於是保護他們免於群眾的攻擊，而那也是群眾必須為進步負擔的代價。猶太人是進步的拓荒者。自從他們以商人的身分幫助羅馬文明傳播到歐洲基督教世界，堅持著先祖的宗教的他們就一直是城市的、中產階級的和產業的情況的代言人。他們把資本主義的生活形式帶到每個國家，也招致在那種生活底下受苦的人們對他們的憎恨。為了經濟的進步（現在則是他們沒落的原因），猶太人自始就是那些被資本主義剝奪其社會地位的工匠和農夫的眼中釘。猶太人排他的、特殊神寵論的性格，如今也讓他們自食其果。那老是要當第一的，現在被拋在後頭。有個美國娛樂集團的猶太總裁，即使富可敵國，他的生活卻非常低調被動。寬長袍曾經是古代中產階級服裝幽靈般的餘緒，現在它卻證明了穿著它的人們已經被拋到社會邊緣，那些啟蒙了的猶太人，正在祓除他們上古的幽靈。以前那些鼓吹個人主義、抽象法律、人格概念的，現在被貶為某個物種。以前那些千辛萬苦才擁有足以保障其人性尊嚴的公民權的，現在一概被稱為「猶太人」。即使是在十九世紀，猶太人都必須托庇於當權者。由國家保護的普通法，是他們安全的保障，而「特別法」（Ausnahmegesetz）則是他們的夢魘。即使是在他們主張權利的時候，也始終是個客

體，依存於別人的仁慈和善意。作生意不是他們的天職，而是他們的宿命。猶太人是工業的騎士們的一個夢，在夢裡，他們不得不扮演生產者的角色。從猶太方言就可以聽出來他們對於自己的蔑視：他們的反閃族主義是自我憎恨，是寄生蟲的良心不安。

四、

　　民族主義式的反閃族主義總想要略過宗教。他們宣稱那是種族和國家的淨化。他們注意到人類早已放棄關心永恆救恩的事。現在的一般信徒和以前的主教一樣的狡猾。指摘猶太人是頑固的不信神者，已經不足以煽動群眾了。但是兩千年來驅使人們迫害猶太人的宗教仇恨，卻始終很難化解。反閃族主義亟欲否認他們的宗教傳統，反而證明了宗教其實深植於他們裡頭，正如以前世俗的習性也曾經潛藏於宗教狂熱裡。啟蒙和宰制的結盟，讓意識無從認識宗教的真理環節，卻保存了宗教的物化形式。以上兩種情況最後都助長了法西斯主義：控制不住的欲望在種族主義的叛亂裡得到宣洩，而福音教派的熱誠主義的徒子徒孫模仿華格納的聖杯騎士，變成了血脈團體（Blutsgemeinschaft）和精衛隊（Elitegarden）的共謀者，如此，作為一種制度的宗教，既直接和體系糾纏不清，也變調為

大眾文化和閱兵式的驕奢淫佚。領袖和群眾自鳴得意的狂熱信仰，無非以前用來馴服絕望者的殘酷信仰，只不過內容已經流失了，而僅存對於不同信仰者的仇恨。在德國的基督教徒當中，愛的宗教也只剩下反閃族主義。

　　基督教不只是落後於猶太教而已。猶太教的神在從唯一神論（henotheistisch）蛻變為普世宗教形態的過程裡，並沒有完全拋開自然惡魔的性質。源自原始泛靈論的怖畏，從自然過渡到「絕對自我」的概念，自我認為它是自然的創造者和統治者，而意欲完全征服自然。儘管如此的異化授予它難以言喻的權力和莊嚴，它心裡卻很明白，是它與一個最高神、超越者的關係，才讓它成為普世的。作為精神的神，和自然是對立的原理；祂不僅和神話裡的諸神一樣，主司自然的盲目循環，甚至可以讓自然擺脫那循環。但是由於祂的抽象性和漠然，讓莫測高深者更加可怕，而不容異己的「我是自在永在者」的堅決主張，以其無所不在的權力超越了匿名的命運更盲目、卻也因而更歧義的審判。猶太教的神則是要求祂應得的東西，並且跟不履行義務者算帳。祂把受造者困在罪過與功績的羅網裡。相反的，基督教強調恩寵的元素，儘管在猶太教裡，在神與人的聖約裡，在彌賽亞的應許裡，也都包含了恩寵。該元素緩和了絕對者的可怕，因為受造者在神性裡重新發現自己：神的中保有個人類的名字，並且以人類的方式死去。他的福音是：你們不

要害怕；在信仰面前，律法會瓦解；愛是唯一的誡命，它大過所有的權威。

　　但是基督教既藉著該元素奪去自然宗教的魔力，卻也以精神化的形式讓偶像崇拜復辟。正如絕對者漸漸變成有限者，有限者也被絕對化了。基督，道成肉身的聖神，是被神化的巫師。人類在絕對者裡頭的自我反映，神藉著基督降生為人，是「第一個虛假命題」（proton pseudos）|譯4|。基督教超越猶太教的代價即是宣稱耶穌那個人是神。基督教的反思性元素，巫術的精神化，要為災難負責。對於精神而言是自然的東西，卻被說成一種精神性的存在。精神就存在於有限者的驕矜自負所蘊含的矛盾的開展裡。對於先知而言，於心有愧只能是一個象徵，巫術則是「體變」（Wandlung）。這使得基督教成為宗教，在某個意義下，甚至是唯一的宗教：與可能是知性的東西的知性關係，一個特別的文化領域。正如亞洲偉大的體系，基督教以前的猶太教是與民族生活以及集體的自我保存密不可分的信仰。異教的獻祭儀式的轉型，不只影響了信仰和心靈，也決定了勞動流程的形式。獻祭作為勞動的結構，也變成理性的。禁忌蛻變為勞動程序的理性規則。戰爭與媾和、播種和收成、下廚和宰殺牲畜，都有種種禁忌的規定。儘管那些規定可能不是源自理性的考頭，但合理性卻是源自於那些規定。原始民族努力要擺脫直接性的恐懼，因而創造了儀式制度；在猶太

教裡，那些儀式則純淨化為家庭和國家生活的神聖節奏。祭司的職責是監視儀式是否遵守習俗。儀式在統治裡的功能，則彰顯在神權統治的習俗裡；但是基督教始終要維持其屬靈性質，儘管它不斷競逐權力。在意識型態裡，它以最後的獻祭，也就是人子的獻祭，拒絕了自我保存，卻也因此把被貶抑的存有者交付給俗世。摩西的律法被廢除，而他們所擁有的一切同時被轉讓給凱撒和上帝。俗世的權威不是被承認就是被篡奪，而基督教則是領有執照的救贖事業。他們被囑咐要藉由遵主聖範而克服自我保存的衝動。於是，自我犧牲的愛褪去了純真，不再是自然的愛，而被記入薪資所得。以救贖的知識為中介的愛也必須是直接的愛，自然和超自然應該在愛裡和解。這就是愛的謊言：以欺騙性的肯定去詮釋自我遺忘。

　　那樣的詮釋是欺騙性的，因為教會的存在有賴於人們相信遵守其教義會得到拯救，無論是天主教強調的作工或是新教的信心，卻無法保證一定會得到拯救。屬靈的救贖應許的無約束性，基督教信理裡頭的猶太教的負面元素，巫術以及其後的教會，都藉此被相對化，天真的信徒卻視而不見，對他們而言，基督宗教，超自然主義，變成了巫術儀式，一種自然宗教。信徒們忘記了他們的信仰，如此才能夠相信它。他們讓自己相信，他們自己的知識和確定性就像占星家或靈媒一樣。那不一定比精神化的神學差到哪裡去。義大利的老太太，以虔誠

而純樸的心，為了戰場上的孫子向聖吉納諾（San Gennaro）
奉獻一根蠟燭，比起那些不拜偶像的教宗或大主教，為聖吉納
諾無力抵擋的各種武器祝福，老太太或許更接近真理一點。然
而對於純樸的人們而言，宗教本身變成了宗教的替代品。其實
在早期的基督宗教，人們就隱約知道了，但是只有弔詭的、和
教會唱反調的基督徒，從巴斯卡、萊辛、齊克果到巴特（Karl
Barth），才以此作為他們的神學支點。在這種意識裡，他們不
僅是基進的基督徒，更是寬容的基督徒。但是其他的基督
徒，壓抑該意識而又於心有愧地自稱為基督徒好保住飯碗的人
們，則必須以那些拒絕犧牲理性的基督徒們在俗世裡的不
幸，去證明他們的永恆救贖。此即反閃族主義的宗教起源。兒
子的宗教仇視父親的宗教，只因為後者知道得比他們多。那是
變得冷酷而以它作為救贖的精神對於精神本身的敵意。讓仇視
猶太人的基督徒憤憤不平的，正是那抵抗不義而不把它合理化
的真理，它堅持那不應得的至福，以對抗俗世以及他們應許的
救贖儀式。反閃族主義應該可以證實，信仰和歷史的儀式其實
是由那否定了它們的正當性的儀式所合理化的。

五、

「我就是受不了你，別忘了，」齊格飛（Siegfried）對極

力要討好他的米梅（Mime）如是說。所有反閃族主義者總是一成不變地回答說那是癖性使然。社會是否能夠擺脫反閃族主義，端視於那癖性的內容是否提升到概念的層次，並且察覺到自身的愚昧無知。但是他們的癖性卻執著於個殊概念。那迎合社會的目的背景的普遍概念則被視為是屬於自然的。但是沒有經由概念秩序的渠道疏導到實用目的的自然，頁岩石柱被刮過時的刺耳聲音，讓人想起穢物和腐爛的強烈氣味（haut goût），辛勤勞動者額頭上的汗水，那些沒有完全被了解的東西，或是牴觸了幾個世紀以來的進步所沉澱的禁令，都讓人們覺得很刺鼻而不自由主地憎惡它們。

　　那撩撥該癖性的各種動機讓人們想到它們的起源。它們重現了生物的原始時期的片刻：讓人毛骨悚然、心驚膽戰的危險訊號。在癖性裡，個別的感官再度脫離主體的支配；它們自動地服從於生物性的基本刺激。在這些毛骨悚然的反應裡，經驗到自身的「自我」也無法完全駕馭它們。在某個片刻裡，它們模擬了周遭不動的自然。但是正如運動者走向不動者，開展的生命走向單純的自然，它也和自然疏離，因為諸如黛芙妮（Daphne）的生命極力要模仿的不動的自然，只能接受最外在的空間關係。空間是絕對的疏離。當人性的東西變成自然的時候，也會對自然堅硬冷酷。以驚恐行動作為保護，其實是個擬態（Mimikry）的形式。人類的驚嚇反應是原始的自我保存

的機制：生命為了持續所付出的代價就是模仿死去的東西。

　　文明取代了對於他者的生物性模仿，取代了真正的擬態行為，首先是在巫術時期，藉著有組織的擬態操作，接著是在歷史時期，藉由理性的實踐，也就是勞動。不受控制的擬態被唾棄了。手持烈火劍的天使，把人類逐出樂園，趕到技術進步的軌道上，他自身就是進步的象徵。幾千年來，統治者努力要阻止其後代子孫和臣民回歸到擬態的生活方式，從宗教方面的禁止拜偶像，在社會方面的排斥演員和吉普賽人，一直到教育孩子們改掉幼稚的習慣，這些都是文明的條件。社會和個人的教育加強了人們在工作方面的客體化行為模式，並且讓他們不再隨著周遭的自然載浮載沉。是的，所有的轉向，所有的投入，都有擬態的影子。自我在對它堅硬心腸時就已經被陶塑了。自我藉由其形構而完成了從反射性的擬態到受支配的反省的轉變。「在概念裡的認知」，也就是把差異歸納到同一性裡，取代了對自然的身體擬態。但是那讓同一性產生的情況，無論是擬態的直接同一性或綜合作用的間接同一性，無論是在生命的盲目行動裡模仿事物，或是在科學的概念結構裡比較那些被物化的元素，它始終是個驚嚇的情況。社會把自然威脅當作恆常而有組織的衝動而延續它，那衝動在個體裡一貫地作為自我保存而重現，作為對於自然的社會宰制而反擊自然。科學是一種重複，雕琢為被觀察到的規律性，並且保存在

刻板印象裡。數學公式是有意識的遞歸操作，就像以前的巫術儀式一樣；數學是擬態極致的昇華活動。科技為了自我保存而對於死去的東西的調適，不再像巫術那樣經由對於外在自然的身體模仿，而是透過各種心智歷程的自動化，把它們轉變成盲目的流程。科技的勝利使得人性的表現既可以控制又具有強迫性。對於自然的擬態只剩下對它的冷酷無情。在現代世界裡，保護色和恐嚇色變成了對於自然的盲目宰制，而它等同於有遠見的目的性。

　　在中產階級的生產方式裡，在所有實踐裡不可抹煞的擬態天性已經被遺忘了。無情的禁止回歸變成了一個災難，如此澈底的拒絕回歸，使得人們再也記不得他們曾經拒絕過。被文明迷惑的人們，唯有別人的某些姿勢或行為模式，理性化的環境裡被孤立而引以為恥的殘餘習慣，才會讓他們經驗到自己被視為禁忌的擬態性格。被視為異類而唾棄的，人們對它也不會太熟悉。[1] 它潛伏在被文明壓抑的直接性的容易感染的舉止裡：撫觸、依偎、安慰、勸告。現在，那些感動因為不合時宜而讓人厭惡。人們在諂媚顧客、威脅債務人或躲避債權人時，那些姿態似乎把長久以來被物化的人際關係重新轉譯為個人的權力關係。感動總是教人尷尬，而單純的興奮就沒有那麼

1　Freud, Das Unheimliche. Gesammelte Werke. Band XII. S. 254, 259 u.a. 。

難為情。所有非人為操縱的表現看起來都像是以前被操弄的表現那樣的扮鬼臉：電影院、動用私刑的暴民、領袖的談話。然而無紀律的擬態卻是以前的統治者烙在被統治者的生活上面的印記，經由童年無意識的模仿歷程代代相傳，從猶太拾荒者到銀行家。如此的擬態會讓人憤怒，因為面對新的生產模式，它揭露了古老的恐懼，而人們為了在那些生產模式裡求生存，必須忘記那恐懼。讓文明人類特別憤怒的，就在於行為裡的強迫性元素、施虐者和受虐者的憤怒，不分青紅皂白地重現在那些鬼臉裡。要命的現實回答了無力的表象，而嚴肅則回答了遊戲。

扮鬼臉就像遊戲一樣，因為它不是什麼嚴肅的工作，反而喜歡描繪讓人反感的東西。它似乎是要解開存在的枷鎖，以逃避生命的嚴肅：因此它是虛妄的。但是所謂的表現，是一個巨大力量的痛苦回響，在哀傷裡我們聽到那個力量。表現總是誇大的，無論它有多麼真誠，因為就像每個藝術作品一樣，我們在哀號裡似乎可以聽到整個世界。唯有實踐才是相稱的。唯有實踐才可以止息痛苦，而不是擬態。但是實踐的結果只是個漠然不動的臉孔，而到了這個年代的尾端，就成了專家、政客、神父、導演和流氓的娃娃臉了。法西斯主義的煽動者和地方官員的叫囂窮途，則突顯了這個社會情況的另一面。他們的吶喊就像做生意那樣冷漠無情。他們甚至褫奪了自然的悲

鳴，並且把它變成科技的元素。演說者的聲嘶力竭，就像是德軍空襲的警報器一樣：讓人不寒而慄的驚慌叫聲不斷被播放。受難者最初控訴暴力的哭喊，甚至是用來指涉受難者的字眼，法國人、黑人、猶太人，都被他們刻意用來讓原本應該奮起反擊的被迫害者感到絕望。他們是偽造恐慌的擬態的照片。他們在裡頭複製他們提心吊膽的權力的貪得無饜。一切都必須被利用，一切都是屬於他們的。光是異己者的存在就已經夠讓人惱火的了。每個異己者都「很礙眼」，因此得告訴他們要安份一點，限制那不受控制的恐懼。要讓尋找庇護所的人永遠找不到；那些訴說出每個人渴望的東西（和平、家鄉和自由）的人，就像游牧民族和流浪漢一樣，早就被剝奪了定居的權利。人們害怕什麼東西，就會被施加其身。他們即使是死了，也不得安息。墓園的破壞不是反閃族主義的脫軌行為，它就是反閃族主義本身。被流放者不由自主地喚醒人們想要流放他們的衝動。暴力留在他們身上的烙印永不止息地點燃暴力。凡是想要過著如草木般的生活的人們，都必須被剷除掉。低等動物慌不擇路的成群逃竄反應，被刑求者的痙攣表情，在在表現了受苦難的生命無法控制的東西：擬態的衝動。在動物的垂死掙扎裡，在自由的另一個極端，自由就像物質被粉碎了的命運一般，勢不可擋地照射進來。號稱是反閃族主義的動機的癖性，便是要抵抗那自由。

　　政治的反閃族主義所駕馭的心理力量，正是這個被理性化了的癖性。「領袖」及其黨羽習以為常的所有藉口，都可以讓人們很崇拜地向擬態的誘惑讓步，而不致於公開牴觸現實原則。人們可以很討厭猶太人而又不斷地模仿他們。沒有哪個反閃族主義者在血液裡不曾想要模仿他們所謂的猶太人性格的。而擬態的密碼不外是：好辯的手勢、以抑揚頓挫的語調不加思索地描繪某個事件或感覺、鼻子、人相學的「個體化原理」，猶如一種文字，把個人的個殊性格寫在臉上。在嗅覺的模糊偏好裡，殘存著對於卑下的東西的古老渴望，亦即渴望與周遭的自然、土地和污泥直接統一。在所有感官裡，嗅覺的行為，亦即被吸引卻沒有明確的對象，是最官能的衝動，渴望沉醉在他者裡頭並且成為一體。這就是為什麼氣味，既是知覺也是知覺對象（兩者在嗅覺行為裡合而為一），比其他感官更加表情豐富。在觀看時，我們仍然是我們自己，但是在嗅覺行為裡，我們卻被溶解了。因此，文明認為氣味是個羞恥的東西，是下層社會、弱勢種族和低等動物的記號。對於文明人而言，只有在為了真正的或表面的實用目的而以合理化的方式去擱置禁忌時，才會被准許沉醉在這種欲望裡。人們可以沉湎於被蔑視的欲望，當他們信誓旦旦要根除那欲望時。這就是玩笑或惡作劇的現象。它是對於真正的成就的東施效顰。人們把擬態的作用戲稱為被輕視的或妄自菲薄的東西。猛嗅著「壞」氣

味而想要除去它們的人們，不妨把嗅覺比擬為內心的欲望，也就是從氣味本身得到非理性的快感。文明人無條件地認同於懲忿窒欲的機制而為被抑制的衝動消毒，藉此予以放行。當它跨越門檻時，嘲笑就出現了。這就是反閃族主義的反應方式的模式。當統治者解除禁令時，反閃族主義者齊聚慶祝，只有在這個時刻，他們才成為一個團體，才構成一個物以類聚的社群。他們的怒吼變成井然有序的笑聲。指控和威脅越是殘酷，憤怒就越強烈，嘲笑也就越尖酸刻薄。憤怒、嘲弄和被毒化了的模仿，其實是同一個東西。法西斯主義的口號、儀式性的教條以及整個整齊劃一而非理性的工具的意圖，即在於使模仿的行為成為可能。挖空心思想出來的符號適用於一切反革命行動，死者的頭顱和假面具、野蠻的鼓聲、話語和手勢的單調重複，都是有組織的模仿巫術習俗，是對於擬態的擬態。「領袖」以其演技拙劣的表情以及歇斯底里的領袖氣質帶動輪舞。他在表演裡是個代理人，扮演其他人在現實裡不被允許的角色。希特勒可以扮成小丑，墨索里尼唱歌就像鄉下男高音一樣荒腔走板，戈培爾伶牙利齒，活脫像他力陳屠殺的猶太商人，庫格林（Coughlin）像救主一樣宣講愛的教義，他描繪十字架苦刑，卻只是讓人們流更多的血[譯5]。法西斯主義之所以是極權主義，也在於它千方百計要讓被壓抑的本性對於統治的反叛直接為統治所利用。

　　這個機制需要猶太人。他們刻意被提高的能見度，就像磁場一樣影響到基督教文明裡的嫡子。落地生根的基督徒從他們和猶太人的差異裡看到他們共同的人性面，卻因此在他們心裡引發了對立和陌生的感覺。於是，那些禁忌的、悍然與勞動牴觸的衝動，被轉換成對應的癖性。作為自由主義意識型態下最後一個被欺騙的騙子，猶太人的經濟地位卻沒有給予他們自己可靠的保護。由於他們早已習慣了那種心理感應的產生，也就不由自主地順從這些作用。它們和被法西斯主義李代桃僵的反叛本性有共同的命運：既盲目又敏銳地利用它們。無論那些會造成惡性傳染的擬態特質是否真的屬於作為個體的猶太人，或者只是被強加在他們身上，那都無關緊要。如果握有經濟力量的人終於不再害怕聘任法西斯主義的辯護人，就會自動有所謂「民族共同體」的和諧起來和猶太人分庭抗禮。當統治者漸漸和本性疏離、卻因而回到單純的本性的時候，就會犧牲猶太人。他們會指控猶太人施行被禁止的巫術以及血腥的儀式。原住民潛藏的、渴望回到擬態的獻祭習俗，偽裝為控訴，而在他們的意識裡藉屍還魂。被文明終結掉的原始時代的殘忍習俗，一旦作為一種理性的利益，經由投射到猶太人身上而被平反，就再也無法制止它了。它可以在現實裡大行其道，他們的惡行猶甚於被投射的罪行內容。對於猶太人的罪狀的民族主義幻想，說他們殺嬰、虐待狂、荼毒民族以及國際集團犯罪，正

好定義了反閃族主義無法實現的夢想。一旦發展至此，光是「猶太人」一詞，似乎就代表了血腥殘酷的鬼臉，其形象就展開在納粹黨的旗幟上（結合了骷髏頭和被碾過的十字架）；稱某個人是「猶太人」，差不多就是無所不用其極地詆毀他，直到他符合該形象。

　　文明是社會對自然的征服，把一切都轉化為單純的自然。猶太人在一千多年來也參與其中，無論是啟蒙運動或是犬儒主義。他們是現存最古老的先祖，一神論的化身，把禁忌轉化成文明的規箴，而其他民族還沉溺在巫術裡頭。基督徒始終徒勞無功的，猶太人似乎做到了：利用巫術自身的力量廢黜了巫術，而巫術作為對神的敬拜卻反噬自己。他們與其說是摒棄了對於自然的順服，不如說是把它揚昇為儀式的純粹義務。如此，他們既保存了和解的記憶，而不會經由象徵讓神話復辟。因此，對於進步的文明而言，他們既落伍而又太前衛，既類似而又大相逕庭，既聰明又笨拙。他們作為最早的中產階級，就那些起初被他們壓抑心裡的衝動而言，他們並沒有什麼過錯：無法抵抗低等本能的誘惑、對於動物和土地的衝動，以及偶像崇拜。他們因為創造了淨食（Koscher）的概念，而被當作豬來迫害。反閃族主義者自命為舊約的執行者：他們想辦法要讓猶太人歸於塵土，因為猶太人吃了知識之樹的果子。

六、

　　反閃族主義以虛假的投射為基礎。該投射是真正的擬態的對立面，和被壓抑者關係甚深，投射或許就是一種病態性格，而後者就沉澱在投射裡。如果說擬態是讓自己肖似周遭環境，那麼虛假的投射就是讓環境肖似自己。對於擬態而言，外在世界是內在世界亦步亦趨的模型，好讓陌生的變成熟悉的，然而投射卻是把擾動的內在世界拋到外在世界去，把最親密的朋友當作敵人。不被主體承認卻仍然屬於主體的一切衝動，都被歸為客體：預期的受害者。一般的偏執狂無法自由選擇受害者，他們臣服於疾病的法則。在法西斯主義裡，該行動則被政治利用，疾病的客體被定義為符合現實的東西，在一個把離經叛道變為精神病的世界裡，幻覺的體系也變成了理性的標準。極權主義政權所利用的機制和文明一樣古老。被人性壓抑的性欲衝動，殘存在個體和民族裡，在想像裡把周遭環境變成魔鬼的世界，藉以自我保存和實現。盲目的殺人狂總會在受害者身上看到迫害者的影子，驅使他們拚命要自我防衛，最有權勢的有錢人覺得他最卑微的鄰居們是個無法忍受的威脅，儘管還沒有臨到他身上。合理化既是一種詭計，也是不由自主的行為。當某個人被選擇當作敵人時，就已經被認知為敵人了。疾病是在於主體無法在被投射的內容裡區分屬於自己的和

外來的部分。

　　在某個意義下，所有認知都是一種投射。感官印象的投射是遠古以來的動物性遺傳本能、用來防衛和覓食的機制，以及戰鬥準備的延伸作用，是高等物種對於活動的反應，無論他高不高興，而且不管活動客體的意圖為何。投射和其他已經成為反射動作的攻擊和防衛作用一樣，在人類心裡自動操作。如是，他的客體世界其實是「深藏於人心深處之一種技術，自然似難容吾人發現之、窺測之者」的產物。[2] 如果我們把康德的知識批判用在人類學上，那麼物的體系，固定的宇宙秩序（科學只是關於它的抽象表現），就只是動物的求生工具的無意識產物。也就是自動性的投射。然而在人類社會裡，隨著個體的形成，感情生活和知性生活也被區分開來，個人也需要更嚴密地控制投射，他必須學會推敲和抑止它。由於他在現實利益的衝動下學會了區分外來的和自己的思想和感覺，於是產生了外在和內在、疏離的可能性和認同的可能性、自我意識和良知之間的區別。我們需要更仔細的反思，以了解受控制的投射以及它如何墮落為虛假的投射（那正是反閃族主義的本質）。

　　知覺的生理學理論被自康德主義以降的哲學譏為幼稚的實在論以及循環論證，它認為知覺的世界是由知性主導，反映著

2　Kant, Kritik der reinen Vernunft. 2. Auflage. Werke. Band III. S. 180 f。

大腦從真實對象感受到的與料。根據這個觀點，每個點狀的指數或即印象皆由知性加以排序。完型心理學者或許堅持說，生理的實體不僅感受到點，也感受到結構，而叔本華和海姆霍茲（Helmholtz）儘管知道該觀點有循環論證的毛病（或正是因為如此），相較於新心理學或新康德主義學派的正統推論，他們卻更加清楚主體和客體的交叉關係：知覺意象的確包含了概念和判斷。在真實的對象和不容置疑的感覺與料之間、在內在和外在世界之間展開著一道深淵，那是主體必須冒險去跨越的。為了如實映現事物，主體所反饋的必須多於它從對象得到的。主體以事物留在感官的線索重構外在世界：事物在其雜多的屬性和狀態裡的統一性；主體學習不只為外在印象，也為逐漸與外在印象分化的內在印象賦予綜合的統一性，據此回頭建構自我。同一性的自我是最近的恆常不變的投射產物。在一個必須隨著人類生理構造的能力完全開展而在歷史裡實現的歷程裡，這個自我於是開展為一個既統一性又離心性的功能。而即使它是個自動被客體化的主體，也只是根據它所認知的外在世界構成的。主體的內在深度只存在於外在知覺世界的精緻和豐盈。當這個交叉關係被打破，自我就會僵化。如果它只是如實證主義所說的，記錄與料而不曾有任何反饋，那麼它就會坍縮成一個點，而如果它像觀念論所說的，由自我的無底源泉構畫起整個世界，那麼它只會在單調的重複裡原地打轉。兩者都放

棄了精神。經由中介，沒有意義的感覺與料讓思想充分發揮，而思想也完全臣服於強烈的印象，唯有該中介，才能夠克服那束縛著整個本性的孤獨。和解的可能性並不會出現在不被思想困擾的確定性，也不在於知覺和對象在概念之前的統一性，而在於它們被反映出來的對立。區別在主體裡發生，主體在自己的意識裡擁有外在世界，卻把它認知為他者。那個反映的行為，或即理性的生命，於是實現為一種有意識的投射。

　　反閃族主義的變態並不在於投射行為本身，而在於投射行為裡的反映（Reflexion）的中止。由於主體再也無法把它所接收到的東西反饋給客體，使得它自身不但沒有更豐富，反而更貧乏了。它失去了兩個方向的反映：它不再反映對象，因而不再反省自身，也失去了鑑別差異的能力。它沒有聽到良知的聲音，而只聽到眾聲喧譁；它沒有回到自身去記錄它自己的權力欲，卻把錫安山的先祖的記錄推給別人。它既溢溢氾濫，卻又乾涸荒蕪。它沒有限制地把在它裡頭的東西授予外在世界；但是它所授予的，卻是完全無意義的東西：小題大作的手段、各種關係、陰謀詭計，以及沒有思想的前瞻而在黑暗中摸索的實踐。統治本身，即便是極權統治，原本也只是個手段，在肆無忌憚的投射裡卻變成自身的和他人的目的，甚至成了目的本身。在個人的疾病裡，人類銳利的知性工具反噬人類自己，就像是原始的動物世界裡盲目的武器，為了種族而不停用來對付

其他自然物種的工具。正如人類自崛起以來對其他物種展示了演化史裡規模最大且最可怕的滅絕行動，正如在人類當中，先進的民族和原始的民族、技術優越的民族和落後的民族的對立，罹病的個體也和其他個體對立，無論是誇大狂或被迫害妄想狂。在兩者裡，主體都在中心，世界只是它的幻覺的場所；它成了被投射其上的東西的無力或全能的範型。妄想症病患老是盲目抱怨的阻抗，其實是缺乏阻抗的結果，是自我遮蔽的主體在四周造成的空虛的結果。妄想症病患停不下來。在現實世界找不到支點的各種念頭始終非常堅持，而成了一種固戀（fixen）。

　　妄想症病患認知的外在世界是根據它如何對應他的盲目目的，因此總是只能重複他被異化為抽象的躁狂症的自我。權力本身的赤裸結構，對於他人或是自我矛盾的自我而言都同樣不可抗拒，它看到什麼就抓住什麼，不管那東西的特質，一概編織到它的神話網裡。始終同一的東西的封閉性成了全能者的代理人。那就像是蛇對始祖說「你們便如上帝」，而在妄想症病患身上兌現其承諾。妄想症病患依照他的形象創造一切。他似乎不需要有生命的東西，卻要求一切供他驅策。他的意志充塞一切，沒有任何東西可以與他無關。他的體系絕無漏洞。作為占星家，他授予星座足以讓盲從者墮落的力量，無論是在治療前的階段裡的他人，或是治療裡的自我。作為哲學家，他把歷

史變成無法避免的災難和衰亡的行刑者。作為完全瘋狂或絕對
理性的人，他以個別的恐怖行動或計畫周詳的種族屠殺策略消
滅那些被標記的人。如是他得以成功。正如女性總是崇拜冷漠
無情的妄想症男人，許多國家也向極權的法西斯主義下跪。崇
拜者身上的妄想症因子同時回應了妄想症病患和惡魔，他們對
於良知的恐懼則和他的肆無忌憚（他們還很感謝他）彼此唱
和。他們跟隨著那個流目瞥見他們的人，他不把他們當作主
體，而在他基於各種目的的活動裡操縱他們。那些女性和其他
人一樣，把佔有若干權力地位當作他們的宗教，而把自己變成
被社會貼上標籤的壞東西。而那讓他們想起了自由的眼神，也
必定是以一個過於天真的誘惑者的眼神瞥向他們。他們的世界
是顛倒的。但是他們也知道，就像古代諸神迴避他們的信徒的
眼光一樣，在簾幕後面住著死去了的東西。從沒有妄想症的人
信任的眼神裡，他們想起了在他們心裡死去的精神，因為他們
在外頭只看到他們自我保存的冰冷工具。這樣的眼神交會喚醒
他們心裡的羞愧和憤怒。然而他們沒有真的遇到瘋子，雖然他
可能曾經像「領袖」那樣和他們四目相視。他只是讓他們激動
亢奮。他著名的直視眼睛不像隨意的眼神交會那樣，並不能保
護個體性。它會讓人固戀。它要其他人躲在自己的人格無窗戶
的單子圍牆裡面，因而要求對方單方面的忠誠。它並沒有喚醒
良知，反而急於要求人們承擔責任。凝眸審視和匆匆一瞥，催

眠般的眼神和輕忽的眼神，其實是一樣的，它們都抹滅了主體。因為這兩種目光都缺少了反省，於是無反省性的人們受到了震撼。他們被背叛了：女性被拋棄，民族被燒成灰燼。而封閉者仍保有神的大能的諷刺畫。正如神的威儀缺少了在現實世界裡的創造力，神也像魔鬼一樣，缺少了他所篡奪的原理的屬性：永誌不忘的愛，以及躲在自己裡頭的自由。神心懷惡意，被衝動驅使，而且缺點和優點一樣多。如果說，神的大能是把受造者拉到自己身邊，那麼魔鬼的、虛構的大能，就是把一切都拉到他的無能裡。這是他們的統治的祕密。自我不由自主地投射，這樣的自我只能投射他自己的不幸，而由於他缺少反省，始終無法明白潛藏在不幸自身裡的理由。於是，虛假的投射的產物，思想和實在界的刻板印象結構，便帶來了災難。對於沉淪於自己無意義的深淵裡的自我而言，對象成了墮落的隱喻，裡頭蘊含著他自己的毀滅。

　　關於病態投射的精神分析理論認為，其實質在於主體的禁忌衝動以社會性的方式轉移到客體，在「超我」的壓力下，自我把源自「本我」的強烈而可能反噬自己的攻擊欲望當作惡意，而投射到外在世界，並且把它當作對於外在世界的反彈而打發掉，無論是藉由在幻想裡和所謂的罪犯的認同，或是在現實裡所謂的自衛。轉換成攻擊的禁忌多半是同性戀之類的。由於害怕被閹割，他把自己的感情比擬作一個小女孩而先把自己

給去勢，而仇父情結也被壓抑為永久的憎恨。在妄想症裡，憎恨轉向去勢情結，變成一種普遍的破壞狂。病患退化到無法區分愛與征服的古老狀態。對於他而言，重要的是不計任何代價地得到身體的親近、佔有以及關係。他無法承認自己的欲望，於是化身為嫉妒者和迫害者去攻擊別人，正如壓抑的雞姦者化身為獵人和趕獸人去追捕動物。其魅力來自過度迷戀或是一見傾心；那魅力可能是源自大人物，例如政治反動者或刺殺總統者的對象，或是最可憐的人，例如大屠殺的受害者。固戀的對象和兒童時期的父親形象一樣，都是可取代的；固戀的任何對象總是切中其目的；關係妄想症（Beziehungswahn）|譯6|會波及一切不相關的東西。病態的投射是自我的絕望行動，根據佛洛伊德的說法，自我對於內在刺激的抵抗力不如外在刺激。在鬱積的同性戀攻擊的壓力下，心理機制忘記了它在系統發生史上的最新成就，也就是自我認知，而把那攻擊體驗為在世界裡的敵人，才更能夠應付那攻擊。

　　然而，這個壓力也籠罩著健康的認知過程，它是認知過程裡無反省力的、有暴力傾向的幼稚性元素。每當知性能量刻意專注於外在世界時，也就是追蹤、確認和把握，使用那些從原始無法抵抗的動物習性精神化為宰制自然的科學方法的種種功能，主觀過程很容易在結構化當中被忽略掉，而系統也被認定為事物本身。對象化的思維就像病態的思維一樣，都包含著與

事物無關的主觀目的的恣意，並且忘記了事物，而在思維裡以暴力對待它，正如其後在實踐裡的行為。文明人的絕對現實主義，其極致即為法西斯主義，其實是妄想症的一個個例，它讓自然寸草不生，最後則使得民族本身滅絕。妄想症就棲息於每個客體化的行動都必須跨越的不確定性深淵裡。由於沒有任何絕對有說服力的論證可以反駁實質上錯誤的判斷，那些判斷潛藏其中的被扭曲的認知也就積重難返。每個認知在無意識裡都包含了概念的元素，正如每個判斷暗地裡都包含了現象論（phänomenalistisch）的元素。因為想像力和真理有關，對於受損害者而言，真理就似乎是個幻想，而對於真理的幻覺倒成了真理。受損害者不斷地展示內在於真理的想像性元素，藉此靠它過活。基於民主精神，他堅持他的幻覺也擁有平等的權利，因為其實就連真理也沒有什麼說服力。儘管人民或許承認反閃族主義是不對的，他們也會認為受害者也是罪有應得。於是，希特勒以國際法裡的主權原則（容許在其他國家裡的任何暴力行為）為名，主張擁有種族滅絕的生殺大權。就像每個妄想症患者一樣，他口是心非地把真理和詭辯混為一談而自其中漁利。它們的差別既沒有什麼說服力卻又非常明確。唯有事物已經被認知為規定性的、某個種類的個例，知覺才是可能的。知覺是中介了的直接性（vermittelte Unmittelbarkeit），是在感性的誘人力量裡的思維。主體性的東西被知覺盲目地錯置

到虛假的客體既存性（Selbstgegebenheit）裡。唯有思維的自覺努力（根據萊布尼茲和黑格爾的觀念論的說法，也就是哲學），才能掙脫這個虛幻的東西。在認知的過程裡，思維看到了被知覺直接定立因而具有說服力的概念元素，於是把那些元素循序漸進地放回到主體裡，褪去它們的直觀力量。在這個過程裡，任何早期階段，包括科學的早期階段，在哲學面前就像知覺一樣，是一個充滿著不知名的知性元素的、異化了的現象；執著於該階段而不去否定它，那是知識的病症之一。幼稚地把一切給絕對化的主體，無論是否普遍有效，都是病態的，屈服於虛假的直接性的炫惑力量。

　　如此的炫惑卻是每個判斷的構成性元素，是個必要的假象。每個判斷，即使是否定的判斷，都是一個保證。無論判斷為了自我修正而刻意炫耀自身的孤立性和相對性，卻必須聲稱它謹慎推敲斟酌的內容和主張不只是孤立和相對性的。這就是判斷的本性，而那個附加條款只是它的藉口。真理不像或然率那樣，它沒有程度的區別。那超越個別判斷並拯救其真理的否定性手段，唯有把自己視為真理而成了所謂的妄想症，才有可能實現。真正的錯亂（Verrückte）就存在於不可挪移的東西（Unverrückbare）裡頭，在於思維對於否定的莫可奈何，在否定裡，不像固執的判斷那樣，確實存在著思維。妄想症式的過度堅持，一成不變的判斷的「壞的無限性」（schlechte

Unendlichkeit），其實是思維的無法始終如一。妄想症患者不僅無法以思維打破絕對性的主張，使其判斷更加確定，反而沉醉於那使得判斷失敗的主張。思維不僅沒有深入探討事物，反而完全絕望地為個殊的判斷所役使。判斷的不可抗拒性就像它的完整無缺的實證性一樣，而妄想症患者的軟弱也和思維本身的軟弱如出一轍。在健康的主體裡能夠打破直接性的力量的省思（Besinnung），從來不曾像它所揚棄的假象那樣具有說服力。作為否定性的、反思性的、非直線性的活動，省思缺少那蘊含在實證性事物裡頭的粗暴性。如果說，妄想症患者的心理能量源自精神分析所揭露的那種原欲（libidinös）動力，那麼它的無懈可擊則是奠基於和對象化行動不可分的歧義性；的確，對象化行動的幻覺力量原本是很有決定性的。我們可以用天擇說的語言去解釋，在人類感官系統的形成期，在存活著的個體裡的投射機制的力量，最能深入那退化了的邏輯能力，或是最不受那不成熟的反省的約制。即使到了現在，真正成果豐碩的科學研究也需要有不折不扣的定義能力，或是使思想落在符合社會需求的地方的能力，或是界定一個可以窮究極微而沒有人可以超越的領域的能力，同樣的，妄想症患者也無法踰越由他們的心理宿命設定的旨趣情結。患者的洞察力會在由固戀的觀念圍起來的圈子裡消耗殆盡，正如人類天賦在技術文明的魔咒裡煙消雲散一樣。妄想症是認知的陰影。

　　心靈的虛假投射傾向已經到了災難性的地步，以致於作為自我保存的孤立結構的投射，威脅著要宰制那可能踰越自我保存目的的東西：文化。虛假的投射是自由和教養（Bildung）的王國裡的僭主；妄想症是見識淺薄者（Halbgebildete，或譯「半教育者」）的症狀。對於這種人而言，一切話語都成了幻覺的體系，也就是想要在心裡佔領他們的經驗無法踰越的那個領域，硬要為那使他們變成無意義的世界賦予一個意義，同時又誣蔑那些他們不得其門而入的知識和經驗，而原本是社會不讓他們接觸它們的，他們卻怪罪它們。見識淺薄不同於未受教育（Unbildung），他們會把管窺之見當作真理，對於他們而言，內在和外在世界、個人際遇和社會法則、表象和本質之間的隔閡，已經到了不能忍受的地步。這種疾病的確包含了真理的元素，而不只是單純接受佔優勢的理性所支持的既有事物。而見識淺薄者一成不變地以各自的方式緊抓著他們的恐懼，或是用來解釋已經發生了的不幸，或是預言那時而偽裝成重生的災難。在那樣的解釋裡，他們自己的欲望表現為客觀的力量，而該解釋也總是膚淺且無意義，正如孤立的事件本身，既幼稚又不懷好意。現在的蒙昧主義體系的作為，和中世紀正統宗教的魔鬼神話容許人們所做的沒什麼兩樣：他們恣意地給外在世界派上一個意義，而現在孤獨的妄想症患者則是根據私密的、無法和任何人分享的、因而看起來是瘋狂的結構去

完成它。而消解的方法卻是可怕的祕密禮拜和萬靈藥方，它們偽裝成科學，卻又排斥思維：通神學（Theosophie）、命理學（Numerologie）、自然療法（Naturheilkunde）、身體律動術（Eurhythmie）、齋戒（Abstinenzlertum）、瑜伽以及無數其他教派，它們既分庭抗禮又可以相互取代，各自擁有學院、階級制度、術語，以及盲目崇拜的科學和宗教的官僚用語。有教養的人們始終認為它們是可疑的，因而不屑一顧。但是如今教育基於經濟的理由而漸漸沒落，大眾的妄想症也面臨了意想不到的狀況。過去的信仰體系被人民視為封閉的妄想症形式，它的網眼其實更大。正因為那些體系的理性架構和規定性，它們至少在其上半部保留了教養和精神的空間，其概念正是它們自己的媒介。是的，在某個意義下，它們是在抵抗妄想症。佛洛伊德把精神疾病稱作「各種反社會的形構」（asoziale Bildungen），在這裡頗為貼切；「他們想要以私人的手段去完成那在社會裡以集體努力才能做得到的事」|3|。信仰體系堅持那保護個體免於患病的集體性裡的某種性質。疾病被社會化了：在共同的出神的陶醉裡（的確，他們是個團體），盲目變成一種關係，妄想症的機制也可以被控制，卻又沒有失去怖畏的力量。或許這是宗教對於種族的自我保存的重大貢獻之

3　Freud, Totem und Tabu. Gesammelte Werke. Band IX. S. 91。

一。妄想症的意識形式亟欲建立同盟、派系和幫派。成員們害怕獨自去相信他們的精神錯亂。他們把它投射出去，舉目所見，盡是各種陰謀和勸人改信猶太教。既得利益的團體總是對於他人採取妄想症的態度；就此而論，偉大的帝國，整個有組織的人類，沒有比獵人頭的野蠻人好到哪裡去。那些被迫與人類隔絕的人，和那些因為渴望人群而自我隔離的人，他們都知道：那些團體在迫害他們的時候，其病態的凝聚力會增強。然而，正常的成員在分受了集體的妄想症以後，卻會放下他們自己的妄想症，狂熱地執著於客體化的、集體化的、被認定的幻想形式。他們因為「害怕空白」（horror vacui）而獻身於他們的同盟，那個「害怕空白」讓他們團結在一起，給予他們勢不可擋的力量。

教養也經由中產階級的資產而普及開來。它把妄想症擠到社會和心理的黑暗角落。但是精神的啟蒙並沒有真正讓人類解放，而教養自己也生了病。社會的腳步越是跟不上有教養的意識，意識本身就越容易屈服於一個物化的歷程。文化完全變成商品，像資訊一般普及，卻沒有滲透到習得者心裡。思考上氣不接下氣，只知道要去了解孤立的事實。他們認為思想的關聯性是累贅的而棄置一旁。思想裡的開展性元素，其中所有發生性的（Genetisch）和內包性的（Intensiv）元素都被遺忘了，並且被降格為直接臨在的東西，也就是外延性的（Extensiv）元

素。現在的生活狀況沒有給予自我多少思考推論的空間。思想
被拆解成知識，因而喪失其功能，只是忙著應付個別勞動市場
的要求，提高個性的商品價值。於是那用以對治妄想症的精神
的自我省思就瓦解了。最後，在後期資本主義的種種限制
下，見識淺薄也變成了所謂的客觀精神。在一個極權統治時
期，氣量褊狹的政治掮客以及整個幻覺系統因而得以復位，成
為最後的手段（ultima ratio），並且強加在大多數早已屈服於
大型工業和文化工業的被統治者身上。清醒的意識很容易就可
以看出政權的荒謬，政權需要病態的意識才能生存下去。只有
迫害狂才會喜歡迫害（統治必然會過渡成迫害），因為他們可
以迫害別人。

　　在法西斯主義裡，中產階級文明為婦女和孩子辛苦培養的
責任感被要求個人始終服從規則的主張給遮翳了，而良知也被
謀殺掉了。不同於杜斯妥也夫斯基（Dostojewskij）和「德意志
內在性」（deutsche Innerlichkeit）信徒所想像的，良知只存在
於自我對於外在事物的奉獻，在於把別人真正關心的事當作自
己的事的能力。這個能力也就是反省的能力，是感知和想像力
的相互滲透。因為大企業消滅經濟獨立的主體，一則吞併獨立
廠商，再則把勞工轉變成工會的客體，勢不可擋地侵蝕著道德
決定的經濟基礎，反省當然也就萎縮了。靈魂是唯一讓罪惡感
可以自我揭露的地方，現在也溶解掉了。良知失去了對象，因

為個體對自己的責任感以及他們擁有的東西，直接被他們對組織的貢獻給取代了（即使仍然是以古老的道德為名）。各種內在衝動的矛盾再也無法得到裁決，而那原本是良知主體的工作。社會誡命的內化使得誡命本身更具有約束力和公開化，也讓它自社會解放出來，甚至和社會對抗，但是現在個人卻是準確而直接地認同於刻板的價值尺度。德國的模範女性擁有一切婦女的德行，正如德國真正的男人擁有一切男性的德行一般，而他們的反面，就是那些盲從的、有害社會的類型。儘管權力體系有明顯的劣跡惡行，卻也正因為如此，它變得極為強大，使得充滿無力感的個人只能盲目服從以乞求好運。

在這個權力底下，要決定絕望的自我保存把它對於恐懼的罪惡感投射到哪裡，就只能憑著由黨派操縱的偶然性了。猶太人註定是這個被操控的偶然性的對象。他們曾經佔有經濟優勢的通貨領域正在縮小當中。以前，自由主義的企業形式還容許分散的個別財富擁有政治影響力。現在，剛被解放的財富擁有者卻反而受制於那些和國家機器結合、並且超越所有競爭者的資本強權。不管猶太人真正的性格是什麼，他們的被打敗者的形象裡總是有著極權統治者恨之入骨的性格：沒有權力卻很快樂，不必勞動卻有報酬，沒有界石卻有家鄉，沒有神話卻有宗教。統治者禁止這些性格，因為被統治者暗地裡很渴望它們。唯有讓被統治者把他們渴望的東西變成厭惡的對象，統治

者才能夠生存下去。於是他們病態地投射到毀滅以遂行之，因為仇恨也會導向和對象的合而為一。仇恨是和解的否定面向。和解是猶太教的最高概念，而其整個意義即在於等待；妄想症的反應形式即源自於無法等待。反閃族主義者以自己的權力實現其否定的絕對性，把世界變成地獄，在他們眼裡，世界一直是個地獄。整個顛覆取決於被統治者在面對絕對的瘋狂時是否能夠控制自己，並且阻止瘋狂的蔓延。唯有思想自統治裡解放出來，並廢除暴力，才能夠讓至今始終不真實的理念成為現實，也就是說，猶太人是個人。這會是遠離讓猶太人和其他人都瘋狂的反閃族主義社會而走向人性的一大步。這一步也會和法西斯主義的謊言對立，因而履行了該謊言：猶太人的問題其實是個歷史的轉捩點。精神的疾病在因反省而不動搖的自我主張的肥沃土壤上蔓生，而克服了該疾病以後，人類就不再是普世的敵對種族（Gegenrasse），而會是一個物種，它既是自然卻又不只是自然，因為它意識到自身的形象。個人和社會自統治裡的解放，是虛假的投射的反向運動，而知道要在各自心裡平息那虛假的投射的猶太人，或許再也不去模仿那毫無意義地臨到他們以及所有被迫害者（無論是動物或人類）的災禍。

七、

　　但是現在再也沒有任何反閃族主義者了。最後的反閃族主義者，是那些想要發表反自由派意見的自由派。貴族和軍官團對於猶太人刻意保持古老保守主義式的距離，到了十九世紀末就顯得太保守反動了。阿爾瓦特（Ahlwardt）|譯7| 和「棍子」孔策（Knüppelkunze）|譯8| 的作法反而比較跟得上時代。他們的信徒和跟隨「領袖」的群眾沒什麼不同，但是他們的支援則是來自整個國家裡的滋事者和不滿分子。當人們大聲說出反閃族主義的念頭時，他們覺得自己既是中產階級也是反叛者。民族主義式的咒罵仍然只是對於公民自由的曲解而已。反閃族主義的啤酒屋政客洩漏了德國自由主義的謊言，他們靠那謊言過活，最後卻也終結了它。即使他們以自己的平庸作為毆打猶太人的藉口（其中已經暗藏著集體謀殺的動機），但是他們仍然有足夠的經濟遠見，在第三帝國的風險和一個有敵意的寬容的好處之間暫且權衡得失。在主體的選擇裡，反閃族主義仍然是個很有競爭力的動機。而抉擇也總是和它有關。他們在提到「民族」的主題時，就已經挾帶了整個沙文主義的語彙。反閃族主義的判斷自始即見證了刻板印象的思考。現在則只剩下這個思考還存在。人們還是可以投票，不過是在不同的極權主義當中做選擇。對於法西斯主義的政黨候選人名冊以及好鬥的大

型企業的口號清單的單純接受，幾乎取代了反閃族主義的心理學。在群眾性政黨的選票上面，政黨機器強迫選民接受他們不曾聽過的政黨候選人名字，而且只能以全額連記（en bloc）投票，同樣的，某些核心的意識型態也被編入少數的名單裡。人們必須選擇其中一項，如果他們的立場不要像在投票日那天的分裂投票面對統計怪獸時一般的徒勞無功。反閃族主義幾乎不再是獨立的衝動，而是整個平台上的一塊木板：任何予法西斯主義可乘之機的人，都會贊成猶太人的問題應該連同工會的瓜分以及對布爾什維克主義的肅清一起去處理。反閃族主義的信念再怎麼偽裝，都早已過渡為某個立場的無主體性的代言人預先被制約的反射作用。當大眾接受一個包含了反猶太人的政見的政黨候選人名單時，他們其實就是在聽從若干社會機制，而個人對於猶太人的經驗完全不重要。其實，反閃族主義在淨空猶太人（judenrein）的區域裡的出現機會不比在好萊塢低。口號取代了經驗，認真的接受取代了經驗裡的想像活動。每個階層的成員都被指定了他們的定額的指導方針，違者將會急速滅亡。正如他們必須了解最新的飛機知識，他們也必須被教導要效忠於指定的權力機關。

　　在大量生產的世界裡，刻板印象取代了知性範疇作用的圖式。判斷的基礎不再是真實的綜合作用，而是盲目的歸類。如果說，在早期的歷史階段裡，判斷是由輕率的區別構成的，而

當下即射出有毒的箭，那麼當時的交易和司法也都生效了。判斷經歷了權衡得失的階段，保護判斷的主體，讓它不被粗暴地等同於謂詞。後期的工業社會則是墮落到「沒有判斷的判斷行為」。在法西斯主義國家，刑事訴訟裡的加速審判取代了冗長的司法程序，而人民也都知道要因事制宜。他們都學會了不要去反省，而只以現成的思考模式或術語（termini technici）去看待事物，在語言崩壞的時候，它們提供了野戰口糧。認知者不再出現在認知的過程當中。他不再擁有認知的「主動的被動性」（tätige Passivität），在其中，習慣性預定的「既有圖式」會以適當的方式去塑造範疇性元素，而反之亦然，好去正確認識對象。在各種社會科學領域，正如個人的經驗世界，盲目的直觀和空洞的概念呆板而沒有經過中介地被湊在一起。在「三百個基本詞彙」的時代裡，進行判斷以及分辨真偽的能力都消失了。在某些分工領域裡，或是高度專門化的形式裡，思考並不是專業必備的工具，因此被懷疑只是過時的奢侈品：「紙上談兵的思考」（armchair thinking）。人總該有一點產出吧。勞力工作越是因為技術的發展而顯得多餘，就越是急於被設定為勞心工作的模範，卻不准它有任何往下推論的意圖。這就是讓反閃族主義獲益匪淺的弱智化（Verdummung）的祕密。如果說即使是在邏輯裡，概念也只是作為外在的東西和個殊事物相對，那麼任何代表著社會裡的差異的東西，也會惴惴

不安。每個人都被貼上遊戲標籤：不是朋友就是敵人。對於主體的忽視，使得管理方便許多。民族被趕到別的地方去，被貼上猶太人標籤的個人則被趕到毒氣室裡。

在邏輯裡對於個體的漠不關心，是從經濟過程裡推論得到的。個體變成生產的絆腳石。科技發展和人性發展的時間落差，社會學家們所批評的「文化時差」（cultural lag），也開始銷聲匿跡。經濟理性，人們所誇耀的最小手段原則，不停地在重塑經濟的單位：無論是企業或個人。每個時代裡的前衛形式都會成為主導性的形式。百貨公司併吞了舊式的專門商店。專門商店的成長超出了重商主義的限度，它握有主動權、處分權和組織，就像以前的磨坊和打鐵店一樣，它也變成了小型工廠和自由企業，複雜、費用巨大而且有風險。於是，更有效、集中管理的零售店形式便取而代之，乃至於百貨公司。心理方面的小企業，也就是個體，他的命運也差不了多少。他是經濟活動的一顆動力電池。當個體擺脫了以前的經濟階段的監督以後，便開始自食其力：如果他是無產階級，他便在勞力市場裡受雇，並且不斷適應新的技術條件，如果他是企業主，他便勤奮地實現經濟人（homo oeconomicus）的理想型（Idealtyp）。而新生的內心小企業，精神分析則說它是無意識和意識或者本我、自我和超我的複雜動力。自我在和超我（個體裡的社會控制機制）對話時，把驅力限制在自我保存裡。到處都有衝

突，而作為一種驅力經濟的額外開支的精神官能症也無法避免。然而，複雜的心理裝置卻容許主體有若干程度的自由交互作用，而市場經濟則是存在於主體當中。但是在企業壟斷和世界大戰的年代裡，社會歷程透過無數單子的中介卻顯得非常落後。驅力經濟的主體在心理層面被徵收掉了，而由社會更理性地操作驅力經濟。個人再也不必在良知、自我保存和驅力的痛苦的內在辯證裡去決定他該怎麼做。對於一個受雇者而言，從工會到國家行政機關的整個層級會去決定一切，在私領域裡，則是由大眾文化的結構去決定，它會把被制約的消費者的每個內在衝動據為己有。委員會和明星扮演自我和超我的角色，而任何類似人格的東西都被剝奪了的大眾，比起以前本能和內心的審查機制的關係，也更加順利地根據各種口號和模型去塑造自己。在自由主義裡，如果整個社會要適應科技的狀況，那麼一部分的人民必須個體化，但是現在，如果經濟機器要能夠運轉，在領導群眾時則不能有個體化的阻礙。整個社會由經濟決定的取向，自始即支配著人類的身心狀態，卻使得個體自動適應存在環境的器官漸漸萎縮。自從思考變成分工的一部分，相關的專家和領導者們的計畫便使規畫自己的幸福的個體們顯得多餘。對於現實世界俯首貼耳且汲汲營營的適應行為的「非理性」（Irrationalität），就個體而言，卻是比理性（Vernunft）還要理性得多。如果說，以前的人民把強迫作用

（Zwang）當作良知義務內攝（introjiziert）到自己和勞工身上，那麼現在整個人類就既是潛抑作用（Repression）的主體也是客體。工業社會的進步原本應該可以被除它所招致的貧窮化定律，但是現在證成這一切的概念——作為一個位格（Person）和理性的載體的人——卻崩潰了。客觀而言，啟蒙的辯證已經突變為瘋狂。

那也是政治現實世界的一種瘋狂。作為現代溝通的密集網路，世界變得如此的千篇一律，以致於敦巴頓橡園（Dumbarton Oaks）和波斯的外交早餐會議必須被構思得有民族風味，但是只有千百萬落在網子外面挨餓受凍的人民，才能體會真正的民族特色吧。儘管世界各地同時間都可以生產豐富的貨物，而使原料和市場的搶奪顯得不合時宜，但是人類還是被分割為少數幾個擁兵自重的陣營。他們比以前無政府狀態的商品生產的工廠更加殘酷地彼此競爭，無所不用其極地要消滅對方。敵對的理由越是荒唐瘋狂，彼此的陣營就越頑固。唯有和那些權力怪獸的完全認同深深烙印在被統治者的心裡，如同第二本性一般，並且堵塞住意識的所有毛孔，群眾才能保持絕對的冷漠，好讓他們行各種奇蹟。儘管他們表面上由自己做決定，其實基本上都是被預定了的。不同陣營的政客所鼓吹的意識型態的不可妥協性，本身只是形形色色盲目的權力的意識型態。「政黨候選人名冊的思考」（Ticketdenken）是工業化及其

廣告的產物，它也延伸到國際關係上。人民選擇共產主義或法西斯主義的候選人，取決於他們對於紅軍或是西方國家的實驗室的印象比較深。以群眾的被動性為基礎的權力結構的具體化，在群眾面前表現為一個不可改變的現實，該具體化堅不可摧，使得任何的自發性以及對於真實事態的單純想像，都必然成為月迷津渡的烏托邦以及邪僻乖謬的教派主義。假象是如此的密不透風，得有幻覺的性格，才能夠看透它。相反的，投票給政黨候選人，意味著為了那固化為現實的假象而調整自己，經由如此的調整，假象便不斷地自我複製。不願投票的就會被視為脫黨者而被放逐。自從哈姆雷特以來，對於現代人而言，猶豫始終是思維和人性的記號。他們虛擲的時間既代表著個體和普遍者之間的鴻溝，也是他們的媒介，正如在經濟裡消費和生產的循環。現在，個人從統治者那裡拿到預定了的候選人名冊，正如消費者從工廠的直營店那裡得到他們的汽車。適應現實、服從權力，不再是主體和現實的辯證歷程的結果，而是直接從工廠的輸送帶生產出來的。那是毀滅的歷程，而不是揚棄（Aufhebung），是形式的歷程，而不是被規定的否定（bestimmte Negation）。不受約束的生產巨獸之所以征服個人，不是因為它滿足個人，而是因為它消滅了作為主體的個人。他們完美的理性就存在於其中，而且和他們的瘋狂完全疊合。集體和個人的極端不對稱消除了緊張關係，但是全能和無

能之間的清澈和諧本身就是個直接的矛盾，是和解的絕對對立面。

　　於是，個人的各種心理因子（始終是錯誤的社會在內心裡的代理者）並沒有和個人本身一起消失。然而，這些性格類型卻在權力運作的座標圖裡找到它們準確的位置。它們的作用力和磨擦係數都被計算進去。候選人名冊本身就是個齒輪。心理機制裡頭一切強迫症的、不自由主的、非理性的東西，都被準確地嵌入。包含了反閃族主義的反動派候選人名冊正好符合破壞狂的、保守主義的症狀。他們起初並不仇視猶太人，而是經由候選人名冊找到對應的迫害對象，才培養出驅力的方向。以前有經驗基礎的「反閃族主義的各種元素」因為失去經驗支持（反映在「政黨候選人名冊的思考」裡）而失效，現在卻被候選人重新動員起來。由於這些元素已經瓦解了，讓新的反閃族主義者感到良心不安，並且因而對於邪惡貪得無饜。正因為現在僅憑著社會所提供的綜合性結構，就可以生產出個體心理學本身及其內容，當代的反閃族主義便顯得虛無而捉摸不定。當猶太人掮客在經濟上消失了以後，他們就完全成為魔鬼的形象；如此一來，勝利來得太容易了，反閃族主義家庭裡的父親變成了不必對於無法阻擋的歷史趨勢負責的旁觀者，他只要扮演好黨工或毒氣工廠的職員的角色就好了。指派部分頑固守舊的人民去進行種族滅絕的勾當的極權國家的官員，他們只是執

行早就失效的經濟裁決而已。其他分工部門的人們，可以漠不
關心地看著讀過報紙的人談論昨天在災難現場發生的種族清洗
事件。使得那些受害者被屠殺的理由，早就被淡忘了。那些被
判定為猶太人的人們，必須經過仔細的詰問才能夠查清楚，因
為以前用來區分他們和異教徒的對立宗教，在後期工業社會的
平等化的壓力下，已經被改造而且接納為文化遺產了。猶太群
眾和每個有敵意的青年團一樣，都無法免於「政黨候選人名冊
的思考」。於是，法西斯主義式的反閃族主義，不得不先虛構
出它自己的對象。妄想症不再以迫害者的個人病史去追捕它的
獵物；妄想症既是社會的重要元素，在有此心理傾向的「同胞
們」作為病人而於內在和外在都渴求著妄想症以前，它必須待
在戰爭和經濟景氣循環的幻網背後。

　　由於反閃族主義只是可以替換的候選人名冊裡的一個項
目，該趨勢讓我們有不可辯駁的理由去期待它的終結。在猶太
人被屠殺的年代裡，領袖們原本可以輕易把反閃族主義的木板
從平台上換掉，正如他們的群眾可以輕易地從一個完全理性的
生產地點轉移到另一個地點。無論如何，「政黨候選人名冊的
思考」的趨勢的發展基礎，是在於把一切個殊的能量都化約成
一模一樣而抽象的勞動形式，無論是在戰場或攝影棚裡。然
而，這些情況卻無法過渡到比較人性的狀態，因為無論是有利
或不利的條件，都面臨著相同的處境。對於進步主義必然推論

得到的政治權力結構而言，自由選擇進步主義的候選人的權利似乎只是個表象，正如對於化學工業集團而言，仇視猶太人也只是個表面而已。當然，自由會嚮往心理上更人性的狀態，但是不斷擴大的經驗流失最終會把進步主義候選人的支持者變成「差異性」（Differenz）的敵人。主張反閃族主義的，不只是反閃族主義的候選人，而是由政黨提名候選人的心態本身。對於差異性的憤怒，以目的論的方式（teleologisch）潛藏在該心態裡，作為宰制自然卻被宰制的主體的怨恨（Ressentiment），總是要攻擊自然的少數族群，儘管那些主體原本是要威脅社會的少數族群。擔負著社會責任的菁英分子當然比其他少數族群更難以約束。在財產、所有權、控制和管理的曖昧關係裡，他們巧妙地閃避理論的定義。在種族的意識型態和階級的現實裡，都只能揭露和多數族群的一個抽象差異。如果說，進步主義的候選人的行為比他們的主張更卑劣，那麼法西斯主義候選人的主張則如此的空洞，只有絕望的受騙者才會把他們視為更好的替代者。他們可怕的地方就在於他們公然而固執的謊言。儘管他們不容許有評量他們的真理，但是法西斯主義實在太荒謬了，以致於否定性的真理就近在咫尺，因此，法西斯主義只有讓那些沒有判斷力的人們完全放棄思考，才能讓真理遠離他們。曾經征服自己而成為強權的啟蒙，它本身就可以打破啟蒙的各種限制。

譯注

譯 1　見《以斯帖記》。

譯 2　十九世紀法國劇作家湯瑪士（Ambroise Thomas）的作品《迷孃》裡的女主角，取材自歌德的詩作，並改編為歌劇。迷孃是在吉普賽雜耍劇團裡的舞者，因為貪睡不肯跳舞，被團長及安諾以叉子威脅，路過的羅塔里歐和威廉救了她，於是她就把籃裡的花送給他們。

譯 3　《威尼斯商人》裡放高利貸的猶太人。

譯 4　「錯誤的論證是從論證所包含的第一虛假命題中產生的。」（亞里斯多德《前分析篇》66a:16）

譯 5　庫格林（Charles Edward Coughlin, 1891-1979），加拿大籍天主教神父，主持廣播節目鼓吹反閃族主義，支持希特勒和墨索里尼的政策。

譯 6　關係妄想（Beziehungswahn）的患者堅信周遭一切原本與他無關的事物都和他有關。

譯 7　阿爾瓦特（Hermann Ahlwardt, 1846-1914），德國國會議員，反閃族主義鼓吹者。

譯 8　孔策（Hermann Kunze），德國社會黨主席，反閃族主義者，「棍子孔茲」是他的綽號。

箚記和初稿

Aufzeichnungen und Entwürfe

駁博學多聞

　　「聰明的愚昧」是希特勒時期的教訓之一。猶太人根據一堆內行人的理由而駁斥希特勒崛起的可能性，雖然那在當時已經是昭然若揭的事。我想起一段對話，一個德國經濟學家，基於巴伐利亞邦釀酒商的利益，而證明德國不可能軍國主義化。而依照那些聰明人的說法，西方國家也應該不會有法西斯主義。聰明人總是要佔野蠻人便宜，因為他們太笨了。以「我剛好對此很熟悉」開場的評論，總是見多識廣而且深謀遠慮的判斷，以統計和經驗為基礎的預測，而錯誤的陳述也總是有憑有據而決斷的。

　　希特勒既反對知識分子也戕害人性。但是也有一種戕害人性的知識分子：他們的特徵就是自恃博學多聞的優越感。

附錄

　　由聰明變成愚昧，是一個歷史趨勢。張伯倫（Chamberlain）說希特勒在巴德郭德斯堡（Bad Godesberg）的命令是「不合理的」（unreasonable），他所謂的「理性」（das Vernünftige）指的是堅持施與受的平等。這樣的理性是以交易為模型。人們唯有經由某種市場的仲介才能達到目的，因為強權承認彼此讓步的遊戲規則而謀取若干小小好處。只要強權不

再遵守遊戲規則，並且直接巧取豪奪，聰明就派不上用場。傳統中產階級的知識工具，也就是商議，已經瓦解了。即使是個人也不再能夠彼此交談，他們也知道，這就是為什麼他們把遊戲當作嚴肅而有責任的制度，必須全力以赴，如此一來，儘管他們沒有交談，卻不會覺得沉默。在大場面裡也沒有兩樣。法西斯主義者不喜歡人家和他攀談。當別人搶了他的話時，他會認為那是很不要臉的打岔。他根本不為理性所動，因為只有在別人對他讓步時，他才會看理性一眼。

「聰明的愚昧」的矛盾是必然的。因為中產階級的合理性（Ratio）必須要求普遍性，但是它的發展卻又處處限制了普遍性。正如人們在交易中各取所需，卻又造成社會的不義，交易經濟裡的反省形式，具有主導性的理性，則是公正的、普遍的，卻又是特殊主義的（partikularistisch），是平等裡的特權工具。法西斯主義則要它付出代價。法西斯主義公開主張特殊主義，並且揭露合理性的侷限性，雖然合理性不當地炫耀其普遍性。它讓聰明人一夕之間都成了笨蛋，因而宣判了理性自身的非理性。

但是法西斯主義也為了矛盾而疲於奔命。因為中產階級的理性其實不只是特殊主義的，也是普遍的，而當法西斯主義否認理性的普遍性時，它就打敗了法西斯主義。較之自由主義者，德國的掌權者比較聰明也比較笨。「邁向新秩序」的信

徒，多半是其意識被進步拋在後頭的人，破產者、教派主義者、笨蛋。只要他們的權力能夠阻礙任何競爭，他們就可以免於犯錯。但是在國家之間的競爭裡，法西斯主義者不僅有能力犯錯，他們的短視、頑固、對於各種經濟力的無知的性格，尤其是無視於否定性因素而無法把它納入整體情勢的評估，更主觀地驅使他們去造成災難，而在他們心裡其實一直期待著它。

兩個世界

在這個國家裡[譯1]，經濟命運和一個人自己並沒有什麼差別。每個人都只不過是他的財產、收入、地位和前途而已。在人們的意識裡，包括人們自己，經濟角色的面具和面具底下的臉孔一模一樣，甚至是最細的縐紋。每個人的價值剛好就是他所賺取的，而每個人所賺取的也剛好是他的價值。每個人都在他的經濟生活的起起落落裡認識到自己是誰。如果社會的唯物論批評反駁唯心論說，並不是意識決定存有，而是存有決定意識，而且關於社會的真理不在唯心論的想像裡，而是在社會的經濟裡，那麼當時流行的自我意識就應該已經拋棄了這種唯心論。人們以自我的市場價值去評斷它，並且以他們在資本主義經濟裡的處境去認識自己是誰。無論他們的命運再怎麼悲慘，對他們而言，都不是外在的東西，他們承認它的存在。中國人在道別時說：

君言不得意，歸臥南山陲。
但去莫復問，白雲無盡時。[譯2]

美國人說，我是個失敗者，事情就是這樣。

譯注

譯 1　指美國。

譯 2　Die Chinesische Flöte, Nachdichtungen von Hans Bethge, Insel-Bücherei, S. 17。
　　　德譯本改譯自王維《送別》，於此還原原詩。

理念蛻變為宰制

　　時下流行的**趨勢**經常源自遠古異國的歷史，而距離則使我們看得更清楚。

　　朵伊森（Deussen）|譯1| 在《伊沙奧義書》（*Içâ-Upani-shad*）的注釋裡指出|1|，在該作品裡，印度思想超越了過去，正如在《馬太福音》|2| 裡的耶穌超越了施洗者約翰，或是如斯多噶學派超越了犬儒學派。當然，這個評論只是個歷史偏見，因為施洗者約翰、犬儒學派的不妥協的觀念，以及代表著前衛思想的《伊沙奧義書》開頭的幾段詩所要反駁的觀點|3|，似乎比較像是亟欲和強權的口號和黨派切割開來的左派分離主義潮流，而不是讓歐洲哲學、基督宗教和現在的吠陀宗教開枝散葉的歷史運動主流。正如朵伊森所說的，印度《奧義書》經集習慣以《伊沙奧義書》為首，在所謂被它超越的那些經典前面。然而這部居首位的經典卻背離了年輕人的基進主義以及與主流的現實世界的革命性對立。

　　當吠檀多派（Vedantismus）|譯2|、斯多噶學派以及基督

1　Paul Deussen, Sechzig Upanishad's des Veda. Leipzig 1905. S. 524。

2　II. Kapitel. Vers 17-19。

3　尤其是：Brihadâranyaka-Upanishad 3, 5, 1 und 4, 4, 22.（同前揭：S. 436 f., 479 f.）。

宗教開始參與社會現實，並且建構統一的理論體系時，它們就
有了組織的能力。其中也以一個學說為媒介，也就是世俗生活
的行為並不會妨礙靈魂的救贖，只要人們有正確的省思。的
確，直到保羅時期，基督教才發展到這個階段。和現狀保持距
離的理念也過渡到宗教。不妥協者被人們譴責。他們捨離了
「對於子女的欲望、對財富的欲望和對俗世的欲望，四處雲遊
行乞。因為對於子女的欲望就是對財富的欲望，對財富的欲望
就是對俗世的欲望，而它們都是空虛的欲望。」[4] 說這些話
的人或許說出了文明支持者的真理，但是他們並沒有跟上社會
生活的腳步。於是他們成了瘋子。他們也的確很像施洗者約
翰。他「穿駱駝毛的衣服，腰束皮帶，喫的是蝗蟲野
蜜」。[5] 黑格爾說，「犬儒派沒有什麼哲學的教養，也沒有使
他們的學說成為一個系統，一門科學；後來才由斯多噶把他們
的學說提高為一個哲學學科。」[6] 黑格爾把犬儒派信徒稱為
「骯髒的恬不知恥的乞丐」[7]。

　　歷史記載的不妥協者不乏有組織的追隨者，否則他們的名
字不會留到現在。他們至少提出了有體系的學說或是行為準

4　同前揭：S. 436。

5　〈馬可福音〉1:6。

6　Vorlesungen über die Geschichte der Philosophie. 2. Band. Werke. Band XIV. S. 159 f.。

7　同前揭：S. 168。

則。即使是被《伊沙奧義書》批評的比較基進的奧義書，也都
是婆羅門的詩句和獻祭詞。[8] 施洗者約翰或許沒有創立宗
教，但是的確創設了一個團體。[9] 犬儒派創設了一個哲學學
派，它的創設者安底斯泰納（Antisthenes）[譯3] 甚至勾勒了一
個國家理論的概要。[10] 但是這些歷史裡的局外人的實踐和理
論體系既不嚴謹也沒有中心主題，而有別於那些帶有無政府主
義味道的成功體系。對他們而言，觀念和個人比管理和集體重
要得多。因此他們招致眾怒。當作為統治階級的柏拉圖在指責
把王室和低下的牧人劃等號，而把沒有國界的鬆散人類組織比
喻為豬獵國家時，他心裡想到的是犬儒主義。[11] 不妥協者或
許願意聯合和合作，但是他們不善於建構一個把下層階級隔離
開來的堅固階級組織。他們的理論既沒有統一性也沒有連貫
性，他們的實踐也缺乏衝擊性，無論在理論或實踐裡，他們自
身的存有都無法如實反映世界。

　　此即在哲學和宗教裡的基進主義和順從主義的形式差
異，該差異不在於他們各自隔絕的內容。他們不曾因為苦行的

8　　另見：Deussen, S. 373。

9　　另　見：Eduard Meyer, Ursprung und Anfänge des Christentums. Stuttgart und
　　　Berlin 1921. Band I. S. 90。

10　Diogenes Laertius, IV, 15。

11　另見：Politeia, 372; Politikos, 267 ff.; Eduard Zeller, Die Philosophie der Griechen,
　　　Leipzig 1922. 2. Teil. 1. Abt. S. 325 f., Anm.。

理念不同而有差別。苦行者喬達摩的教派曾經征服了亞洲世界。他在住世時即展現了卓越的組織能力。即使他不像改革者商羯羅（Sankara）│譯4│那樣不讓下層階級聽聞他的教法│12│，但是他明白承認人類的財產制，並且以僧團中的「貴族子弟」自豪，在僧團裡，賤民「即使存在，也只是稀有的例外」│13│。最初，他的弟子是以婆羅門為模範去區分次第的。│14│殘廢、病人、盜賊以及諸如此類者，都不准加入僧團。│15│僧侶在出家前，會被問是否「有癩、癰、白癩、乾痟、顛狂？是不是人？是否具男人相？是不是奴隸？有沒有負債？是不是王臣？」│譯5│而為了符合印度殘酷的父權社會，原始佛教僧團在很不情願的情況下始許女眾出家。她們必須臣服於男人，其實一直就是弱勢族群。│16│整個僧團都享受統治者的恩賜，並且完全配合印度的生活方式。

　　苦行僧和物質主義儘管彼此對立，卻同樣的模稜兩可。苦行僧拒絕和濁世同流合污，他們的壓抑其實無異於物質對於群眾的役使，正如苦行主義搖身一變，成為紀律的代理者，黨同伐異，為虎作倀。物質主義式的接受現狀，個人的自我主

12　另見：Deussen, Das System der Vedanta. Leipzig 1906. 2. Aufl. S. 63 ff.。

13　Hermann Oldenberg, Buddha. Stuttgart und Berlin 1914. S. 174 f.。

14　另見前揭：S. 386。

15　同前揭：S. 393 f.。

16　另見前揭：S. 184 ff; S. 424 ff.。

義，自始即有禁欲的傾向，高唱入雲的狂熱主義者對現狀不屑一顧，而物質主義者則流浪到牛奶與蜜之地。在真正的物質主義裡，苦行主義被揚棄了，而在真正的苦行主義裡也揚棄了物質主義。那些古老宗教和學派的歷史，就像現代的政黨和革命的歷史一樣，告訴我們，存活的代價就是沆瀣一氣，把理念變成權力宰制。

譯注

譯1　朵伊森（Paul Jacob Deussen, 1845-1919），德國東方學者、梵語學者，受叔本華影響頗深。

譯2　吠檀多派（Vedantismus）根據奧義書研究而成立的學派，為古印度六派之一，創始者為跋多羅衍那。

譯3　安底斯泰納（Antisthenes, 445-365 B.C.），希臘哲學家，蘇格拉底的學生。

譯4　商羯羅（Adi Sankara, 788-820），印度吠檀多派哲學家，吸收佛教和耆那教思想，改革婆羅門教為印度教。

譯5　佛教戒律規定諸多條件始許出家，在出家前則以所謂「十三難十遮」詰問受戒者：「十遮」即：受戒人名字；和尚名字；年滿二十；衣鉢具不；父母聽不；負債人；奴；官人；丈夫；五種病（癩、癰疽、白癩、乾痟、癲狂）。「十三難」則為：邊罪難，先受具足戒，後犯四重禁戒而捨戒，其後再來受者；犯比丘尼，於白衣時犯淨戒之比丘尼者；賊心入道，為利養活命，或為盜法而出家；破內外道，原為外道，來投佛法，受具竟，還復外道，再捨外道欲入內道者；黃門，五種之不男；殺父；殺母；殺阿羅漢；破僧，破法輪身。然若為破羯磨僧，則非難；出佛身血；非人難，八部之鬼神變化人形者；畜牲難，畜牲變為人者；二形難，兼具男女二根者。

鬼神理論

　　佛洛伊德說，相信有鬼是因為活人對於死人的惡意，是想到以前死者的願望，他的理論太褊狹了。對於死者的仇恨不只是妒嫉，也是一種罪惡感。留在世上的人覺得被拋棄了，把他的痛苦歸咎於死者，認為是死者造成的。在人們還認為死亡是存在的直接延續的階段裡，被死亡拋棄必然被視為一種背叛，即使到了啟蒙時期，這個古老信仰仍然沒有完全熄滅。意識不喜歡把死亡思考為絕對的虛無，絕對的虛無是無法被思考的。而如果說生活的負擔落回到留在世上的人，對他而言，死者的境遇似乎要好一些。遺族在其親屬死後用以重新組織其生活的方法，祭拜死者的繁複儀式，或更好說是把遺忘給合理化的世故做法，是鬼神信仰的現代翻版，該信仰以揚棄的形式殖生為招魂術（Spiritismus）。唯有我們完全意識到死亡的恐懼，才能夠和死者建立正確的關係：和他們合而為一，因為我們和他們一樣，都是同樣的境遇和絕望的受害者。

附錄

　　和死者的不安關係（他們被遺忘和傅油），是現在生了病的經驗的症候。我們幾乎也可以說，作為個人的整個歷史的人生本身的概念，已經要失效了：個人的生命只能以它的對立面

（死亡）去定義，但是在有意識的回憶和非自願的記憶之間的一切協調性和連續性，也就是意義，如今都消失了。個人被化約為每個點狀的當下的前後相續，沒有留下任何痕跡，或者說：他們厭惡那痕跡，認為那是不合理的、多餘的、陳舊的。正如每一本尚未出版的書都是嫌疑犯，正如偏離了歷史學的學術活動的歷史思考總是讓當時的人們很緊張，人類的過去也讓他們很憤怒。以前的他以及他所經驗的東西，在面對現在的他或他所經驗的東西時，盡皆被消滅掉，必要時連他也可以被利用。人們會善意地告誡外在移民，要他們忘記過去，因為那是無法轉移的，他們必須抹去他們的古老歷史，開始全新的生活，然而那只是對於被當作妖怪的入侵者的語言暴力，而人們早就習慣對自己那麼做了。

　　人們把歷史壓抑在自己和他人的心裡，害怕它會提醒他們自己的存在的瓦解，而那個瓦解正是壓抑歷史的結果。所有感受都會面對的遭遇，亦即，任何不具市場價值的感受都會被革出社會，對於悲傷的感覺尤其殘酷，因為它甚至無助於在心理層面恢復勞動力。它成了文明的傷痕，一種反社會的感傷，透露出人類其實還無法完全和功利的國度結盟。於是，悲傷有別於其他感受，特別被醜化，被刻意當作社會性的形式行為，對於鐵石心腸的人而言，美麗的遺體就是這種形式行為。在喪家，在把死者化成可攜帶的骨灰和累贅的財產的火葬場裡，情

緒失控是很不合時宜的事，而一個小女孩在驕傲地敘述她祖母的高級葬禮時會說：「很可惜爸爸情緒失控了，」只因為爸爸掉了幾滴眼淚；小女孩很準確地表現了現在的世態炎涼。其實，死者的遭遇正是對於古代的猶太人而言最悲慘的詛咒：沒有人會想起你的。活著的人把他們的絕望發洩在死者身上，也就是他們再也無法想起自己。

無論如何

　　外在壓力迫使人類克服他們的惰性，生產出物質和精神的作品。從德謨克里特（Democrit）到佛洛伊德的思想家們的說法都沒有錯。壓力最終可以溯源到和外在自然的對抗，經由階級而蔓延到社會內部，自每個人的孩提時期即影響他們，要他們對同伴冷酷無情。當人有求於強者時，身段會很柔軟，而當弱者有求於他們時，他們就會變得很刻薄。這是千古以來社會裡的人性的關鍵。

　　保守派推論說恐怖和文明是密不可分的，他們說得很有道理。如果不是因為外在的阻力的衝擊而努力去發展自己，人類怎麼會開展出控制複雜刺激的能力。那驅策著他們的阻力，首先體現在父親裡頭，接著長出成千上萬顆頭來：老師、上司、顧客、競爭者、社會和國家權力的代表。他們的粗暴也刺激了個人的自發性行為。

　　這個殘酷的情況在未來要能夠緩和一點，或是以治療去取代千百年來用以馴服人類的血腥懲罰，至今似乎只是一個夢。被偽裝的驅力是很無力的；文化的演化在劊子手的陰影底下進行著；就此而言，從失樂園講起的《創世記》和《聖彼得堡對話錄》（*Soirées de Petersbourg*）│譯1│並無二致。勞動和娛樂也都在劊子手的陰影底下進行著。反抗它即是大膽和所有科學

以及**邏輯**作對。我們不能既要消除恐怖又要維繫文明。即使是恐怖的緩和，也都意味著瓦解的開始。由此會產生各式各樣的影響：從崇拜法西斯主義的野蠻行為，乃至於逃遁到地獄各圈裡。|譯2| 尤有甚者：只要邏輯一牴觸人性，就會被嗤之以鼻。

譯注

譯1　《聖彼得堡對話錄》（*Soirées de Petersbourg*, 1812），法國保守派政治家德梅斯特（Joseph de Maistre, 1753-1821）的著作，以對話錄的形式解釋惡的存在的問題。

譯2　指但丁《神曲》地獄篇。地獄的第一圈是異教徒所在之地。

動物心理學

　　一隻大狗站在公路旁邊。如果牠放心地走在路上，牠會被車子撞死。牠平靜的神情顯示牠被照顧得很好，是一隻不會咬人的家犬。但是中上層階級的子弟，一樣不會去害人，他們臉上會有平靜的神情嗎？他們得到的照顧不會比被撞死的狗來得差。

給伏爾泰

　　片面的理性悄悄地說，你的理性是片面的，你誤解了權力。你優雅地、涕泗縱橫地、狂風暴雨般地到處宣說暴政的惡行，但是權力帶來的好處，你卻避而不談。沒有權力所建立的安全性，就不會有那些好處。在權力的庇護底下，生命和愛在飛舞著，儘管權力是從有敵意的自然那裡搶來你的幸福。護教學（Apologetik）灌輸我們的東西，既是對的也是錯的。儘管權力有許多偉大的成就，卻也只有權力才會行不義，因為只有被執行的判決才可能是不義的，而不是律師不被採信的答辯。只有當答辯旨在行高壓統治，為統治者辯護，而非為弱勢者，它才會和普遍的不義同流合污。片面的理性接著低聲地說，但是現在整個人類卻在為權力辯護。你指摘權力的缺失，就是把人類當箭靶。在他們之後，或許會江河日下。謊言說真話。當法西斯主義的屠夫已經等在那裡了，我們不應該煽動人民去對抗軟弱無能的政府。但是和比較不那麼殘忍的權力結盟，並不能合理推論說我們就可以對惡行保持沉默。公開指摘不義的行為（雖然它原本是用以保護他們遠離魔鬼的）可能會壞了好事，但是如果人們把指摘不義的責任推給魔鬼而讓他從中漁利，相較之下，前者就總是微不足道。只有壞蛋還在說真話，而且戈培爾也提醒我們到處都有肆無忌憚的私刑，這樣

一個社會還要沉淪多久。理論的對象不是好的東西，而是不好的東西。理論預設生命以各自既定的形式去複製。自由是複製的元素，而壓抑則是它的主題。當語言變成在辯解時，它就已經墮落了；語言就本質而言既非中性也不實際。你能夠不去歌頌善的一面，宣說愛是原動力而不是無盡的苦澀嗎？真理只有一種表現方式：即以思想唾棄不義。如果擇善固執沒有在否定性的全體裡被揚棄，它會變容成為它自己的對立面：暴力。利用話語，我可以與人密謀、宣傳、暗示，這是讓話語糾纏不清的性質，正如它讓現實世界裡的行為陷於困境，也是謊言唯一懂得的性質。謊言暗示說，即使我們和既存秩序對立，但是我們是為了漸露曙色的權力而奮鬥，也就是其他可以分庭抗禮的政府和統治者。由於莫名的憂慮，謊言只能也只願意看到和它自己一樣的東西。任何進入其媒介（語言僅僅作為一種工具）的東西，都被同化為謊言，正如事物在黑暗裡分不清楚彼此。儘管任何話語最後都可以被謊言利用的，但是話語的品質卻不會在謊言裡透顯出來，而只會在與威權奮戰的思想裡閃閃發光。和那肆虐著僅存的生命的恐怖政治絕不妥協的義憤，是讓倖存者心存感激的理由。向太陽祈禱是拜偶像的行為。我們唯有看到被太陽烤得乾枯的樹木，才會感覺到白晝的威嚴，它照耀世界卻不使枯萎。

分類

　　由個別的科學基於抽象或公理而烙上的普遍概念，既是描繪的材料，也是個體的名字。和普遍概念對立是無意義的事。但是共相的地位究竟有多麼高，則莫衷一是。眾多個體的共同點，或是在一個個體裡不斷重複的東西，並不一定要比殊相更持恆、永久或深刻。種屬的等級並不等於重要性的等級。那正是伊利亞學派（Eleaten）以及受其影響者的錯誤，其中又以柏拉圖和亞里斯多德為首。

　　世界是獨一無二的。反覆訴說那一再以相同形式出現的東西，比較像是沒有用的、不由自主的連禱詞，而不像是可以打破僵局的話。分類只是知識的前提，不是知識本身，而知識也會反過來廢除分類。

雪崩

　　現代不再有任何轉捩點。事情的轉折總是朝好的方向去。但是在現在這個杌隉不安的年代裡，有火從天降下，臨到那些總歸說是迷失了的人們身上。這個印象最初是一般習稱的社會學和政治學給我們的。以前，報紙頭版對於快樂的婦女和兒童而言是很奇怪且粗俗的（報紙讓他們想到在酒店裡吹牛的酒客），直到頭條新聞跨進他們的家門，變成真實的威脅。重整軍備、國外大事、地中海緊張局勢，誰曉得還有多少危言聳聽的話，直到第一次世界大戰爆發。接著則是通貨膨脹以及它讓人頭昏腦脹的數字。通膨停止了，但是那並不意味出現了轉機，而是更大的不幸：合理化和裁減。當希特勒的得票數如鴨子划水一般地持續升高，人們就知道那是一個雪崩的運動。的確，得票數說明了該現象。在前法西斯主義的投票日晚上，只要八分之一或十六分之一的選區的開票結果就可以預測整個大選的勝負了。如果有某個候選人在十個或二十個選區獲得壓倒性的勝利，那麼其他一百個選區的結果也不會相悖。一種全體一致的心理已經形成了。世界的本質和那用以分類世界的表象的統計法則完全相符。

　　在德國，法西斯主義藉著極端的仇外情結的、反文化的、集體主義的意識型態而大獲全勝。現在，由於它蹂躪了整

個世界，各國都必須起來反抗它，除此之外別無他法。但是當一切都過去，歐洲並不一定要散佈任何自由的精神，歐洲國家可以和他們以前對抗的法西斯主義一樣的排外、反文化、假集體主義。而歐洲的失敗也不一定會造成雪崩運動。自由主義哲學的基本原理是「兼容並蓄」（Sowohl-Als auch），但是現在似乎變成了「非此即彼」（Entweder-Oder），不過他們已經選擇了比較不好的那個。

因為溝通而造成的隔離

　　溝通媒體造成隔離，已經不只是在知識領域才如此。廣播的播音員虛假的語言，在人們腦海裡形成語言的印象，而讓人們無法彼此交談；百事可樂的廣告聲音淹沒各個大陸傾圮的聲響；電影主角如幽靈般的形象成為青少年以及偷情者的性愛模範。進步讓人們完全隔絕。以前，火車站或銀行的狹小櫃台裡頭的辦事員可以和同事竊竊低語，分享他們貧乏的祕密；現代辦公室的玻璃隔板，以及讓許多員工坐在一起、並且方便民眾和經理去監視他們的大廳，則不再容許有私人談話和浪漫故事。即使在政府機構，納稅人也不再因為公務員而浪費時間，公務員在集體裡被隔離開來。但是，溝通的工具也會在身體方面隔離人們。火車被汽車取代。由於駕駛自己的車子，旅途中的邂逅只剩下和半要脅式的搭便車者的相遇。人們以橡膠輪胎旅行，彼此完全隔離。在小家庭的車子裡會談到的東西，也會在其他車子裡被討論。小家庭的談話不外乎日常事務。正如統計所得出的規則，每個有固定收入的家庭會把相同比例的錢花在住宅、電影、香菸上面，同樣的，他們也會根據汽車的等級去組織談話的主題。當他們在禮拜天或旅行時在餐廳見面，他們的餐點和住宿的價位和別人沒什麼兩樣，顧客們會覺得儘管他們漸漸被隔離，彼此之間卻越來越相似。溝通隔

絕人們，藉此讓他們彼此相仿。

論歷史哲學的批判

　　不像某些人所說的，人類不是自然歷史裡的脫軌事件，也
不是因為大腦器官肥厚造成的意外且異常的構造。這種說法只
對某些個人的理性有效，或是對於短暫時期的少數國家有
效，在那些國家裡，個人在經濟方面有一點活動空間。大腦器
官，人類的智慧完全足以在地球歷史上構成一個正式的時
期。在該時期裡，人類以及他們的機器、化學製品和組織力
（而它們為什麼不能被視為人類的一部分，正如牙齒是熊的一
部分，因為它們的功能都一樣，甚至更好用）是適應自然的最
新樣式（le dernier cri）。人類不只超越了他們自己的先祖，甚
至澈底消滅他們，這是任何現代物種所不能及的，包括肉食爬
蟲類。

　　有鑑於此，想要像黑格爾那樣，以諸如自由和正義之類的
範疇去建構世界歷史，似乎是異想天開。這些範疇其實是出自
一些古怪的個人，相對於全體世界的生生不息，他們其實是很
渺小的，除非他們能夠創造短暫的社會情況，生產大量的機器
和化學製品，以擴張他們的物種，征服其他物種。根據這個嚴
肅的歷史的意義，所有的理念、禁忌、宗教和政治信條，源自
不同情況的它們只在增益或減損人類在地球上或宇宙裡的自然
生存機會時，才會讓人感興趣。人民自以前封建主義和君主專

制時代的不義解放出來，現在經由自由主義，也讓機器擺脫了控制，正如婦女解放以後也訓練組織起軍隊來了。精神以及一切在起源和實存上可謂善的東西，無可救藥地陷於恐懼當中。醫生為病童施打的血清，是攻擊無抵抗能力的生物得來的。在情侶的甜言蜜語以及基督教的神聖符號裡，我們可以聽得出來對於羊羔的肉的欲望，正如在那欲望裡也可以嗅得到對於圖騰動物模稜兩可的敬意。就連我們對於烹飪、教會和劇院的各式各樣的理解，也是很精細的分工的結果，它的存在則是犧牲了在我們社會裡頭和外面的自然。文化的歷史功能就存在於這種組織形式反彈性的擴張。於是，一般老百姓總是覺得，擺脫了該功能的真正的思考，形式純粹的理性，都有點瘋狂的性質。如果這種理性在人性裡贏得決定性的勝利，那麼人類的霸權地位就會受到威脅。而「脫軌事件」的理論最後也會被證明是對的。人們用這個理論嘲諷地批評人類中心主義的歷史哲學，但是該理論本身正是太過人類中心主義而站不住腳。理性扮演的是適應自然的工具，而不是鎮靜劑（正如個人有時候在使用以後的樣子）。理性的狡詐就在於它把人類變成不斷向外馳求的野獸，而不在於帶來主體和客體的同一性。

　　對於世界史的一個哲學詮釋必須去證明，儘管有種種迂迴和阻抗，對於自然有系統的宰制總是堅定地進行著，並且整合了所有人類內心的性格。經濟、政權、文化的各種形式，也都

必須是自這個觀點推論出來的。只有在從量到質的突變的意義下，「超人」的思想才派得上用場。飛行員飛個幾次就可以用殺蟲劑清除陸上所有自由飛翔的動物，相較於穴居人，他可以說是超人，同樣的，未來可能會出現兩棲超人，對他而言，現在的飛行員只是無害的麻雀。而在真正的自然史裡是否會出現一個比人類略高一等的物種，則不無疑問。擬人神論主張說，自然歷史並不是靠著骰子幸運一擲創造出人類來的，這話其實有點道理。人類的毀壞力量看起來會變得非常大（當這個物種就要耗竭的時候），就會創造出一塊「白板」（tabula rasa）。他們不是把自己撕碎，就是把地球上的動植物也一起扯下去，如果地球還夠年輕的話，整個事情會在更低的層次上重新來過（印證了一句名言）。│譯1│

　　歷史哲學認為人文理念是歷史的推動力，也是歷史的最終勝利，因此人文理念被褪去內容裡一切天真浪漫的東西。有人嘲諷說，當經濟（或即權力）不支持那些人文理念時，它們總是自取其辱，說這話的人們是針對所有弱者，而且他們也不由自主地認同於他們原本要廢除的壓迫傾軋。在歷史哲學裡不斷重複著基督教的故事：那其實一直任憑苦難擺佈的善，被偽裝成一種力量，彷彿可以決定歷史的軌道並且終將獲勝。善被神化為「世界精神」或內在法則。但是不只歷史和它唱反調，連那原本應該要打破必然性和事件的邏輯歷程的理念本身也被扭

曲了。他們避免了「脫軌事件」的危險。被誤認為權力的無力，被這個舉揚給再度否認，彷彿抹去一切記憶似的。儘管基督教、唯心論、唯物論自身包含了某個真理，卻必須為那些以它們為名的無恥行徑負責。它們作為權力的傳聲筒（即使是善意的權力），它們自己便化身為各種有組織力的歷史力量，在現實歷史裡扮演血腥的角色：組織的工具的角色。

因為歷史是統一性的理論的對應物，是可以被解釋的東西，它不是善，甚至是可怕的東西，因此，思想其實是個否定性的元素。人們希望未來的處境會更好（如果不是個幻想的話），那不是因為他們確信那些處境是有保障的、可持續的、究竟的，而是因為他們完全不理會那在普世的苦難裡根深柢固的東西。生命的無窮的耐心，以及對於表現和光明的柔弱且永不熄滅的衝動，似乎在自身裡緩解且平息了創造性演化的暴力，它並不像某些歷史哲學家所說的那樣，預先規定某種行為是有益的，更不用說不抵抗的行為了。在該衝動裡開始出現、並且反映在人類的回憶思考裡的理性曙光，即使在最幸福的日子裡，也必須面對它無法揚棄的矛盾：那無法僅憑著理性就能避免的災難。

譯注

譯 1　指馬克思的《德意志的意識型態》。

人性的紀念碑

　　人性在法國總是比在其他地方自在得多。但是法國人已經不再明白這一點了。他們的書裡頭充斥著大家都知道的意識型態。好一點的生活則顯得特立獨行：在言談吐屬裡、在遣詞用字裡、在有藝術品味的餐點裡、妓院的存在、鐵製的公廁。但是布倫政府[譯1]已經向對於個人的尊重宣戰，就連保守派也沒有盡力去保護它的紀念碑。

譯注

譯1　布倫政府，法國左派人民前線於 1936 年贏得國會選舉，由李昂‧布倫（Léon Blum, 1872-1950）執政（1936-37），推動多項社會改革。

從一個犯罪理論的立場

……就像罪犯一樣，監禁以前是中產階級的事。在中世紀，只有被廢黜的貴族繼承人才會被監禁。相反的，罪犯則直接被處死以儆效尤，讓人民知道要尊重秩序和法律，因為唯有嚴刑重罰才能教導暴虐者懂得去愛。經常性的監禁預設了對勞力的需求不斷提高。它反映了中產階級水深火熱的生活方式。現代監獄一排排的牢房表現了萊布尼茲真正所謂的「單子」（Monaden）。「單子們沒有可以讓事物進出的窗戶。偶性無法脫離實體或到實體外面去遊蕩，像經院哲學所謂的可感知的形式。無論是實體或偶性，都無法進入一個單子。」[1]單子之間不可能有直接的影響，他們的生活都是由上帝（或典獄長）去管理和協調的。[2]絕對的孤獨，暴力式地回到自己的自我裡（該自我原本是存在於對物質的控制以及單調的工作節奏），如鬼魅般地勾勒出現代人類的存在方式。極端的隔離，和極端的化約為始終相同的、無望的虛無，其實是同一回事。監獄裡的人是他未來可能在現實裡扮演的中產階級類型的虛像。在外在世界裡失敗的人，在內心世界會以更可怕的純粹

1　Leibniz, La Monadologie. Ed. Erdmann. Berlin 1840. §7. S. 705。
2　另見前揭：§51. S. 709。

方式被打擊。基於將罪犯隔離社會或是矯治他們的必要性，監
獄的生活被合理化，但是那並不是重點。監獄是被澈底思考過
的勞動世界的寫照，人們對於他們被迫扮演的角色的仇恨，把
該寫照當作標誌置入世界。弱者、低能者、兇殘者，或多或少
都受苦於生活秩序，而其他人則無動於衷地適應得很好；生活
秩序內化了的暴力不斷施加在他們身上。其罪行至多只是自我
保存的罪犯，其實有個更軟弱且不安定的自我，慣犯則是個低
能者。

　　囚犯都是病患。他們的弱點使他們陷於身心不斷受創的處
境。他們大部分在犯下足以銀鐺入獄的罪行前就已經病了：由
於他們的體質和環境。其他人的行為誘因和動機則是和正常人
一樣，只是他們的運氣不好而已。只有少數人比大多數的自由
人更邪惡殘暴，他們的人格就像法西斯主義的世界統治者在位
時那麼邪惡殘暴。一般的罪犯的犯行都是很固執的、和個人性
格有關的、有直接損害的。可能的情況是：作為一個生命，和
每個人都一樣，即使是在最嚴重的犯行裡，無論他扮演什麼角
色，都無法逃避那引誘他犯罪的身體體質和自出生以來即決定
了的個人命運；而你和我，如果不是那因為種種環境的關係而
得以洞察世事，我們的行為可能會和殺人犯一樣。如今淪為階
下囚，他們也只是個病人，而施加在他們身上的刑罰也是盲目
的，一個異化了的事件，像癌症或房子倒塌一樣的不幸事

件。從他們的神情、謹慎的步伐和深思熟慮當中,我們可以一窺端倪。就像病人一樣,他們只能談他們的病情。

就像現在一樣,當高尚的行為和不法勾當的界線在客觀上游移不定,心理的角色也會互相過渡。只要犯人仍然是病患,就像十九世紀一樣,監禁就意味著要翻轉他們的弱點。作為一個個體而在環境裡脫穎而出的力量、以妥協的形式和環境打交道以維護自己的權利的力量,在犯人身上都消磨殆盡。他們代表了深植於人心的傾向(而克服該傾向是所有演化的特徵):沉溺在環境裡,而不主動地實現自我,隨波逐流,在自然當中喪失自己。佛洛伊德說那是「死亡驅力」(Todestrieb),凱伊瓦(Roger Caillois)則稱之為「擬態」(le mimétisme)。[3] 這類的沉溺充斥在一切和堅定不移的進步牴觸的東西裡頭,從那終究無法迴避現代的工作形式的犯行,乃至於昇華了的藝術作品。對於事物的柔軟性(沒有它,藝術就不可能存在)和罪犯瘂攣般的暴力其實相去不遠。年輕女孩因為沒有能力說「不」而淪為妓女,同樣的,那也限制了罪犯的一生。在罪犯裡頭的,是一個沒有抵抗能力的否定性。這種交錯融合,在沒有明確的意識下,戰戰兢兢且虛弱無力,既模仿冷酷無情的文明,同時也毀滅了它,於是文明築起了監獄和感

3　另見:Caillois, Le Mythe et l'Homme. Paris 1938. S. 125 ff.。

化院的堅固高牆，也就是它鐵石心腸般的理想。正如托克維爾
所說的，中產階級的共和政體不同於君主專制，它不會對人身
施暴，而是直接衝擊心靈，同樣的，該體制的刑罰也是對心靈
的傷害。他們的犯人不再是日夜以車刑處死，而是心靈的死
亡，就像在偌大的監獄裡許多看不見的、無聲的例子，那些監
獄和精神療養院幾乎沒什麼兩樣。

　　法西斯主義同時吸收了這兩種體制。整個生產過程裡的指
揮權的集中化，重新把社會帶回到直接統治的階段。隨著權力
以國內市場作為迂迴途徑，各種精神中介也跟著消失了，其中
包括法律。在交易當中開展的思考，作為自我中心主義必須去
談判的結果，完全被橫征暴斂所驅使。作為德國工廠主人的純
粹本質，集體大屠殺的法西斯主義出現了，它和其他罪犯不同
的地方只是在於權力而已。迂迴變得不必要。民法的功能仍然
在於管理在大型集團底下苟延殘喘的企業之間的差異，它已經
成了下層社會的仲裁法院，不再支持受害人的權益，而只是恐
怖政治的工具。然而，以前負責界定財產的，卻是現在正在消
失當中的法律保護。作為私有財產制的極致的獨占權，正在破
壞私有財產的概念。關於國際條約和社會契約（法西斯主義在
和各國強權交易時以祕密協定取代了它們），法西斯主義只在
國內事務上承認大眾的強制義務，而它的黨羽卻把強制義務恣
意地施加在其他人類身上。在極權國家裡，刑罰和犯罪都被視

為迷信的殘餘物而廢除掉，他們赤裸裸地消滅反抗者，他們很清楚自己的政治目的，在犯罪者的統治下擴張到全歐洲。和集中營毗鄰的監獄，讓人覺得是在緬懷美好的過去，就像舊式的官署情報（Intelligenzblatt）一樣，其中當然也會洩漏某些真相，它擺在通俗雜誌旁邊，那些雜誌的文字內容的功能（即使是談到米開朗基羅）不只是報紙廣告而已，也包括商業報導、權威符號和宣傳。以前囚犯和外界隔絕，現在則是每個個人都活生生地被隔離了。他們被馴服了的靈魂和他們的幸福，就像牢房一樣空虛蕭瑟，而他們的統治者早就不需要那些牢房了，因為整個國家的勞動力都是他的戰利品。在社會現實面前，刑事判決黯然失色。

進步的代價

　　法國生理學家皮耶・弗羅杭（Pierre Flourens）^{|譯1|}曾經不是很光采地打敗維克多・雨果，獲選為法蘭西學院院士，他在最近被發現的通信裡有一段奇怪的話：

　　「我還沒有辦法下定決心支持氯仿在一般外科手術上的應用。如您所知，我一直獻身於該藥物的大規模研究，而基於動物實驗的結果，我也是第一個說明其特性的人。我的疑慮在於以下簡單的事實：在氯仿或其他已知的麻醉方式下進行手術，都意味著欺騙。藥物只對某些運動和協調中樞以及神經物質的殘餘能力有效果。在氯仿的影響下，神經物質喪失了記錄印象的軌跡的重要功能，卻完全沒有喪失感覺能力。相反的，我的觀察指出，隨著全身性的神經刺激的麻痺，疼痛的感覺比平常還要劇烈。群眾的誤解來自於病人在手術完成後記不得整個事件。如果我們告訴病人真相，或許沒有人會選擇藥物，然而由於我們的沉默，他們習慣會堅持使用它。

　　「但是即使它唯一且可疑的好處是在侵入性醫療的過程當中失去記憶，我覺得這個作法的普及仍然是非常危險的。隨著我們醫師的一般性學校訓練的膚淺化，由於藥物的無限制使用，醫學會更大膽地進行更複雜且困難的外科侵入性醫療。我們不先做動物實驗研究，而讓我們不知情的病人成為實驗對

象。可以想見的是，由於個殊的體質而引起超乎所有已知這類感覺的疼痛刺激，會對病人造成永久的心理傷害，甚至在麻醉的狀態下導致難以言喻的痛苦的死亡，而家屬和世界永遠不會知道那藥物的特性。我們為進步付出的代價會不會太高了？」

如果弗羅杭在信裡所說的是對的，那麼我們至少可以證明神的世俗王國黑暗崎嶇的道路。動物被它的劊子手凌虐報復：每次的手術都是一次活體解剖。我們或許也會懷疑說，我們對人類甚至所有生命的態度，其實無異於對手術成功後的自己：也就是對於痛苦的盲目。就認知而言，把我們和他人隔離開來的空間，和把我們和自己過去的傷痛隔離開來的時間，意思是一樣的；它們都是無法跨越的障礙。但是對於自然的持續宰制，醫學和醫學以外的科技，它們的力量都得自於這種盲目；而唯有遺忘，才可能視而不見吧。失憶是科學的先驗條件。所有概念的具體化都是一種遺忘。

譯注

譯 1　皮耶‧弗羅杭（Pierre Flourens, 1794-1867），法國生理學家，麻醉術的先驅，實驗大腦科學的創始者。

空虛的恐懼

　　對災難的凝視有其迷人之處。那也有點默許的意味。所有參與不義的人，他們的社會良心都會覺得不安，而他們也痛恨所謂充實美好的人生，以致於在危急的情況裡，他們會反對自掃門前雪，以作為內在的報復。在法國的中產階級裡，曾經有個很可怕的機關，它很諷刺地象徵著法西斯主義的英雄理想：他們會慶祝和他們同類的人的勝利，就像是希特勒的崛起，即使那可能會毀滅他們，是的，他們自取滅亡，以證明他們所代表的秩序是正義的。這種行為的前身可見於許多有錢人對貧窮的態度，他們以吝嗇的合理化去營造出貧窮的形象，也就是他們的潛在傾向，儘管他們錙銖必較，有時候卻會毫不抵抗地放棄他們所有的財產，或許很不負責地把它們輸光。在法西斯主義裡，他們把對權力的貪婪以及自我憎恨結合在一起，而他們的空虛的恐懼總是伴隨著一句但書：「我一直是這麼想的。」

對身體的興趣

在已知的歐洲歷史底下，有一段地下歷史，那是被文明給排擠的人類本能和熱情的命運。從現代法西斯主義的觀點來看（它把以前被隱藏的東西都揭露出來），即使是「公開的歷史」（manifeste Geschichte）也會透露它和黑暗面的關係，而在民族國家的官方傳說以及對它的改革性批評裡流傳著。

其中被刪改得最厲害的，是人類和身體的關係。在區分得益和勞動的分工制度底下，原始的力量被革出社會。統治者越是不能沒有其他人的勞動，就越會把勞動解釋為低下的事。勞動就像奴隸一樣，也被烙上印記。基督教歌頌勞動，卻為此詆毀身體說它是邪惡的根源。基督教和不信神的馬基維利共謀，以歌頌勞動宣告現代中產階級秩序的到來，雖然《舊約》把勞動稱為一種詛咒。對於曠野先祖們、多羅提烏斯（Dorotheus）[譯1]、強盜摩西[譯2]、單純的保羅[譯3]，以及其他神貧者而言，勞動卻是天國的入口。對於路德和喀爾文而言，勞動和救贖的關係非常錯綜複雜，使得改革派大聲疾呼的勞動幾乎是個笑話，就像用靴子踩死蟲子一樣不著邊際。

諸侯和貴族們一想到從別人的工時榨取的利益，就不再理會在他們的俗世日子和永恆的天命之間的宗教裂痕了。揀選論（Gnadenwahl）[譯4]的非理性元素讓他們仍然有獲救的可能

性。但是對於其他人而言，負擔卻越來越沉重。他們隱約察覺到，權力對於身體的貶抑，只不過是以意識型態的方式反映了施加在他們身上的迫害。古代奴隸的遭遇，現代被殖民國家的受害者也都體驗到了：他們被當作低等民族。天生有兩種人：上等人和下等人。歐洲個人的解放和一個全面性的文化轉型有關，外在的身體束縛越少，它在被解放者心裡造成的分裂就越深。對於下層階級而言，被剝削的身體是低下的，而其他有閒階級的精神活動則是最高尚的。該歷程讓歐洲得以成就最崇高的文化，但是隨著對身體的控制增加，對於那自始即眾所皆知的欺騙的預感，加強了卑鄙的惡行，以及對身體的愛恨，它在幾個世紀以來即充斥於群眾的心態裡，在路德的語言找到權威的說法。在個人和身體（無論是自己的或他人的身體）的關係裡，權力的非理性和不義以暴行的形式復辟，而暴行遠離了深謀遠慮以及平靜的反省，正如權力遠離自由一般。在尼采關於暴行的理論，乃至於薩德的作品裡，我們看到了這個關係的影響範圍，而在佛洛伊德關於自戀以及死亡驅力的理論裡，則是以心理學去詮釋它。

對身體的愛恨也為所有現代的文化定了調。人們再次把身體譏諷為低下的、被奴役的東西而嗤之以鼻，卻又視之為禁忌的、物化的、異化的東西而趨之若鶩。唯有文化才把身體認識為可以佔有的東西，只有在文化裡，身體才有別於精神，也就

是權力和號令的本質，作為它的對象，死的東西，「屍體」。在人類自我貶抑為屍體時，自然為它被人類貶抑為支配的對象和材料而報了仇。暴行和破壞的強迫性行為，是源自對於接近身體的機體性潛抑，正如佛洛伊德的天才預感所說的，雄性動物昂首闊步或遠離地面，牠的嗅覺帶領牠找到月經來潮的雌性動物，而當那嗅覺也成了機體性潛抑的犧牲者時，就會產生噁心的感覺。在西方文明裡，甚或在每個文明裡，身體都被視為禁忌，是相吸和相斥的對象。在希臘的統治者當中，在封建制度裡，和身體的關係也取決於個人的驍勇善戰，以作為統治的條件。身體的保養有其原始的社會目的。「雄姿英發」（kalos kagathos）部分只是假象，部分是為了要維護個人權力而鍛鍊體魄，至少要訓練出威儀來。隨著權力完全過渡到以交易和溝通為中介的中產階級形式，隨著工業的興起，帶動了一個形式上的蛻變。那奴役人類的，不再是刀劍，而是巨大的機器，當然機器終究也是用來打造刀劍。於是增強男性身體就失去了理性的意義，在十九世紀和二十世紀裡浪漫主義式地追求身體的再生，只是把一個死去的和殘廢的東西給理想化而已。尼采、高更（Gauguin）、格奧爾格（George）|譯5|、克拉格斯都看出來，這個無名的愚昧是進步的結果。但是他們卻得出錯誤的結論。他們不但沒有公開譴責現在的不義，反而粉飾以前的不義。「拋棄機械化」成了工業大眾文化的裝飾物，而它也

不得不裝出高貴的樣子。藝術家為了工業廣告，心不甘情不願地重塑已經消失的身心合一的形象。對於生命力的化身的歌頌，從「金毛獸」（die blonde Bestie）|譯6|到南海島民，最後都成了「紗籠電影」（Sarongfilm）|譯7|以及維他命和護膚乳液的廣告片，它們都只是作為宣傳的內在目標的替身：新的、魁梧的、美麗的、高貴的人類典型，也就是領袖和他的軍隊。法西斯主義的領袖重新掌握殺人工具，用槍和馬鞭處決他們的囚犯，但不是基於他們的權勢，而是因為龐大的機器和權力的真正擁有者（他們自己不去做這種事）把國家理性底下的受害者送到他們總部的地牢裡去。

身體（Körper）無法變回靈魂的軀體（Leib）。無論身體訓練得多麼強壯，它始終是個屍體（Leiche）。「變為死者」，正如這個詞所意指的|譯8|，是一個永恆歷程的一部分，該歷程總是把自然變成物質和質料。文明的各種成就都是昇華以及對於身體和大地後天習得的愛與恨的產物，而統治則是讓所有人類與身體和大地割裂。在醫學裡，心理對於人性的「身體化」的反應頗有助益，而在科技裡，它對於整個自然的「物化」的反應也很有用。但是凶手、屠夫，以及被統治者（無論是合法或不合法的，強大或弱小的）利用作為他們的祕密劊子手的殘忍野獸，每當要處決某人時總會自告奮勇的兇殘的人們，使用私刑的民眾，只要有人回嘴就會勃然大怒的暴民，以

及那些惡棍們，只要當局撒手不管、只要被保護者不再有錢有勢，他們就會一擁而上，所有狼人們，他們活在歷史的黑暗面裡，看守著恐懼，因為沒有恐懼就沒有統治：在他們心裡，對於身體的愛與恨既赤裸且直接，他們褻瀆一切接觸到的東西，摧毀一切擋到他們的光的東西，而這個毀滅是對於物化的怨恨，他們以無名的憤怒不斷報復他們無法挽回的有生命的東西：生命分裂成精神和它的對象。他們無法抵住人的誘惑，他們要把人化約成身體，任何東西都不可以有生命。下等人對於在他們心裡枯萎的生命的仇恨一直是統治藝術不可或缺的工具，那仇恨曾經是上等人（無論是俗世的或屬靈的）悉心灌輸和培養的，而下等人無論是出於同性戀或妄想症，則是以殺戮回應那個仇恨。被奴役者對於生命的仇恨是歷史的黑暗面永不枯竭的歷史力量。即使是清教徒所謂的行為不檢，例如酗酒，也是對於生命的絕望報復。

　　極權主義所宣傳的對自然和命運的愛，只是膚淺地反應對於身體的固戀以及挫敗的文明。人們不可以打身體，又不能擺脫它，於是開始歌頌它。法西斯主義者的「悲劇性的」世界觀│譯9│，是意識型態在現實的「血婚」│譯10│的鬧婚之夜。在那裡歌頌身體的人們，體操選手和野戰遊戲者，他們總是喜歡殺戮，就像自然的愛好者喜歡狩獵一樣。他們把身體視為會移動的機器以及各個連接起來的零件，而血肉則是骨架外面的

軟墊。他們控制身體，操作它的四肢，彷彿它們已經被拆開了。猶太教傳統很忌諱以直碼尺去量人的身體，因為他們只以尺去量死人，好為它作棺材。此即控制身體的樂趣所在。他們不自覺地以棺材師傅的眼光去丈量別人。當他們說出結果時，就已經洩漏了真相：他們會把某人叫作高個兒、矮子、胖子、大個子。他們對疾病很有興趣，期望看到同桌的人在席間死去，隨便找個理由說關心他的健康以掩飾他們的興趣。語言也和他們亦步亦趨。語言把散步變成「運動」，把食物變成「卡洛里」，正如活生生的「樹林」在英語和法語的日常語言裡卻成了「木頭」。而社會也以死亡率把生命化約為化學程序。

　　在集中營裡慘無人道的羞辱和監禁，以及現代的劊子手毫無理由的凌虐致死，激起了被蔑視的自然沒有昇華而且被潛抑的反叛。自然聳人聽聞的反叛就在愛的殉難者身上找到出口，他們是所謂的性犯罪者以及淫蕩者；因為性愛是沒有被化約的身體，性愛的表現是那些劊子手們暗地裡極為渴望的東西。在自由的性愛裡，凶手害怕那失去了的直接性，原始的統一性，因為他再也無法在那裡面生存。那統一性是復活且生存著的死者。現在他把一切變為虛無，因而讓它們統一起來，因為他必須在自己心裡讓統一性窒息。對他而言，受害者代表了在分裂裡存活下來的生命；他必須粉碎生命，而宇宙也只能是

灰塵和抽象的力量而已。

譯注

譯 1　多羅提烏斯（Dorotheus, 255-362），推羅的主教，傳統上認為他是七十士之一。

譯 2　強盜摩西（Moses der Räuber, 330-405），或稱黑人摩西，衣索匹亞人，基督教隱士。

譯 3　單純的保羅（Paul der Einfältige, ca. 339），基督教隱士。

譯 4　揀選論（Gnadenwahl），主張人類的獲救取決於神的揀選，神實現其計畫，總是在人的決意之前，但不影響人類的意志自由。

譯 5　格奧爾格（Stefan Anton George, 1868-1933），德國詩人。

譯 6　「金毛獸」（die blonde Bestie），語出尼采《道德系譜學》。

譯 7　美國在 1930 到 40 年代以南海為題材拍攝的電影，例如《颶風》（Hurricane, 1937）。桃樂西・拉摩（Dorothy Lamour）是其中最著名的女演員，她被暱稱為「紗籠女孩」。

譯 8　拉丁文「corpus」有身體和屍體的雙重意義。

譯 9　暗指某些納粹黨作家在 1930 年代曲解附會尼采的學說。

譯 10　指洛卡（Federico Garcia Lorca）的三部曲戲劇《血婚》（1933）。

大眾社會

名人的社會機制是對於明星文化的補充，它把一切突出的東西都齊一化，他們只是全球成衣工廠的樣板，司法和經濟正義的剪刀的剪裁紙樣，它要把任何一根線頭都修剪掉。

附錄

有人認為，整個人類的齊一化和標準化是呼應所謂領袖人物的個體性的提昇，以符合他的權力，這種論調是錯誤的，而且只是一種意識型態而已。現代法西斯主義的統治者與其說是超人，不如說是他們自己的宣傳機器的一個功能，是無數人們的相同反應的交會點。如果說，在現代大眾心理學裡，領袖不再扮演父親的角色，而是每個個體的無力自我的集體性且無限放大的投射，那麼領袖的角色的確符合他們所代表的自我。他們看起來像是理髮師、地方演員、低級報紙的記者，並不是沒有道理的。他們一部分的道德影響正是在於：儘管他們自身和其他人一樣沒有權力，卻代表他們體現了整個權力，而且並不因此就只是權力所在的空地而已。與其說他們豁免於個體性的墮落，不如說是墮落的個體在他們心裡獲勝，並且或多或少因為其墮落而得到回報。領袖完全成為他們在中產階級時代裡就已經初具雛型的那種人，也就是扮演領袖的演員。俾斯麥和希

特勒的個體性之間的距離，幾乎不亞於散文《思考與回憶》（*Gedanken und Erinnerungen*）|譯1|和《我的奮鬥》（*Mein Kampf*）的距離。在對抗法西斯主義時，把被膨脹的領袖形象縮減到他們的微不足道的尺度，是很重要的事。卓別林的電影突顯貧民窟的理髮師和獨裁者之間的相似性，至少說對了某個本質性的東西。|譯2|

譯注

譯1　《思考與回憶》（*Gedanken und Erinnerungen*）是俾斯麥在 1890 年於卸任首相後所著的回憶錄。

譯2　指卓別林的《大獨裁者》（*The Great Dictator*, 1940）。

矛盾

　　一個道德體系，有公理、推論、堅不可摧的邏輯性，以及在每個道德兩難裡的可靠適用性，這是人們對哲學家的要求。而他們通常也能夠滿足這個期待。即使他們沒有提出實踐的體系和完全成熟的決疑論，卻從他們的理論推論出對於權威的服從。他們以繁複的邏輯、展示和證據的慰藉，重新證明早已被大眾習俗認可了的價值結構。「透過傳統的原始宗教去敬拜諸神，」伊比鳩魯（Epicur）如是說[1]，黑格爾也這麼說。不願意如此表白的哲學家，人們則會更強烈地要求他提出一個普遍的原理。如果思想不只是再次認可時下流行的規則，那麼相較於只是證明已經有效的東西，它必須要更加有自信、普遍且有權威性。你認為主宰性的力量是不義的，你會希望寧可沒有任何力量而只是一片混沌嗎？你會批評生命和進步的齊一化嗎？我們晚上要點蠟燭嗎，我們要讓我們的城市像中世紀一樣充滿了垃圾的臭味嗎？你不喜歡屠宰場，那麼社會以後只能吃生菜嗎？對於這些問題的肯定回答，儘管再怎麼荒謬，都會得到民眾的支持。政治上的無政府主義、工藝美術的

1　Die Nachsokratiker. (Herausgegeben von Wilhelm Nestle) Jena 1923. Band I. 72a. S. 195。

文化反動、極端的素食主義者、離經叛道的教派和政黨，都有所謂的「宣傳力」。學說只要是概括性的、有自信的、普遍的、命令性的就夠了。人們無法容忍的是企圖規避「非此即彼」的選擇、對於抽象原理的不信任，以及沒有任何學說卻仍然堅定不移的態度。

有兩個年輕人在閒聊：

某甲：你不想當醫生嗎？

某乙：醫生在執業時得和瀕死的人們打交道，那會讓他們麻木不仁。隨著進步的制度化，相對於病患，醫生代表的是企業及其社會階級。他經常忍不住要扮演死亡的辯護人的角色。他成了大企業的代言人，而和消費者對立。如果你是賣車子的，那倒還好，但是如果你經手的商品是生命，而消費者是病人，我寧可不要蹚這渾水。家庭醫師的工作或許比較無傷，不過那種工作在沒落當中。

某甲：所以你認為根本就不應該有醫師，或者回到以前的江湖郎中？

某乙：我沒有這麼說。我只是害怕自己當醫師，尤其是可以在大型醫院裡呼風喚雨的主任醫師。不過，與其任病人死去，我還是認為有醫師和醫院比較好。我也不想當檢察官，不過相較於讓罪犯鋃鐺入獄的那夥人的存在，我覺

得任由盜賊橫行是更大的罪惡。司法是理性的。我不反
對理性，我只是想確定理性採取什麼形式。

某甲：你這是自相矛盾。你自己一直利用醫師和檢察官提供的
好處，你和他們一樣都有責任。你只是不想為別人替你
做的事負責。你自己的生活本來就預設了你一直要規避
的原則。

某乙：我不否認，但是矛盾是必然的。那是回應社會的客觀矛
盾。在現在如此複雜的分工制度裡，只要有個地方發生
恐怖的事，每個人都會有責任。如果事情傳開來，甚或
只是一小撮人知道，精神療養院和監獄或許就可以人性
化一點，法院最後就變成多餘的。但是這不是我想當作
家的理由。我只是多了解一點大家所處的可怕狀況。

某甲：但是如果每個人都像你這樣想，沒有人要沾鍋，那麼就
不會有醫師或法官了，而世界會變得更恐怖。

某乙：這就是我覺得有問題的地方，因為如果每個人都像我這
樣想，那麼我希望減少的不只是惡的工具，而且是惡本
身。人類有其他可能性。我不是整個人類，我也不能以
我的想法去代表他們。主張說「我的每個行為都應該提
出一個普遍的規箴」的道德訓令是很有問題的。它忽略
了歷史。為什麼我不想當醫師會被認為是主張說不應該
有醫師的存在呢？事實上有很多人適合當個好醫師，而

且也很有機會。如果他們能夠遵守現在的執業倫理，我會很佩服他們。或許他們也可以減少我所說的缺失，但是或許他們會加深它，儘管他們有專業技術和倫理。我覺得我自己所想像的生活、我的擔憂、我的求知欲，和醫師的工作一樣於心無愧，即使我無法直接幫助別人。

某甲：但是如果你知道你攻讀醫學可以救一個你所愛的人的生命，而他沒有你就會死去的話，你難道不會馬上決定去讀嗎？

某乙：或許吧，但是你看你因為拘泥於邏輯而不得不舉出這麼荒謬的例子，而我儘管不切實際、固執而自相矛盾，說話卻合情入理。

　　只要有人不願意因循苟且而放棄思考，這段對話就會重複出現。他總會從另一面去看待邏輯和推論。反對活體解剖的人，只要一息尚存，應該不容任何一隻桿菌喪生吧。邏輯既可以用在進步或反動上面，總之就是現實世界。但是在一個極端現實主義的教育的時代裡，對話越來越少，而有精神病的某乙必須有超人般的力量，才能不要恢復健康。

註定如此

　　四、五十歲的人經常會有個很奇怪的經驗。他們會發現,大部分和他們一起成長且保持連絡的人,都有習慣和意識方面的毛病。有人工作怠惰而荒廢了生意,有人婚姻失敗,責任卻不在妻子身上,有人則是侵吞公款。也有人儘管沒有什麼重大的事件,卻有墮落的跡象。和他們的談話變得很膚淺、浮誇而不動腦筋。在以前,上年紀的人會從別人那裡感受到知識的熱情,現在他發現幾乎只有他才會主動表現出實事求是的興趣。

　　起初,他會認為他的老朋友們的變化只是個不愉快的偶然事件。他們只是每況愈下。或許和他們的年代或特殊的外在命運有關。接著他發現他很熟悉這個經驗,只是觀點不同:從一個青少年的觀點去看成年人。當時他不覺得他們有什麼不對勁,他的老師、叔叔阿姨、父母親的朋友,以及後來的大學教授或學徒的師傅。儘管他們的性格可笑且瘋狂,儘管有他們在的地方總是特別無聊、討厭且令人失望。

　　當時他沒有多想,認為成人們的缺點是很自然的事。現在他明白了:在某些情況下,如果生活只是維持個別的技術或知識能力,那麼即使是在一生的黃金時代裡,也會讓人失智。就連長袖善舞的社會名流也無法倖免。彷彿是人類註定要未老先

衰，以懲罰他們背叛了年輕時的希望以及在世界裡隨波逐流。

附錄

　　現代個體性的墮落不只讓我們以歷史的角度去思考個體性的範疇，也讓我們不禁懷疑個體性的正面本質。在競爭的時代裡，個體所遭遇的不義是他自身的動力。然而那不只是關乎個人的功能以及他在社會裡的個別利益，也和個體性自身的內在構成元素有關。人類的解放即是受到個體性的影響，但是它也是人類所要掙脫的各種機制的結果。由於個體的自主性和獨特性，對於非理性的整體盲目而高壓的權力的抵抗得以具體化。但是唯有透過自主而獨特的個體的盲目和非理性，這個抵抗才可能在歷史裡實現。但是相反的，那些主張特殊主義而堅決反對全體性的人，始終惡意且諱莫如深地執著於現狀。一個人絕對個體性的、無法被同化的性格，總是同時有兩個面向：無法完全被主流系統吸收而又倖存下來的東西，以及個體被系統肢解的痕跡。在這些性格裡，系統的基本性質很誇張地不斷重複著：在貪婪裡誇大了固定財產的原則，在慮病症裡則是誇大了沒有反省力的自我保存的原則。基於那些性格，個體亟欲對抗自然和社會的迫害，也就是疾病和破產，於是那些性格本身必然也會有強迫性。個體在內心深處遇到他原本要擺脫

的同一個力量。而這使得他的逃亡變成絕望的妄想。莫里哀的喜劇和杜米埃（Daumier）的素描都在表現這個詛咒。但是那要消滅個體的納粹黨，卻盡情享用著這個詛咒，把史匹茲維格（Spitzweg）|譯1|封為正統畫家。

　　只有在和冷酷無情的社會相較之下，冷酷無情的個人才代表更好的東西，而且不是絕對的。他的冷酷無情證明他羞於面對集體一再加諸個人的暴行以及不再有個體的情況。現在失去了自我的盲從群眾，是性情乖戾的藥劑師、熱情的玫瑰園丁和很早以前的政治低能者的必然結果。

譯注

譯1　史匹茲維格（Carl Spitzweg, 1808-1885），德國浪漫派畫家和詩人。

哲學和分工

科學在社會分工裡的地位顯而易見。它的工作是盡可能地大量堆積事實以及各種事實之間的函數對應關係。儲存系統必須一目瞭然。它必須讓個別企業能夠在搜尋的分類裡很快就找到所需要的知識商品。資料的彙編本身就已經考慮到某些產業的訂單。

歷史作品也要提供材料。它的用途並不能直接在產業裡發現，而是在政府裡間接找到。正如馬基維利為了貴族和共和政體著書立說，現在的歷史學家也是為了經濟和政治的委員會工作。當然，史學的形式已經變得很礙事，人們寧可直接根據某個政府工作的觀點去彙編史料：例如，如何操弄商品價格或大眾情緒。除了政府和企業財團以外，工會和政黨也是可能的消費者。

官方哲學則是為具有這種功能的科學服務。它就像某種知識上的泰勒主義（Taylorismus）|譯1|，應該是有助於改善生產方法，把知識的堆積予以合理化，防止知識能量的濫用。在分工裡，它有被指派的位置，就像化學和細菌學一樣。有些哲學餘緒憶及中世紀對神的敬拜和對於永恆本質的直觀，在俗世的大學還可以容忍它們的存在，因為它們非常保守反動。此外，有些哲學史家不停地講述柏拉圖和笛卡兒以自我宣傳，卻

又說他們早就過時了。有一個感覺主義的老手和嫻熟的位格主義者到處陪著他們。他們拔除科學園地裡的辯證雜草，不讓它們抽芽長高。

哲學不同於它的監護人，它意味著一種思考，拒絕向流行的分工屈服，也不接受被指派的任務。既有秩序用以壓迫人們的，不只是身體的暴力和物質利益，還包括聳人聽聞的暗示。哲學不是什麼綜合命題、基礎科學或屋頂科學，它只是努力拒絕暗示，堅決維護知識和現實的自由。

哲學並不會忽視在統治底下建立起來的分工結構。哲學只是傾聽它的謊言，說分工是不可避免的。哲學拒絕被威權催眠，直搗它在社會機制的每一個巢穴，該機制先天上既不會受侵襲也不會改弦更張，更不能以它所施的詛咒去理解它。企業在其知識轄區裡（大學、教會和報紙）豢養的公務員，當他們要求哲學證明它有資格主張它據以合理化其窺伺行為的原則時，哲學就非常難堪。哲學並不承認任何真正可以取代現狀的抽象規範或目標。哲學之所以能夠豁免於既存秩序的暗示，正是因為它接受中產階級的各種理想卻又不偏袒它們，無論是現狀的代言人歪曲事實的宣告，或是儘管百般操弄卻仍然可以看出來的體制的客觀目的（科技的或文化的目的）。哲學相信分工是為了人類而存在的，而進步則是為了要得到自由。因為這樣，哲學也很容易和分工以及進步起衝突。它道出信仰和現實

的矛盾，也注意到受時代限制的現象。不像報紙那樣，對哲學而言，大規模集體屠殺的事件並不比殺害幾個避難所的難民的消息更值得注意。比起微不足道的私刑或私人的訃文，哲學不會偏好那些和法西斯主義暗通款曲的政客的陰謀或是電影公司的廣告。哲學並不覺得數大就是美。而對於哲學而言，現狀是既遙遠又可以理解的。哲學為對象代言，卻沒有經過它的同意；哲學是充滿矛盾的聲音，否則它就不會被聽見，而只會沉默地獲勝。

譯注

譯1　泰勒主義（Taylorismus），一種分析如何提高產能的管理理論，由泰勒（Frederick Winslow Taylor）於 1880-1890 年間提出，亦稱為科學管理。

思考

　　把一個理論的真理與它的多產性劃上等號，當然是一個錯誤。然而有些人似乎反過來想。他們認為思想不怎麼需要應用理論，甚至應該完全捨棄。他們把一切述句都曲解為臨終告解、命令或禁忌。他們不是把理念當作神一般地崇拜它，就是視為偶像而抨擊它。在面對理念時，他們缺少了自由。但是人作為行動的主體去分受理念，這正是真理的本質。人們或許會聽到自身為真的命題，但是唯有他進一步思考，才能夠經驗到它的真理。

　　現在的法西斯主義正在叫囂鼓譟。人們被要求去證明他們的思考，彷彿它可以直接實踐似的。於是，不只是打擊權威的語言，就連試探性的、實驗性的、有錯誤空間的語言，都不被容忍。然而不去蓋棺論定並且知道它，正是那個打擊權威的思考的本質，而它也是值得我們誓死捍衛的。「真理即是全體」│譯1│，該命題證明和它的對立面一樣，也就是「真理總是作為部分而存在」。知識分子為劊子手找的最卑鄙的藉口（在上個世紀處處可見），就是主張說讓受害者被謀殺的思考是個謬誤。

譯注

譯 1　黑格爾語。

人與動物

　　在歐洲的歷史裡，人的理念就表現在和動物的差異上面。動物的非理性襯托出人的尊嚴。所有中產階級思考的先驅，古代的猶太人、斯多噶學派和教父哲學，以至於整個中世紀到近代，都固執且異口同聲地喃喃自唸著這個對立，很少有其他理念對於歐洲人類學這麼重要的。直到現在人們仍然承認這個對立。行為主義者只是表面上忘記它。行為主義者把他們在醜惡的生理實驗室裡肆無忌憚地虐待沒有抵抗力的動物的公式和結果也用到人類身上，只是以特別狡猾的方式去宣告這個差異而已。他們從被肢解的動物屍體得到的結論，並不適合自由的動物，反而比較符合現在的人類。他們虐待動物，然後宣稱說，在所有生物裡，只有人類自願執行如此機械性的、盲目的、自動的功能，像被專家關起來的受害者的抽搐。解剖台旁邊的教授把這個動作定義為反射性運動，古代的占卜者則會到處宣稱說那是神諭。冷酷無情地運作的理性屬於人類；讓他們從中得到血腥的結論的動物們，則只有非理性的恐懼，以及總是只會往死路逃的本能。

　　缺少理性就沒有語言，擁有了理性（在「公開的歷史」裡始終佔主宰地位）就會辯才無礙。整個地球都在見證人類的榮耀。在戰爭與和平裡，在競技場和屠宰場上，從原始游牧民族

第一次有計畫地慢慢殺死大象，到現代滴水不漏的剝削動物世界，非理性的生物一直都在體驗著理性的暴虐。可見的事件經過遮蔽了不可見的劊子手：那缺少了理性之光的存在，動物自身的生活。那或許才是心理學的真正主題，因為只有動物的生活才會遵循心理的衝動；當心理學必須解釋人類時，他們已經退化且被毀滅了。當人們尋求心理學的幫助時，他們的直接關係的貧瘠領域又更狹窄了，他們在其中也被物化了。以心理學去了解別人是很厚顏無恥的，而以它去了解自己的動機則是在自憐自傷。但是動物心理學卻看不見它的對象，它以種種陷阱和迷宮的遁詞，忘記了只有在面對動物時，我們才會談到或認識到靈魂這種東西。即使亞里斯多德認為動物也有靈魂，雖然是比較低等的，但是他還是喜歡談身體、器官、運動和生殖，而不去談動物自己的生命。

　　動物的世界是無概念的。沒有話語去把握住在現象遷流裡同一性的東西，在相續不斷的個體當中把握住它們相同的種屬，在不同的情境裡把握住同一個事物。即使它們不乏再次認識的可能性，它們也僅限於辨識有生命跡象的東西。在現象流裡，沒有任何東西被定義為持續的，卻被認為是同一個東西，因為它們沒有關於過去的確定知識，也無法預見未來。動物對名字會有反應，卻沒有自我，它既自我封閉又暴露，總是有新的衝動，而從來不會想到在它以外的東西。恐懼的減輕無

法補償動物被剝奪的安全感，而即使沒有了悲傷和痛苦，也無法補償它所欠缺的快樂意識。要真實感受到快樂，要為生命賦予死亡，都需要可辨識的回憶、能夠安撫情緒的知識、宗教或哲學的理念，簡單的說，就是概念。的確有快樂的動物，但是那快樂何其短暫！動物對於綿延的經驗完全不受解放的思考的影響，既沉寂又沮喪。為了逃避痛苦的空虛生活，某種反抗是必要的，而語言就是它的支柱。再兇猛的動物都是非常低能的。叔本華所謂在痛苦和無聊中間、在瞬間即可滿足的本能和無止盡的欲望之間擺盪的生命鐘擺，也可以用來解釋無法以知識去截斷命運流轉的動物。在動物的靈魂裡，一直都有人類個別的感覺和需求的痕跡，也就是人類的精神元素，卻缺少唯有組織性的理性才能賦予的穩定性。美好時光如夢幻一般飛掠，動物則幾乎無法分辨夢境和清醒。遊戲和嚴肅之間缺少清楚的過渡，也沒有從夢魘到真實的快樂醒覺。

　　在民族的童話裡，人類變成野獸是不斷重複的懲罰。禁錮在動物身體裡被認為是個詛咒。這種蛻變的想像對於兒童和民眾而言是很容易理解且熟悉的。古老文化裡靈魂蛻變的信仰認為動物的形象是懲罰和折磨。動物眼神裡沉默的野性，見證了人類在這種蛻變裡的恐懼。每個動物都想起在太初時發生的如深淵般的痛苦。童話說出了人類的預感。但是如果說王子還有一點理性，而能夠即時訴說他的不幸，讓仙子解救他，那麼動

物因為缺少理性，就永遠困在它的形象裡，除非那過去曾經和它一體的人類找到解除魔法的咒語，在最後軟化了無限性的冷酷心腸。

　　但是對於有理性的人類而言，關心無理性的動物是多餘的。西方文明則把它丟給女性。女性無法獨立分享那些讓文明興起的能力。男人必須走出去面對險惡的生活，必須積極奮鬥。女性不是主體。她們並不生產，而是照顧生產者，是遠古自給自足的家計的活化石。男人分派給她的工作並非她所願。她成了一種生物功能的化身，一種自然的肖像，而文明的功績就在於壓抑它。沒有限度地支配自然，把宇宙變成一個無止盡的狩獵區，是這一千年來的夢想。於是人的理想就以男人團體為標準。那就是男人引以為傲的理性的目的。女性比較弱小，她們和男人之間存在著無法克服的差異，也就是自然所定立的差異，是在男人團體裡最丟臉可恥的性質。如果說征服自然是真正的目標，那麼生物性的缺點就始終是自然烙在弱者身上並且招致暴力的印記。在歷史裡，教會從不放過任何在民間團體裡擔任意見領袖的機會，無論是奴隸制度、十字軍東征或只是對猶太人的屠殺，但是儘管它稱頌「萬福馬利亞」，對女性的評價卻和柏拉圖沒什麼兩樣。聖母慟子的形象是對於母權社會的餘緒的讓步。然而教會卻認可了原本可以藉由該形象幫助女性擺脫的劣勢。教會的嫡長子德梅斯特大聲疾呼說：「我

們只要承認在基督教國家裡誕生的女性的自由，就會廢除或多少削減神的律法的影響，而我們也會看到那原本高貴而動人的自由很快就墮落為恬不知恥。女性成了一個普遍的敗壞的致命工具，它在轉瞬間就會侵襲攸關國家存亡的重要部分。國家會陷入腐敗，隨著它的傾圮，到處充斥著可恥和恐怖的事物。」[1] 彼此結盟的封建騙徒看到自己有危險，便以女巫審判去恐嚇其人民，但是那也是在慶祝和證實男性權力征服了原始的母系和擬態的發展階段。對異端的火刑（Autodafés）是教會的異教煙火慶典，是以自我保存的理性為形式的自然的勝利，以歌頌理性的征服自然。

　　中產階級擷取了女性的德行和端莊，作為對抗母系社會的反叛的形象。女性代表完全被剝削的自然，獲准進入宰制的世界裡，不過是以破碎的形式。她以被征服者的姿態，在她自然而然的臣服裡反映征服者的勝利：失敗反映為獻身，絕望反映為美麗的靈魂，被玷污的心反映為愛戀的胸脯。自然以徹底排除實踐和退縮到咒語保護的圈子裡為代價，才得到造物主的尊敬。藝術、倫理、崇高的愛，都是自然的面具，自然在其中不斷變形重現，並且表現為自身的對立面。自然透過面具得到它的語言；它在扭曲裡顯現其本質；所謂的美，是蛇展示它的傷

1　Eclaircissement sur les Sacrifices. Oeuvres. Lyon 1892. Band v. S. 322 f。

口，那裡原本還有一根刺。然而在人類的驚奇背後，總是潛伏著刺耳的笑聲，肆無忌憚的嘲弄，有能力者對無能力者的下流玩笑，他以此減輕自己暗地裡的憂慮，害怕自己也淪為無能力者、死者、自然。殘廢的小丑，以前受挫的自然的悲劇性狂歡就附著在他的跳躍和鈴鐺帽子上面，而當他不再為國王服務時，人們就把有計畫地照顧美的事物的工作交給了女性。近代的女性清教徒則迫不及待地接下這個任務。她們完全認同於既成事實，不是以未開化的本性，而是以被馴化了的本性。羅馬女奴的搖扇、歌唱和舞蹈，到了伯明罕就被縮減為彈鋼琴和其他家事，直到一切女性的野性都完全昇華為父權社會的文明的符號。在到處充斥的廣告的壓力下，面粉和口紅被刻意忘記它們原來是妓女使用的，變成了護膚用品，而泳衣也多了衛生的功能。沒有任何東西被遺漏。在組織嚴密的支配系統所及之處，就連愛情也被貼上工廠的商標。在德國，隨波逐流者更是以亂倫去證明他們對於現狀的服從，正如以前是以貞節去證明的，他們以雜交去證明對於支配性的理性的卑躬屈膝。

　　作為中產階級對於女性的推崇的遺跡，悍婦（Megare）|譯1|闖入現代社會。自古以來，她就在自家裡聒噪不休，以報復她的性別遭遇到的不幸。出了家門，沒有人向她下跪，那討人厭的老太婆會訓斥漫不經心的男人且打落他們的帽子，因為他們看到她的時候沒有馬上站起來。不管發生什

麼事，都必須點頭致意，這一直是她的政治要求，無論是回想
起酒神女祭司的時代，或是以無力的憤怒向男人和他們的制度
挑戰。女性在大屠殺裡的嗜血遠勝過男人。作為復仇女神，被
壓抑的女性從她的時代裡倖存下來，在這個時代裡，權力努力
陶塑著兩性訓練有素的身體，而由於身體的齊一性，惡形惡狀
再也無法引人注目了，但是她仍然裝出被肢解了的自然的醜
臉。在大量生產的背景下，潑婦罵街（至少保有她不同於他人
的面貌）變成了人性的一個記號，她的醜陋也成了精神的痕
跡。如果說，在以前的世紀裡，女孩子以憂鬱的性格和忠實的
愛去承擔她的順服，無論是自然的異化形象，或是美感的文化
產物，那麼現在的悍婦終於也找到了新的女性工作。作為社會
裡的土狼，她積極追捕文化獵物。她的虛榮心使她汲汲於榮譽
和知名度，但是她對於男人文化的理解還不夠敏銳，以致於在
受挫時仍然會舉措失當，而顯示她並不熟悉男人的文化。她把
自己隔離起來，托庇於堆積如山的科學和魔術，猶如理想主義
的內閣大臣和北歐的女先知的私生子。她覺得自己被捲進一場
災難裡。女性和男人社會的精神的最後對抗，也陷入宵小流
氓、教派和休閒嗜好的泥淖裡，成了對於社會工作和通靈的街
談巷議的變態攻擊，把氣都出在慈善工作和基督教科學派身
上。在那泥淖裡，和眾生的凝聚力與其說是表現在動物保護團
體裡，不如說是在新興佛教和北京狗身上，無論在現在或以前

的繪畫裡，它扭曲的臉孔總會讓我們想起被進步拋棄的小丑的面相。就像駝子笨拙的跳躍，小狗的形象一直是代表著殘缺的自然，儘管大眾工業和大眾文化早就知道要以科學方法供應種牛和人類的身體。標準化了的大眾對於他們拚命促成的自身的蛻變渾然不覺，因而再也不需要關於它的象徵性演出。在報紙第二、三版的小新聞裡（頭版新聞則充斥著駭人聽聞的光榮事蹟），有時候會報導馬戲團失火或是毒死大型動物的消息。我們想起那些動物，它們和中世紀的小丑同一種屬的最後一個個體極端痛苦地死去，那是團主的資本損失，在水泥大樓的年代裡，他卻無法為他忠實的動物做好防火措施。高大的長頸鹿和聰明的大象是再也無法娛樂聰明的學童的「怪東西」。非洲是地球上最後一塊保護可憐的動物免於文明侵擾的大陸，雖然還是失敗了，在上一次戰爭裡，那些動物們是轟炸機降落的路障。於是它們完全被消滅了。在理性化的地球上，美感映照的必要性已經消失了。人類的直接烙印趕走了魔鬼。統治再也不需要聖祕的形象；它以工業化的方式生產它們，更確實地滲透到人們心裡。

　　扭曲是每個藝術作品的本質，正如殘缺是女性美的光輝的本質，那傷口的展示（讓被宰制的自然再次認識到自己）一再被法西斯主義利用，不過不是作為假象。它直接施加在被詛咒者身上。在這個社會裡，沒有任何領域能夠讓統治承認它的矛

盾，就像藝術一樣；再也沒有可以表現出扭曲的複製方式。但是在以前，這種表現不僅被稱為美，它也是思考、精神和語言本身。現在的語言會計算、指稱、洩漏、造成死亡；但是它不表現死亡。文化工業和科學一樣，有個外在於自己的準確的尺度去測量自己：事實。電影明星是專家，他們的演出是在記錄自然行為，是對於反應模式的分類；導演和編劇則為被改編的行為創造模式。文化工業的精確工作不容有任何扭曲，視其為單純的失誤、意外，有缺陷的、主觀且自然的東西。人們要求為這個偏離提出實際的理由，好把它導入理性的正軌。如是，它才會被原諒。隨著權力透過自然反映出自己，悲劇和喜劇一樣也消失無蹤；統治者要鎮壓的反抗越多，他就越嚴肅，他看到的絕望越多，就越有幽默感。以前知性的享受總和代理性的痛苦有關，但是現在它直接和恐怖本身打交道。以前，崇高的愛總是和那在柔弱裡透顯的堅強有關，和女性的美有關，但是現在它直接依附於力量：現代社會的偶像，是瀟灑高貴的男性臉孔。女性則是用來工作和生兒育女，如果見得了人的話，則可以讓她的先生更有面子。她不去招蜂引蝶。愛慕又退回到自戀。世界和它的整個願景都需要男人的全心奉獻。男人不可以馳騁外物，他必須專心致志。但是對習俗而言，自然是外在的、底下的東西，是個對象，正如在民間傳說裡士兵的情婦一樣。現在，感覺僅限於權力和權力的關係。就

像以前的女人一樣，男人把武器伸向另一個男人，不過是以陰暗而堅定的冷酷。他和女人一樣，眼裡只有宰制。在法西斯主義的集團裡，它的隊伍和勞動營，每個人從稚嫩少年開始就成了隔離牢房裡的囚犯，因而孳生了同性戀。即使是野獸也要裝出威嚴的樣子。男人鮮明的輪廓，讓我們很羞愧地想到自己源自於自然，以及曾經被自然奴役，這樣的臉孔難免要招致重大的殺戮。關於猶太人的漫畫早就知道這點，就連歌德對於猩猩的厭惡也透露了他的人性偏限。如果說產業鉅子和法西斯主義領袖養動物，那麼它們也不會是貴賓狗，而是大丹狗或小獅子。它們看起來要很嚇人，才能增益他的權威。法西斯屠夫在自然前面非常盲目，以致於只把動物當作羞辱人類的工具。尼采有失偏頗地指摘叔本華和伏爾泰，說他們「善於把他們對於某些事物和人類的憎恨偽裝成對動物的憐憫」。[2] 法西斯主義者對於動物、自然和孩子的好意，是以狩獵的欲望為前提的。漫不經心地撫摸孩子的頭髮或動物的毛，意味著用這隻手就可以消滅他們。他們溫柔地輕拍受害者，在他們要殺死另一個受害者以前，而他們的選擇和受害者自己的罪無關。愛撫證明了：所有東西在權力面前都一樣，它們沒有自己的本質。對於統治的血腥意圖而言，眾生只是質料而已。於是，領袖關心

2　Nietzsche, Die Fröhliche Wissenschaft. Werke. Band v. S. 133。

無辜者，他不是因為自己的功勞才被選上的，正如他也不是該死才被殺的。自然是穢物。唯有倖存的狡詐力量才是有道理的。但是那力量本身也只是自然；現代工業社會思考縝密的機制，也只不過是自我解體的自然。而我們再也沒有可以表現這個衝突的媒介。它以一個世界的沉鬱頑固開展自我，而在那世界裡，藝術、思考和否定性都消翳了。人類彼此以及和自然的異化如此的激烈，使得他們只知道如何利用和傷害彼此。每個人都是個因子，是某個實踐經驗的主體和客體，是被考慮到或被忽視的東西。

　　在這個掙脫了假象的世界裡，失去反省的人類再次成為最聰明的動物，征服宇宙裡的其他存在（如果它們還沒有自我分裂的話），而對動物的關心不再被認為是情感豐富，而是背叛了進步。在全盛時期的反動傳統裡，戈林（Göring）把動物保護和種族仇恨扯在一起，把德國路德會以殺人為樂的欲望和貴族狩獵者優雅的公平賽局混為一談。其實界線很清楚；任何反抗赫斯特（Hearst）|譯2| 或戈林的人，都會支持帕弗洛夫（Pawlow）和活體解剖，而猶豫不決的人則是雙方陣營都會攻擊的對象。人們說，他應該遵循理性。選擇是義務性的且不可避免的。想要改變世界的人，必須不計任何代價遠離宵小流氓的泥淖，在那裡頭，政治派系、烏托邦主義者和無政府主義者，會和算命的人一起沉淪。獨力思考而不附和任何歷史強

權、並且不以工業社會趨向的任何一端為取向的知識分子，已
經失去了他們的實體，而他們的思考也沒有根據。凡現實的都
是理性。就連進步主義者也說，不隨聲附和的人，什麼事也幹
不了。一切都依賴於社會，再精確的思考，也都必須投入強大
的社會趨勢，否則它就只是怪念頭而已。所有正直的務實者都
有此共識，該共識擁護人類社會，說它是自然裡的犯罪集
團。任何不符合他們部門的目標的思考都會讓他們非常憤
怒。它讓他們想到，即使東西被打破，也會有聲音，他們想到
在民族主義的民謠愛好者的謊言裡到處充斥著的自然。只要思
想的聲音干擾了他們的合唱，即使只是片刻，他們想要以叫喊
掩蓋的恐懼，以及那活在他們理性化且破碎的心靈裡（如同在
每個動物裡頭）的東西，就變得更大聲。思想的話語所揭露的
趨勢既遍在且盲目。自然既不是善的（如早期浪漫主義所說
的），也不是高貴的（如新浪漫主義所說的）。自然作為一個
模式和目標，它意味著反智（Widergeist）、謊言和獸性，只有
作為被認識到的自然，它才成為生命對於和平的渴望，成為一
種意識，它自始即鼓勵人們堅定反抗領袖和集體。威脅著統治
的行動和它無法逃避的選擇的，並不是自然（它反而和該行動
亦步亦趨），而是因為人們想起了自然。

譯注

譯1 原意為希臘復仇三女神之一的美格拉。
譯2 赫斯特（William Randolph Hearst, 1863-1951），美國報業鉅子。

宣傳

　　宣傳要改變世界？真是荒謬！宣傳把語言當作工具、槓桿、機器。宣傳修補了人類在社會不義裡的心境，因為它讓人心擾動。它認為人們應該有能力想到這點。每個人在心底都知道，經由這個工具，他們自己也會成為工具，就像在工廠裡一樣。他們在心裡追蹤而察覺到的憤怒，是對於枷鎖的古老怨恨，而當他們隱約知道宣傳所指出的出路是假的，更讓他們怒不可遏。宣傳操弄人類；它高喊自由，卻自我矛盾。說謊和宣傳是焦不離孟的。那是個詐騙集團，經由宣傳，領導者和被領導者成為一丘之貉，即使宣傳的內容本身沒有錯。在宣傳裡，連真理都只是工具而已，只為了要招徠信徒；宣傳把真理掛在嘴邊，就已經偽造了真理。此即為什麼真正的反抗是不用宣傳的。宣傳是反人性的。它的預設是：「政治源自共同的見解」的原則只是一種單純的說法（façon de parler）而已。

　　在一個謹慎地限制任何東西氾濫成災的社會裡，對別人推薦什麼東西，換得的都是不信任。關於商業廣告，我們被提醒說，沒有任何企業會免費贈禮，這句話放諸四海皆準，而當商業和政治掛鉤以後，尤其適用於政治。宣傳越多，品質就越差：不同於勞斯萊斯，福斯汽車必須依賴廣告。企業和消費者的利益從來就不會一致，即使企業很認真地供應商品。就連宣

傳自由，都可能造成一種混淆，因為它必定會抹煞了理論和觀眾的個別利益之間的差異。在德國被殺害的工人領袖們，甚至被法西斯主義矇騙而不明白他們自己的行動的真相，因為法西斯主義有選擇性的報復證明了他們所謂的團結是個謊言。知識分子在集中營裡被凌虐致死，並不一定會讓在外頭的勞工過得更不好。在歐西茨基（Carl von Ossietzky）[譯1]和無產階級眼裡的法西斯主義並不相同。宣傳欺騙了兩者。

　　當然，可疑之處不在於把現實描繪成地獄，而在於機械式地鼓動人們衝出地獄。如果現在這種言論還能有其訴求者，那不會是所謂的大眾或無力的個人，而是虛構的見證人，我們把懷疑留給他們，才不致於讓懷疑和我們一起完全迷失了。

譯注

譯1　歐西茨基（Carl von Ossietzky, 1889-1938），德國基進的和平主義者，於 1935 年獲諾貝爾和平獎。

論愚昧的起源

知性的記號是蝸牛的觸角，有著「到處觸探的臉孔」，如果我們相信梅菲斯特的話[1]，它也可以用來聞東西。一遇到阻礙，觸角就會縮到身體的保護圓殼裡，它又和整體合而為一，然後才怯生生地伸出來，作為獨立的器官。如果危險還在，它又會縮回去，而重複嘗試的間隔時間就更久了。早期階段的心靈生命是非常脆弱的。蝸牛的感官是依靠肌肉，如果疏於使用，肌肉就會鬆弛。身體會因傷而殘廢，而心理則會因恐懼而失能。這兩種效應在起源上是不可分的。

高等動物因為自身的緣故而擁有更多的自由，他們的存在證明了觸角曾經伸向不同的地方，而且沒有縮回來。他們每個種屬都見證了許多其他種屬，它們的發展嘗試曾經受挫，只要觸角在演化的過程中遇到刺激，他們就向恐懼臣服。以前他們因為和自然環境的直接對抗而壓抑了種種可能性，現在則延伸到心裡，因為恐懼而使用器官萎縮。每次動物以好奇的眼光向外眺望，都是一個新的生命形態的黎明，該形態很可能就是誕生自個體所屬的形式成熟的種屬。但是讓他們退縮到古老存有的圓殼裡的，不只是這個成熟的形式，它所看到的力量有數百

1　Faust. Erster Teil. 4068。

萬年之久，該力量自始即把古老的存有禁錮在最初的階段，而
且以不斷的抵抗阻止它跨出第一個階段。這種第一次的觸探式
的眺望，很容易就會被打敗，固然有善意和薄弱的希望在支持
它，但是它少了持恆的能量。在這條讓動物卻步不前的路
上，他們變得膽小且愚昧。

愚昧是個傷痕。它和部分或整個實務或心靈的能力有
關。人類每個局部的愚昧都指涉到成人某個被抑制而不去加強
的肌肉部分。每個雜亂無章、笨拙而徒勞無功的重複嘗試，都
是從這個抑制開始。孩子們不停地問問題，已經是一個隱藏的
痛苦的徵兆，那是一個既沒有答案也找不到正確的表達方式的
問題。[2] 重複有一部分像是玩遊戲的欲望，正如一隻狗不停
地往大門跳，卻不知道怎麼打開，直到因為門把太高而放
棄；重複也有一部分是反應了絕望的衝動，猶如獅子在籠子裡
不停地來回踱步，或是精神病患不斷重複早就知道沒有用的防
衛反應。如果孩子厭倦了重複的動作，或是壓抑太粗暴了，那
麼注意力就會轉向；有人說，孩子的經驗更豐富了，但是在曾
經被壓抑的地方會留下傷疤，一小塊表皮沒有感覺的繭。這些
疤痕就構成了畸形。它們可以創造出性格，堅強且能幹，它們
也會讓人變得愚昧，意思是機能缺乏症、盲目、無行為能力

2　另　見：Karl Landauer, Intelligenz und Dummheit, in: Das Psychoanalytische
　　Volksbuch. Bern 1939. S. 172。

（如果他們只是遲滯而已），或是乖戾、固執、狂熱（如果它們轉為惡性腫瘤的話）。善意會因為遭受到暴力而變成惡意。不只是禁忌的問題，還有被厭惡的模仿、被禁止的哭泣，被禁止的冒險遊戲，都會造成這種傷疤。就像動物有種屬高低之別，人類本身的智力等級，甚至是同一個個體裡的許多盲點，都意指著希望受挫的階段，而它們的鈣化也證明了一切生物都被施了魔咒。

國家圖書館出版品預行編目資料

啟蒙的辯證：哲學的片簡 / 馬克斯・霍克海默(Max Horkheimer), 提奧多・阿多諾(Theodor W. Adorno) 著；林宏濤 譯. -- 二版. -- 臺北市：商周出版，城邦文化事業股份有限公司出版：英屬蓋曼群島商家庭傳媒股份有限公司城邦分公司發行，民112.04
　　面；　公分
　　譯自：Dialektik der Aufklärung：Philosophische Fragmente
　　ISBN 978-626-318-616-3 (平裝)
　　1. CST: 現代西洋哲學　2. CST: 批判理論
147　　　　　　　　　　　　　　　　　112002384

啟蒙的辯證：
哲學的片簡

原 著 書 名 /	Dialektik der Aufklärung：Philosophische Fragmente
作 者 /	馬克斯・霍克海默（Max Horkheimer）、提奧多・阿多諾（Theodor W. Adorno）
譯 者 /	林宏濤
企 畫 選 書 /	林宏濤
責 任 編 輯 /	林宏濤、程鳳儀、李尚遠

版 權 /	林易萱
行 銷 業 務 /	周丹蘋、賴正祐
總 編 輯 /	楊如玉
總 經 理 /	彭之琬
事業群總經理 /	黃淑貞
發 行 人 /	何飛鵬
法 律 顧 問 /	元禾法律事務所　王子文律師
出 版 /	商周出版
	城邦文化事業股份有限公司
	台北市南港區昆陽街16號4樓
	電話：(02) 2500-7008 傳真：(02) 2500-7759
	E-mail：bwp.service@cite.com.tw
發 行 /	英屬蓋曼群島商家庭傳媒股份有限公司城邦分公司
	台北市南港區昆陽街16號11樓
	書虫客服服務專線：(02) 2500-7718・(02) 2500-7719
	服務時間：週一至週五09:30-12:00・13:30-17:00
	24小時傳真服務：(02) 2500-1990・(02) 2500-1991
	郵撥帳號：19863813　戶名：書虫股份有限公司
	E-mail：service@readingclub.com.tw
	歡迎光臨城邦讀書花園 網址：www.cite.com.tw
香港發行所 /	城邦（香港）出版集團有限公司
	香港九龍土瓜灣土瓜灣道86號順聯工業大廈6樓A室
	電話：(852) 2508-6231　傳真：(852) 2578-9337
	E-mail：hkcite@biznetvigator.com
馬新發行所 /	城邦（馬新）出版集團 Cité (M) Sdn. Bhd.
	41, Jalan Radin Anum, Bandar Baru Sri Petaling,
	57000 Kuala Lumpur, Malaysia
	電話：(603) 9056-3833　傳真：(603) 9057-6622
	E-mail：services@cite.my
封 面 設 計 /	周家瑤
排 版 /	新鑫電腦排版工作室
印 刷 /	卡樂彩色製版印刷有限公司
經 銷 商 /	聯合發行股份有限公司
	電話：(02) 2917-8022　傳真：(02) 2911-0053
	地址：新北市231新店區寶橋路235巷6弄6號2樓

■2008年（民97年）12月初版
■2023年（民112年）4月二版
■2024年（民113年）8月二版1.7刷
定價 480元

Printed in Taiwan
城邦讀書花園
www.cite.com.tw

商周出版

廣　告　回　函
北區郵政管理登記證
台北廣字第000791號
郵資已付，免貼郵票

104台北市民生東路二段141號2樓

英屬蓋曼群島商家庭傳媒股份有限公司　城邦分公司

請沿虛線對摺，謝謝！

書號：BP6011X　　書名：啟蒙的辯證　　編碼：

商周出版

讀者回函卡

感謝您購買我們出版的書籍！請費心填寫此回函卡，我們將不定期寄上城邦集團最新的出版訊息。

線上版讀者

姓名：_____ 性別：□男　□女

生日：西元_____年_____月_____日

地址：_____

聯絡電話：_____ 傳真：_____

E-mail：

學歷：□ 1. 小學 □ 2. 國中 □ 3. 高中 □ 4. 大學 □ 5. 研究所以上

職業：□ 1. 學生 □ 2. 軍公教 □ 3. 服務 □ 4. 金融 □ 5. 製造 □ 6. 資訊

　　　□ 7. 傳播 □ 8. 自由業 □ 9. 農漁牧 □ 10. 家管 □ 11. 退休

　　　□ 12. 其他_____

您從何種方式得知本書消息？

　　　□ 1. 書店 □ 2. 網路 □ 3. 報紙 □ 4. 雜誌 □ 5. 廣播 □ 6. 電視

　　　□ 7. 親友推薦 □ 8. 其他_____

您通常以何種方式購書？

　　　□ 1. 書店 □ 2. 網路 □ 3. 傳真訂購 □ 4. 郵局劃撥 □ 5. 其他_____

您喜歡閱讀那些類別的書籍？

　　　□ 1. 財經商業 □ 2. 自然科學 □ 3. 歷史 □ 4. 法律 □ 5. 文學

　　　□ 6. 休閒旅遊 □ 7. 小說 □ 8. 人物傳記 □ 9. 生活、勵志 □ 10. 其他

對我們的建議：_____

_____

_____